本书为"教师教育力提升与'双一流'背景下教师教育综合化改革研究"项目研究成果

大学教育论要

DAXUE JIAOYU LUNYAO

龙宝新◎著

江西教育出版社
JIANGXI EDUCATION PUBLISHING HOUSE

·南昌·

图书在版编目(CIP)数据

大学教育论要 / 龙宝新著 . -- 南昌：江西教育出版社，2022.10
ISBN 978-7-5705-3326-8

Ⅰ.①大… Ⅱ.①龙… Ⅲ.①高等学校 – 教学研究 – 文集 Ⅳ.① G642.0-53

中国版本图书馆 CIP 数据核字 (2022) 第 175124 号

大学教育论要
DAXUE JIAOYU LUNYAO

龙宝新　著

江西教育出版社出版

（南昌市抚河北路 291 号　　邮编：330008）
各地新华书店经销
江西省和平印务有限公司印刷
720 毫米 ×1000 毫米　　16 开本　　21.5 印张　　字数 278 千字
2022 年 10 月第 1 版　　2022 年 10 月第 1 次印刷
ISBN 978-7-5705-3326-8
定价：80.00 元

赣教版图书如有印装质量问题，请向我社调换　电话：0791-86710427
投稿邮箱：JXJYCBS@163.com　　电话：0791-86705643
网址：http://www.jxeph.com

赣版权登字 -02-2022-478
版权所有　侵权必究

目录

第一章　大学的本体与理念 …………………………………………… 001
　　第一节　大学的本体求索 ………………………………………… 001
　　第二节　大学的特质与重振 ……………………………………… 013

第二章　大学学术论 …………………………………………………… 027
　　第一节　科学发展观与大学学术发展素质 …………………… 027
　　第二节　学术风气建设与大学学术发展素质培育 …………… 041
　　第三节　大学的教学学术 ……………………………………… 047

第三章　大学学科论 …………………………………………………… 067
　　第一节　学科的存在与建设 …………………………………… 067
　　第二节　学科作为生命体：一流学科建设的新视角 ………… 085
　　第三节　面向知识生产力提升的一流学科建设逻辑 ………… 101
　　第四节　中国特色一流学科发展模式 ………………………… 121
　　第五节　面向"双一流"的学院治理 ………………………… 138

第四章　大学治理论 … 156
第一节　教授治校的理念审视 … 156
第二节　高校学术论文评价治理 … 170
第三节　青年教师师德建设 … 190

第五章　大学教育论 … 202
第一节　一流本科教育的核心要素与内涵建设 … 203
第二节　一流大学教学实践探索 … 220
第三节　一流大学教师教育教学能力建设 … 237
第四节　新文科建设：一流大学文科教育的应然之路 … 255
第五节　新文科理念指引下的教育学专业建设 … 272

第六章　文科研究生教育论 … 289
第一节　一流文科研究生日常指导的科学范型探索 … 289
第二节　一流文科研究生理想课堂范型探索 … 304
第三节　研究性课堂：人文学科研究生课堂教学改革的方向 … 322

后记 … 339

第一章　大学的本体与理念

大学，作为人类文明、智慧、学问象征的象牙塔，一直是世人仰慕的对象。然而，大学原本是什么？大学应该是什么？大学实际上是什么？这些问题始终主控着大学发展的轨迹，始终牵动着大学形象改观的神经。当前，随着外围环境的日益复杂，大学再一次面临前所未有的生存危机与发展困境，遭遇着本然状态（本是什么）、应然状态（应该怎样）与实然状态（实际怎样）间的焦虑与纠结，大学何去何从的问题考验着大学人的生存智慧与所持信念。在这些困境中，如何科学地平衡理想与现实、理念与制度之间的冲突，引导大学的发展走上一条活力充沛、后劲充实、富有发展力与竞争力的康庄之道，成为所有大学人共同关注的焦点问题。

第一节　大学的本体求索

大学毕竟不同于高等职业学校：前者的主业是占据人类思想智慧的高地，后者的主业是占据劳动力市场的份额；前者是人类文化、文明发展的引擎，后者是某一生产部门、社会行业的有机构成者。大学给人类提供的不是高等职业教育，而是关涉人类命运与未来的智慧启迪。大学起源于对普遍学问的追求，发展于与教育事业的联姻，成功于学术与市场间的接轨——大学具有其自身的延伸与发展逻辑。无论是大学未来的顶层设计者，还是有抱负的大学经营者，他们都不能无视这一事实的存在。在笔者看来，大学的最佳隐喻不是"机器"（如学术机构），不是"部门"（如教育部门），而是"生命体"，它有自己特有的存在方式与生长轨迹，这就是"基因—血统—形体"的遗传变异之路。大学的发生、发展与成形都与思想的自我建构与物化外化的内在循环密不可分，大学的自我生长逻辑是一次由基因向血统、由血统向形体的自然演绎。

一、大学发生的基因

基因是"生物体携带和传递遗传信息的基本单位"，是"一切生命实现代际遗传信息传递的基本单位，是生命世代延续和发展的内在、重要的基础性保障"[①]。基因式考察是遗传变异理论对社会现象研究的重要启示，是学者解剖社会现象的"手术刀"，是透析社会现象本质的思维"显微镜"。

至今，大学的存在已经有了上千年的历史，这足以证明：大学是有生命力的，人类需要大学；大学就好似一个独立存活的社会生命体，它具有生命体的大部分特征。无论是多复杂的生命体，它的发展都在基因掌控之中。"生活事实本来就是由人们根据概念做成的"[②]。大学的发生首先是一种理念，一颗观念的种子；其次才是一种办学实践，一种社会行动。大学理念相对于大学实践而言具有逻辑先在性，大学实践是大学理念这一"种子"的生长与展开，大学的发生逻辑就是隐藏在丰富多彩的大学实践背后的不可道之"道"。无疑，大学之"道"，或者说大学精神，就是大学发生的基因。

当前，尽管大学在与时俱变地生存，并衍生出了形形色色的样态，

[①] 叶澜：《基因》，广西师范大学出版社，2009，第15页。
[②] 赵汀阳：《论可能生活（第2版）》，中国人民大学出版社，2010，第194页。

创造了无数的大学典范,如哈佛大学、牛津大学、北京大学等,但在其中一以贯之、奔腾不息、永恒不变的,却是一种"万变不离其宗"的大学精神。作为社会生命体,大学精神正是从根源上控制着大学一切"形变"的总基因。大学精神是一所大学的生存之根,是一切大学制度的原发点,是决定一所大学"像不像大学""有无大学底气"的根本因素;大学精神是所有大学机构的本体、原型与种子,是大学在发展、创办中不走形、不走样、不偏离大体的立基点;大学精神是一所大学"万变不离其宗"的"硬核",是大学实现自由创造与自主发展的底牌,是决定大学办学伸缩性的轴心,是统领一切大学的人、事、物的神经中枢,是撑起整个大学机体的精神砥柱。故此,把"大学精神"喻为大学的"基因"毫不为过。在实践中,守护大学的精神元气,以之来校正大学实践中存在的不良倾向、不妥做法,是大学青春永驻、生命之树常青的根本手段。每每遭遇发展困境时,我们常常会提起大学发展的基因问题:什么是大学之"道"? 什么是大学精神? 大学办学的基点与立场在哪里? 我们相信,只要不偏离大学基因所预定的"轨道"太远,大学实践就不可能迷失自我,就永远不会蜕变为其他一些"形似神非"的社会机构。当然,"变"是所有生命体的生理体征,变异性与遗传性并称为生命体的两大根本属性。对大学而言,尽管变革图存是其生命活力的体现,但大学的任何变革都是源自并围绕其不变的内核——大学基因而展开的。离开了大学精神这一基因的牵引与内控,大学的"变"就不再是一种"变革",而是一种"蜕变",一种"异变";不再是一种"进化",而是一种"退化",是大学的自我堕落与迷失。正因如此,秉承大学的基因来办学,遵循强基固本的兴学原则,是大学始终保持强劲生命力的根本策略,是大学一切发展内力生发的源头。

大学精神是大学的立命之本、立根之基,是大学观念与制度的阿基米德支点,是大学发生、发展、壮大的元神与灵魂。任何精神都是脱离具体实践、存活背景、个别殊相的自由想象。想象力、创造力是精神活动的核心构成元素，不受现实的羁绊、没有时空的边界、没有功利的包袱，是人类精神活动的优势与特质。心有多大，舞台就有多大，精神的高度、深度与广度决定着实践的自由度与力度。大学精神对于大学实践的意义正系于此。它是大学不断超越自我、不辱使命、有所作为的资本与潜能，是大学实践与时俱进、独领风骚、纵深推进的本与源。正如有的学者所言，"理念是对大学本质的一种浓缩，是人们对大学之中永恒不变的真实存在的高度概括"[1]。大学精神是一切大学创造活动的思想底座，是决定大学生生灭灭、自强不息、创造奇迹的不变基因，现代大学的发展就是在这一"基因"的程控下实现的。

那么，大学精神到底是什么？纽曼认为，这种精神是追求"普遍学问"[2]；赫钦斯认为，这种精神是彰显"人类最高能力"[3]——创造性思想能力；我国学者认为，这种精神是追求智慧，是开展"形而上学探究"[4]，是创造"特别的思想"[5]，是开展学术教育，等等。尽管这些观点看起来差异悬殊，但其实质内容却是相似的，即思想创造。思想是人类独有的生存手段，依靠思想创制工具，实现创造性生存是人独有的生存方式；思想是人跻身于天地之间的根本生存智慧，是人掌控生命、掌控未来、掌控宇宙的天赋能力；思想是人类特有的精神潜能，是人具有无限适应力、爆发力的智慧锦囊，是人作为人的本质力量所在。如果说工具是人实现自然生存的基本手段，交往是人实现社会化生存的根本手段，那么，思想则是人实现超自然、超社会化生存的首

---

[1] 王建华：《大学的三种概念》，《高等教育研究》2011年第8期。
[2] 约翰·亨利·纽曼：《大学的理想（节本）》，徐辉、顾建新、何曙荣译，浙江教育出版社，2001，第1页。
[3] 罗伯特·M·赫钦斯：《美国高等教育》，汪利兵译，浙江教育出版社，2001，第67页。
[4] 张楚廷：《大学与形而上品格》，《高等教育研究》2011年第6期。
[5] 张楚廷：《大学思想的独特性》，《高等教育研究》2010年第12期。

要手段。思想是人独有的自我增值、自我建构能力，其内核就是想象力与创造力；思想是人类一切生存方式的萌发点，是人性中最值得骄傲的资本与元素，对新思想的需要、对新的生存方式的希求是人的灵性所在，是人类实现自我超越的精神依托。正是以思想的新生为己任，大学才赢得了世人的瞩目，才获得了生存的空间。也正是如此，即便一段时期没有国家的支持、没有经济的注资，大学同样能够生存，因为人类预先给它留出了一个超乎凡俗的生存空间——作为人类生活世界的先驱者与拓荒者的至尊空间，大学肩负的是人类思想创造的重任与期待。

大学源自世俗但又不流于世俗，大学与宗教同源但又不搞精神拜物教，自由、奔放、致知、求新是大学的精神基质，任何外力、外物都不可能抑制大学追求新事物、新世界、新思想的精神动能。大学生存的特权是人类赋予的，是任何制度、机构都无权剥夺或代理的。中世纪大学的存在就说明了这一点：只要学问存在，大学精神就在萌发，大学制度就要延续。从某种意义上说，是大学的存在、大学的学问研究活动存在，才导致了国家的诞生、文明的进化。大学是通过思想，如政治思想、经济思想、伦理思想等的创生来干预社会全局的幕后导演者。大学的思想创造活动始终是先行者，是一切社会制度、构架变革的发动者，是一个民族未来发展蓝图的描绘者与筹划者。大学的存在始终是超越性的，是超越任何人类社会实体，如民族、国家、宇宙等的，是面向所有社会实体的未来而存在的。大学时刻在用思想的力量推动着整个人类与宇宙的前行，用想象力来规划着人类社会的美好明天。用一个实验撬动一个星球，用一种思想重塑一个民族，是大学特有的旨趣。

在现实中，思想具有形形色色的变体，智慧、学问、理论就归属于这些变体之列。思想创造的实践将大学与学者关联起来——大学成了思想的孵化之所，学者成了学术工作者，研究成了学者的本职，贡献思想成了大学的专属责任区间。正是面向人类思想生产的目的，大学赢得了自己在人世间与宇宙间的生存地位,获得了"顶天立地"的资格。大学基因的一切变异都和思想的发生发展密切关联,大学成了新思想的代名词,思想生产实践成了大学存在的标识与象征。因为思想才创造了大学,创造了学者,思想创造是大学的胚基与特质,是大学生命实现自维护、自组织、自更新的链条。也正是在这一意义上,我们才敢说,思想是大学的生身之母,思想创造是大学的天职与使命。

二、大学发展的血统

所谓"血统",就是"由血缘形成的亲属系统",它决定着一个人的来龙去脉,承载着人的身份认证。在所有能够被称之为"大学"的社会实体或机构中都流淌着大学的血脉,负载着大学的遗传信息——思想创造的基因。正是这种思想生产实践的奔流不息才构成了大学发展的血脉和传统,进而决定着大学的命运,牵连着大学人的追求,维系着大学机构的自我统一性。对所有大学而言,大学精神是对大学精神气质形而上的最高抽象,是大学一切潜质的结晶体与特质的综合体,是大学鲜活的元神与灵魂。就一所大学而言,它对这一元神与灵魂的表达、体现、转述不可能通过口号化、标语化(如校训等)的机械方式来完成,因为这种"口舌"性的表达对大学自身而言毫无意义,它无法给大学的发展带来任何实质性的影响与引领。办大学需要的是大学精神的统领与延续,需要的是大学精神的嵌入与释放。大学只有将思想创造的基因与精神渗透进大学的历史中去,植入到大学的生命过程中去,最终才能形成一股奔腾不息的"精神流",成为主宰大学行动的命脉与传统。只有在此时,我们才能说大学的精神在一所具体大学中具有了活体形态,真正使该大学具有了一颗"真魂"。这就是大学的血统、传统。如果说思想创造的基因让千差万别的大学机构之间具有了高度统一的身份,那么,大学的血统则使一所大学在任何变异、变革中不至于走向失魂,沦为"异己",蜕变为"似我非我"的四不像怪物。

在每一所有历史的大学背后都有一段故事，都有自己对特定时代与社会背景的独特反应方式，都走过了一段坎坷曲折的发展历程，大学精神的印记就铭刻在其发展中走过的每一步足迹之中。大学的血统、传统就是在这一历程中积淀起来并日渐清晰的。大学的进步有时会遇到来自社会、民众、国家、世俗、教派的责难与阻力。不仅如此，在被人责难的同时，大学人有时也会摇摆不定，面临出路抉择的现实难题。这些困境直接拷问着大学人的信念——是坚守大学的精神基质还是放弃自身的秉性？是面对考验知难而进还是屈从压力、退缩不前？是继续从事思想创造活动还是随波逐流、苟且偷生？这都考验着大学人的生存智慧与生存意志。大学精神不是书写在校门上的"校铭"，不是大学人口中的"治校理念"，而是大学以其真切的行动与选择——在求真、求善、求美、求新中始终坚守自己作为思想创生者的本真面目，在接受社会、公众、国家对大学自身精神气质的质疑与批判中坚守自己的精神立场——将自己秉承的大学精神义无反顾地呈现给公众，表达给世人，让他们为大学在精神坚守中体现出来的执着信念与坚定意志而喝彩，而叹服。用自己的行动说话，用自己的选择宣示，用自己的实践回应，是大学展示自己精神基因的生动手法。这就是大学独有的血统与气质，是大学在历史流变中保持坚挺自我的缘由。正是在这一意义上，我们说大学精神不仅仅是一个符号，一种象征，更是大学对社会做出的庄严承诺，是大学在遭遇压力与挫折中坚挺地"站立"起来、内凝而成的一种精神秉性，是对大学传统与身份的一种执着与坚守。大学的精神基因——思想创造品性是在与凡俗社会、与异己力量的斗争与较量中沉淀、积聚起来的，是在经受社会洗礼中历史地形成的，是大学鲜明的"过程性"品质，而非规定性品质。大学的历史与传统是孕育、滋养、确证大学精神基因的温床，是大学精神的流动存在场域，是大学基因流动的物质载体。大学的基因必须在表现为精神连续体或"主体—超体"（怀特海）时才可能成为一种真实的存在，过程性、延绵性、衍生性是其根本属性。正如有的学者所言,"传统不是资料的消极的储存室,单纯地等待着查询,它以其真正的智慧对后代人的生活起着规范性作用"①。大学精神基因的动态展开形式体现为大学史,体现为大学的血统,体现为形形色色的传统,如学术传统、自治传统、学院传统、文化传统等,它们是大学精神"流动的音符"。大学血统的建立把大学纳入一个真正属于自己的发展轨道,它确保着大学不会随波逐流,不会轻易"变轨",沦为"非我"。

大学之所以是大学,是因为禀赋着大学的灵气与仙根;大学之所以不会变成非大学,是因为大学机体中涌动着大学的血统、携带着大学的传统。以"大学传统"的形式表达出来的大学血统是大学发展中的定心丸与稳定器,是大学在历史长河中应对种种困扰与诱惑的坚强后盾。对一所大学而言,正是由于它拥有了大学的血脉,才不会随波逐流,不会忘记自己"设计理想社会、探究人间治理、充当文明引擎"的特殊使命。对大学而言,其血统的存在意义与人的血脉的功能相似——赋予生命体以不变的本性。一所大学固有的精神传统、文化传统、学术传统是其永恒的身份证照,是大学精神得以传递再生的关键链环,它同大学的基因一起维护着一所大学的稳定性,确保着大学在发展中迸发活力、青春常在、秉性不移。当然,大学流传下来的传统并不是都能够代表大学的血统,只有求真、求善、求美的生存意志与价值追求才是大学的真正血脉。追求至真、至善、至美,让真理得以澄明,让善端在人间萌发,让完美引领人们的生活,是大学的本真追求与精神传统,是大学的生存命脉与精神福祉。追求普遍学问、追求独立人格、追求完美世界是大学创生思想、启迪文明、照亮社会的精神命脉。缺失了这一命脉,大学随时都会走形、偏离正道,大学的发展随时都可能步入凡尘、堕落尘世。在凡人的眼中,似乎这是一种"高贵"的血统,一种"不入主流"的血

---

① 乔治·麦克林:《传统与超越》,干春松等译,华夏出版社,2000,第19页。

统，但在大学人的眼中，这恰恰是一所大学与学术研究工作的命脉与穴道，是其本命所属、本性所归。

三、大学存在的形体

理想的不一定是现实的，现实的不一定是合理的。从理念到实践、从理想到现实、从精神到制度，具体大学形态的生成总是受制于多种变量的干预，这就导致了大学的理念与现实间的落差与矛盾。对大学而言，没有恒常之"常道""定道"，只有变化之中的"变道""大道"。"'道'的历史性意义存在于'体'和'用'之间，也就是说，存在于在变动的环境中稳定的基础或潜在的结构和它的运用的关系中"①。在现实生活中，我们看到的只是大学的具体构形，如大学制度、大学组织、大学章程、大学生活、大学校园、大学文化等，它们都是大学精神主宰下的物质实体，是大学气质、基因、血统具形化的产物。在现实中只存在有血有肉、具体直观的大学，有形大学、制度大学是理念大学的现实形态，是大学血统最具体、最形象的表达式。正因如此，具体大学并非都是大学精神的嫡系传人，其中不乏理念走形、理想偏离、精神耗散、血统稀薄的"大学"，它们经常迷惑着我们对大学的理解，干扰着大学人的视线。在现实中，我们只能看到完美大学精神的影子、印迹，从那些正牌大学中嗅到大学的"味"，却看不到大学精神的完型，看不到完美无瑕的理念大学。正因如此，我们看到了大学保持其求真、求善、求美血统的价值与意义。

从精神、理念走向具体、现实的过程，既是大学精神释放外显的过程，又是大学精神基因发生变异更新的环节，是大学血统发生微调精化的节点。大学总是要在与社会环境的互动、互摄、互联中存活，总是需要来自社会、公众的经济资助、精神支撑、制度呵护。没有一

---

① 乔治·麦克林：《传统与超越》，干春松等译，华夏出版社，2000，第25页。

定资金的注入,大学的生存发展就没有了坚实保障;离开了民众的殷切期待,大学的思想创造就失去了外驱力;离开了社会制度空间的庇护,大学的独立自主研究实践就难以展开;离开了社会生产、生活对学术成果的转化与回馈,大学就失去了生长的社会根基。正因与社会环境之间存在着错综复杂的关联,大学才必须在向社会寻求外援、有限妥协中找到自己的社会地位,实现自己有条件式的生存:现代大学要投合社会发展经济的现实需要,就必须将科学转化成技术;现代大学要适应民众构建和谐社会的期待,就必须向普通民众开放学术之门,对他们进行社会教化;现代大学要满足民众对艺术的追求,就必须把种种高雅艺术推向社会,找到艺术品的消费市场。出于生存的需要,现代大学自觉接受了社会体制的部分管制,接受了社会的局部同化,以向社会谋取发展的资源与社会存在的合法身份。其实,实然的大学绝非乌托邦式的大学完型,它必须在一定程度上接受社会的归化与管束,让自己与周围环境相适应,换取"入流""同伍"的身份,以建立起自己与环境之间的营养关系。因此,每个民族、每个国家、每种文化都会建立起自己的大学,并根据自己对大学精神基因的理解,凭着自己对大学的想象,建构着自己心仪的大学;每个国民、个体都将自己的大学观投射到了大学制度中去,并利用自己手中的人力、物力、财力部分地干预着大学制度的建构,干预着大学发展合力的生成方向。大学在社会环境中都会变身、变形,都会在坚守大学精神的同时适度地将创办者所隶属的地域文化、相应种族、特定国家的东西带进来,有限地将社会成员的共同意愿表达出来,故具体大学的成形都会被涂上一层浓厚的民族、国家、文化的色彩。这样一来,共同的大学精神就衍生出了丰富多彩的大学具体形态(即"具形化"过程),变异出具有地域风情与文化底色的特色大学、具体大学。尽管如此,对真正的大学而言,不变的内核是大学精神与血统的恒在,这是不容许有任何变异与触动的,否则,任何大学的建制、形体都只是名义性的、包装性的，在其骨子里都是"非大学"，是披着大学外衣的普通社会机构。

当前，大学在具形化过程中正面临着新的挑战——一场社会诱惑与本性坚守之间的两难选择。时下，人类社会正悄然步入了转型期，现代化的浪潮席卷全球，生产生活的理性化、社会化、市场化主宰了整个社会，人类比历史上任何一个时期都需要大学——它日益和每个社会个体的生命存在、每个民族和国家的未来命运息息相关，日渐成为融入了整个人类文明"骨子"里的一个元素与细胞。看看我们身边的大学，无一不为优质生源绞尽脑汁，宏伟大楼、气派新校区成为大学实力角逐的对象，科研经费、就业率成为衡量大学水平的核心指标，学术研究变为一味追求论文、课题的等级与数量，围着大学排名团团转成了大学经营的主题……这就是当代大学具体化的真实的场景。我们叹惋：大学的高贵血统似乎在悄然消逝，大学的精神好似在蜕变，大学的人文基调日渐羸弱！我们深信：理念与现实间的落差常常是启动思考、思维、思想的"钥匙"，是大学实践、大学制度、大学轨迹回归本位、本真、本体的契机，是我们重拾大学血统的内驱力。无疑，这些大学变异的现象是社会转型期大学面临的一些特殊问题，是当代大学焕发新颜的抓手。对之加以深究，确保大学激流勇进，坚守自身的传统与逻辑，是当代大学找回大学精神、永葆青春气息、坚守自身血统的历史性选择。

同时，我们也不难看到，大学面对社会变迁所经历的一切变动不一定都是消极的、异化的，其实，这场变动具有双向性与交互性。在与社会环境的互动、互适中，大学既改变了社会又为社会所改变。大学与社会的接触是一场博弈，博弈的最终结果是大学走向社会还是社会走向大学，直接决定着大学命脉的延续。现代大学尽管存在批发学历、面向就业、走向凡俗（大众化）的现象，但思想创造、学问研究依然是大学引以自傲的东西，是大学跻身社会、立足世间的核心资本。这充分表明：大学的精神血脉仍在延绵，大学的实践还在继续，那些徒有虚名的"大学"只是借壳上市，它们并非大学的正宗代言者。换言之，这些"非大学"本身只是普通高等学校而已，它们只是在御用大学的"金字招牌"，借用"大学"之名正是它们经不住大学精神、传统与魅力诱惑的表现而已。

在大学具形化过程中，社会制度、文化类型、时代特征是影响大学具体形体的三个关键因素，不同时期、不同民族、不同制度下的大学各具特色，进而使每一所大学都具有自己的风格与特点。在专制体制下，大学易受制于政治家的摆布，其自由思想精神倍受欺凌，被迫潜伏在学者的骨子中，而在民主体制下，大学成为学者的乐园，其自由思想活跃在大学校园之中，成为大学的一道景观；在宗教时代，大学以神学为主题，而在理性时代，大学以科学为主调；在欧美文化圈中，大学更强调革新，而在亚洲文化圈中，大学更热衷于追随传统，等等。这些特色的形成都是大学精神与具体"生境"（即生存环境）相结合的产物，是大学理念融入时代、融入社会、融入文化的结果。在与生存环境相化合中，大学发生了基因的部分重组与变异，赢得了生存地位，这不但不妨碍大学精神的延续，反而是大学精神新生、创生、成长的机遇，因为"与周围环境发生相互作用"[1]正是基因发生变异的原因与诱因，不变异的基因是找不着自己生根的土壤的。尽管与中世纪大学相比，现代大学可能已经是今非昔比、面目全非，但它毕竟是适应社会、社会也需要的大学，是大学与社会双向选择、相互调适的结果。换言之，只要坚守大学的精神，外部形式、形象、形体的变迁并不妨碍其大学精神这一基因的发育与生长，都对大学血统的延续毫发未损。

从思想创造的基因到追求至真、至善、至美的血统，再到形神兼具、动态变异的大学形体，我们清楚地描绘出了大学的基因图谱与生

---

[1] 叶澜：《基因》，广西师范大学出版社，2009，第26页。

长轨迹:大学,是一种形散神聚的社会实体,是依靠精神与理念导航的"主体—超体",是理念大学向制度大学的外化旅程。这不是大学的一种"蜕变"或"式微",而是与大学发展相伴生的自然现象。有学者认为,"今天理念大学正在消逝,制度大学全面凯旋"[①]。其实,这不完全是大学在蜕变的证据。相反,这正是现代大学在具形化中面临的新困境、新转机、新挑战。不遭遇波折、不经历波澜的大学是没有积累的大学,是"长不大"的大学,大学总是在曲折中前行、轨道校正中成熟起来的。在遭遇波折中,大学如何坚守本真的理念与求真至善的传统,并使之在新的时代背景中结出硕果,是所有大学人必须思考的一个问题。因此,大学的社会化生存不仅仅是一个社会适应的问题,更是一个自身精神基因的合理表达与有效呈现的问题。培育大学的"种子",守住大学的"根基",是大学在任何环境中勇往直前、披荆斩棘,保持强劲生命力、积聚爆发力的坚实支点。

第二节 大学的特质与重振

当前,大学的本科教学日益成为社会诟病的话题——学术大师充盈却没有多少真正懂教学艺术的行家,高深教研成果遍布却鲜有付诸实践的成功范例,对科研工作耗尽心力而奉献课堂的热情少之又少,"大学教授"的头衔异化为一个空头学术名号……面对种种窘境,我们不禁要扪心自问:大学教师还是本真意义上的"教师"吗?大学教学能否回归素朴的初心与原意?我们是否真正需要对大学的头号使命——"教学"——振臂呐喊?无疑,教学是大学的安身立命之本,本科教学是大学生存发展的"命根子",筑就本真意义上的大学教学是当代中国大学重振雄风的必由之路。

---

① 王建华:《大学的三种概念》,《高等教育研究》2011年第8期。

一、大学的特质蕴含求索

朱熹早就将人生求学阶段分为两部分：小学是培养"圣贤坯璞"的阶段，大学是造就圣贤大师的阶段；小学是学习洒扫应对之节，大学是学习穷理、正心、修己之道；小学是学会吸收知识、做人礼节的阶段，大学是学会融会贯通、止于至善的阶段。在这一意义上，大学教学绝非中小学教学工作的自然延伸与简单升级，而是教学品质与内涵的全新获得，是教学工作发生"质变"的飞跃阶段。由此，探明"大学教学"的特质、特性是创建真正意义上的大学教学，促使大学教学工作回归本真的改革原点。我们认为，大学教学在目的、主体、过程与结果上彰显着特殊性。

（一）教学目的上，知识的质化创生成为主攻点

在任何教育阶段，知识都是教学事业的中心，都是师生无法回避的对象，但知识在各学段教学中的存在功能与价值却是不断改变的。在基础教育阶段，教育的使命是帮助儿童获得身心发展必需的基本知识、基本技能、基本经验、基本方法、基本思想，这正是基础教育之"基础"的具体蕴含；而在大学教育阶段，教育的使命是帮助大学生"成人"，帮助他们学会创造知识、创生技能、创构经验、创制方法，以此应对即将独立面对的真实人生、真实社会。我们将面向这一知识功能定位的独特教育阶段称为"大学"。尽管大学学习也是以学习知识为主体，但学懂知识、积累知识、知识增量不再是教学的主责，超越知识、突破知识、创生知识才是大学教育的天命所属。换个角度看，每一类知识都自带着"两类结构"——基本概念结构与方法程序结构。其中，前者关注的是解决特定问题的信息与思路，后者关注的是解决一般问题的方法与思维。知识教学的实质是"以结构为载体，帮助学生掌握学习某一类知识、解决某一类问题的思维方式和方法，帮助学生掌握主动学习的工具"[①]。对大学教学而言，后者无疑至关重要，它

[①] 王红顺：《2017 课堂改革的六大趋势》，《中国教师报》2017 年 1 月 5 日，第 7 版。

是推动知识质化转型的物质依托。

所谓知识质化,就是让知识在学习中发生创新性发展,让知识新生,成为满足大学生人生与社会发展的新工具、新利器。在过去,大学教学追求的是博学,而"博学"的目的是吐故纳新,古代大学培养的是"博士",因为只有博士才能对真实人生问题、社会问题做出游刃有余的判断。正如学者所言,在教学中"一切基础知识、基本技能均成为学生探究的对象和使用的工具,其目的是产生学生自己的思想和理解",这就是"大学教学"的真意所在。如若在大学本科教学不能指向"知识转生"这一目的,不能借助知识习得助力学生思维生长,助力学生自性成熟,海量知识学习只会在大学生身上产生淹没自我、弱化社会生存力的负面效应。只有引导大学生学会对知识进行质化重生、解构重建,大学课堂教学才可能真正彰显"大学"的本意,担负起"大学"的使命。

(二)教学主体上,学生成为完全主体

什么是"教学"?就是"'从教到学'的转化过程"[①],即从教师带着学、帮着学、领着学,到学生逐渐离开教师的"拐杖"而独立行进的过程。无疑,整个大学本科教学的重任之一就是帮助大学生完成这一转变,真正成为脱离教师课堂教导的"独立学习者"。有学者指出,大学教学的目的是"不仅要促进他们的学习和满足其学习需求,更要帮助他们成为一个独立的学习者"[②],这一论断直指大学教学的要害,成为当代大学教学改革的一枚指针。其实,大学生在教学中的角色与中小学生相比具有明显差异:其一,大学生已经成为完全独立的社会主体,18岁的到来赋予了大学生更多自主行事、自己担责的权利与义

[①] 余文森:《能力导向的课堂有效教学》,《全球教育展望》2018年第1期。
[②] 罗生全、程芳芳:《大学教师有效教学特质及其养成》,《黑龙江高教研究》2012年第6期。

务，他们在大学阶段即将经历的是社会意义上的"断乳"阶段；其二，大学生已经成为完全独立的学习主体，具有了独立思维、自主选择、自我成长的能力与条件；其三，大学生已经成为完全独立的价值主体，他们具有了拥有自己人生价值、调适个人价值、建构个人价值体系的能力。在这些意义上，大学生成了一个完全主体，一个几近接近成人的学习主体。学生这一特殊身份的获得也在警示大学教师：全盘灌输，会在课堂教学中失灵；单向教导，会在课堂中失效；"师本课堂"，会在课堂中受挫！大学教学的目的是支撑大学生发生从中小学生意义上的"半主体"向成人意义上的"完全主体"的真正蜕变，是要助力大学生成为独立自主的学习者，成就其作为"完全主体"的身份。因此，大学教学存在的意义是要为其顺利实现这一转变搭建桥梁、提供媒介、构筑梯级。"从生本课堂走向自本课堂，是课堂的再一次升级换代"[①]。大学课堂不应是"师本课堂""生本课堂"，而是"自本课堂"，是大学生基于个人人生梦想而选择教学服务、迈向独立人生的课堂。

（三）教学过程上，教研一体化进入主画面

任何知识体系的形成过程都必须经历三个阶段，即"原生—再生—创生"，三者构成了一个相对完整的谱系。其中，原生知识是科学家、艺术家、探险家、改革家的事情，他们是原创知识的供给者与生产者；再生知识是教师与学生工作的主题，他们是知识的传播者、传承者与延续者，扩大知识的辐射面、延续知识的生命周期是教育家的事业；创生知识是新生一代科学家、艺术家、探险家与改革家的事情，他们是知识生命的延伸者与原生知识的继任发展者。从这一角度看，如果说中小学教学是新知获取、思想提取、体验生活、经验世界、知识再生的过程，那么，在大学教学中，这都是教学初级阶段要干的事情、完成的任务，教学的重心开始后移，即转移到生发新知、改进技

---

① 王红顺：《2017课堂改革的六大趋势》，《中国教师报》2017年1月5日，第7版。

能、感悟生活、探究世界等高级阶段上来。进而言之，中小学生是知识的再生产者，大学生则是推进"知识再生"向"知识创生"环节迈进的过渡者。"教学不仅仅是知识量的传播，更是在知识量积累基础上知识的创新性发展"①。所以，大学教学必然是知识习得与知识创造合而为一的环节，学习与探究、教学与研究成为大学教学活动不可分割的两大构成。大学学习的目的指向研究与创新，用研究、创新的方式开展学习活动，"教、学、研"在大学教学过程中被真正一体化了：没有研究意识的大学教学是平庸的，没有研究活动的大学教学是乏味的，没有研究成果产出的大学教学是低端的。我们认为：大学教学的主画面是教、学、研一体化，是以"教"为始、以"学"为本、以"研"为终的研究性教学。因此，大学教学的特质就在于"教中学""学中研"，是一幅"让学生人人成为创客，让课堂成为学习生长的共同体"②的绚丽景观。

（四）教学结果上，师生成为学问上的共利共生关系

中小学教学的结果是学生习得了知识技能，主体性得到了发展，而大学教学的结果是师生都获得了学问、智慧与能力上的增长。如果说一节中小学课给教师带来的最大收益可能是教师的教学技艺获得了长进，教学的体验与感悟得到了升华，那么，一节真正的大学课给教师带来的不只是教学认识、教学技艺的增长，更有创造性学术成果的涌现与生成。也就是说，大学课给教师带来的进步是双重的，即教学学术成果与科学学术成果同时获得。反之，如果大学教师在教学之后获得的唯一收获是，一节课上完了，一桩教学差事完结了，那么，这节课一定不是真正意义上的"大学课"，而是一个披着"大学课"外衣

---

① 罗生全、程芳芳：《大学教师有效教学特质及其养成》，《黑龙江高教研究》2012年第6期。

② 王红顺：《2017课堂改革的六大趋势》，《中国教师报》2017年1月5日，第7版。

的中小学课。真正的大学课是教学共生、师生共研、学术共进、成果共享的课堂，是教学与研究融为一体、教师发展与学生发展融为一体、教学研究与学术研究融为一体的研究性课堂。从教学结果上看，大学教学中师生间是共利共生、协作互促的关系。换个角度看，效果、结果、成果不仅是一节高效大学课的核心特征与明显标记，更重要的，它还是间接衡量一节大学课的内在品质、专业实力的有力依据。这是因为，一旦一节课在知识、学问上出现了明显突破，那么，这节课的教学过程一定是既科学又优质的。一节劣质大学课不仅会影响学生的发展节奏与学术成长，而且会直接影响授课者——大学教师——学术水准、教学专业的持续增长，这种危害是双重的。

概言之，无论是从教学目的、教学主体，还是从教学过程、教学结果来看，大学教学都有自身的特质蕴含，其与中小学课堂教学的差异是根本性、本质性、系统性的，这一差异的内核集中体现为更为强调教学活动的四大要素：方法、学生、研究、共生。我们相信，抓住了这四个要素，大学课才可能上出"大学味"，彰显"大学性"，真正走出大学教学独特的课改之道。

二、大学教学的理想景象描绘

大学课堂是大学教学的焦点与载体，大学教学变革的直接对象是重构大学课堂的景象、景观与场景。基于上述考虑，大学课堂到底是怎样的一种景象？这是我们最直观地思考大学课改蓝图的入手点。所谓"景象"，就是情景、状况、景象，就是一种事物自然呈现出来的直观气象与样态。"景象"的对应面是"理念"，是做事、行动所遵循的理性思路、主观意念、内在设计，它与"景象"之间是表里关系，共同决定着事物延伸的轨迹与呈现出来的状况。进而言之，"大学课的景象"是在大学课堂上呈现出来的教学状态、教学情境、教学样子、教学方式，是大学教师在特定教学理念主导下做出的课堂样子。对这一课堂景象加以描绘，有利于教师找到直观的课堂范型，更为流畅地建构出一节节理想、优质、灵动的大学课。在此，我们从四个角度对大学课的理想景象予以描绘，以助推科学的大学教学观在大学教师心目中的形成与树立。

（一）大学课堂是知识被粉碎重构的课堂

大学课堂离不开知识，因为知识是引出大学生真理与创见的基点，大学课堂离不开知识传授，但知识传授不再是课堂教学的轴心构成。理想大学课堂的景象是"导入知识、粉碎知识、重构知识、走出知识"的行程，知识在课堂教学的每个环节都在发生着接二连三的质变与升级。在大学课堂上，教师把知识接入学生大脑的目的是要用新知识冲击大学生的生活世界、经验世界、知识系统，引发学习者对旧见识、旧思维、旧方法的怀疑，诱发学习者重构新认识、新思维、新世界的冲动。在这一意义上，新知识讲授是启动学生观念世界重构的一把钥匙，是助推学生经验世界重置的一个诱因。每一个新知识都可能引出一个新问题，每一个问题都是穿透大学生自己心灵世界、思维苍穹的一枚炸弹，一旦这一"问题"炸弹的威力足够强大，大学生思维世界重构运动就会随之发生。正是基于这一考虑，真正的大学课堂都是问题遍布的课堂，都是旧知识时刻遭遇危机的课堂，都是正统知识、权威思想、常规方法一次次被挑战、被攻击的课堂。纽曼指出，大学是追求普遍学问与真知的场所[①]，向正统知识、常规思维挑战是大学的天命所宿。大学课堂要将每一个陈旧知识解构，将之解体为一个个碎片，将之还原到原生的知识情景与形貌，据此追寻知识的本意，焕发知识的新意，重铸知识的精髓。大学教学在知识解构与粉碎中唤醒学生发明的意识、发现的眼光、创造的勇气，让大学生的思维世界、心灵世

---

① 约翰·亨利·纽曼：《大学的理念》，杨慧林、金莉译，中国人民大学出版社，2012，第3页。

界、价值世界得到一次次刷新与重整，让大学生的自我存在感、意义感一次次得到验证。所以，知识重构、知识新生、知识内爆是大学课堂的首要景观，在这里，我们能够看到大学课堂独具的历练人之生存力、创造力的功能。

（二）大学课堂是学生承担主责的课堂

大学课堂是大学生自己的课堂，是大学生学会选择知识、独立学习、自主发展的课堂，这是理想大学课堂景象的第二个鲜明特征。所谓大学，就是学生学会独立经营人生、掌控命运、应对社会、自主生存、自我判断的特殊学习阶段，是让大学生真正成为自己生活的建构者、掌控者与谋划者的重要成长阶段。换个角度看，大学只是为大学生提供了学习文化、学习环境、学习资源库，甚至教师也只是大学学习环境的构成要素，善于利用环境，从中汲取个人成长成才所需营养是真正属于大学生自己分内之事。大学课堂要回归的原汁原味状态是大学生"在学习""真学习""会学习""乐学习"[①]的状态，是大学生始终处在"学习在线状态""学习发生状态"。当前，许多大学课堂还是在延续高中课堂的实质与轨迹，学生处于教师"保姆"管护下的被动学习状态，专业学习成为大学生被迫进行的一件事情，应付考试成为大学生走进课堂的唯一动因，其结果是大学课堂失去了其根本功能——助推学生实现从"半成熟主体"向"完全学习主体"过渡交接的功能，大学课堂在大学生人生中的转换功能被悄然抹杀，这才是当代大学课堂的真正悲哀所在。

有学者指出，大学本科教育的核心是博雅教育，是让大学生真正获得"自由的精神、公民的责任和远大的志向"[②]，实现真正的自由，摆脱诸多必然性的羁绊。与这一精神相比，当代大学课堂多是生存力

---

① 余文森：《论大学课堂教学的三个"应然"》，《中国大学教学》2018 年第 4 期。
② 余文森：《论大学课堂教学的三个"应然"》，《中国大学教学》2018 年第 4 期。

教育，即谋生知识技能的传递，而非面向自由公民、自由人培育的自由人教育。应该说，自由人教育的起点是自由学习，即以自我筹划、自我负责、自我成长为核心的成熟自我教育。因此，大学课堂的理想形象一定是大学生在课堂上有高度的学习自觉意识、学习独立意识、学习成就意识，真正承担起课堂学习的主体责任，完全脱离教师保姆式的教导，成为一个善于自我设计、寻求资源、成就自我梦想的成熟社会主体。

（三）大学课堂是基于实验室原型构筑而成的课堂

大学课堂的主体是大学生，大学课堂的主体活动形式是研究活动，从侧重知识教学走向侧重问题研究是大学课堂的真意使然。所谓教室，就是教学活动发生的空间与场景，教室空间组织样式是大学课堂存在的物质形态，教室文化是大学课堂品质的本质体现。其实，决定教室意义与品质的是其秉持的原型隐喻，用"全景敞视监狱"还是"寺庙教堂"为隐喻来建构教室空间，其给课堂教学带来的深层变革是巨大的。在中小学，全景敞视式教室构架与课堂结构有利于维持课堂的纪律与计划性，但不利于创意、想象、智慧在课堂中的涌现；在大学，大学生成为自主独立的学习者，需要在创生知识中突破教材知识，故需要的教室原型是实验室，需要的课堂形态是实验探究型。为此，在大学课堂建构中，教师应该在教室空间、教学过程、教学组织中全方位嵌入研究性要素与实验精神，让大学课堂真正成为基于实验室原型构筑而成的研究型课堂。所谓实验，就是借助科学的方法与思维向既定的成见、常识、定论挑战的活动。实验精神要求大学课堂发生三重转变：其一，用否定怀疑精神对待教材知识，勇于向权威教材、权威专家挑战，在挑战旧知中创造一种深度的学习；其二，用探索尝试的方法拓展既有教材知识，让课程知识在课堂上焕发新意、增添新彩；其三，用学术的态度对待一切在课堂中出现的知识与学问，把课堂变成一个理性反思、民主讨论、专业分析的学术空间。只有这样，大学本科教学才可能成为大学生产生思考、发现自我、创生知识、激励智慧、追逐梦想的舞台，才能助推大学生实现从"学生"向"公共人""社会人""卓越人"的完美蜕变！

（四）大学课堂是培育发展共同体的课堂

大学课堂的最终结果是师生双双受益、共赢共进、共同发展，这就决定了以共同体的形式展开教学活动是大学课堂的重要景观，决定了培育发展共同体是大学课堂的重要途径。在中小学，课堂教学活动的价值主体、参与主体主要是学生，学生在"三维目标"、核心素养方面的发展是课堂教学的直接目标；在大学，课堂教学活动的价值主体、参与主体是"师生共同体"，这是由大学课堂教学的研究性与学术性决定的。可以说，理想的大学课堂能将教师专业发展与学生专业发展、教师学术发展与学生学术发展全面兼顾、兼容起来，让师生在研究性教学实践中迈向共同发展。所谓发展共同体，就是师生在共同学术问题、共同学术组织架构、共同课堂时空中开展学术探究活动，师生间围绕知识创生开展多重交流互动实践，日渐形成了上下一心、融为一体的学研同盟。在研究性大学教学中，师生间牢牢结成了一种命运共同体、学习共同体与知识共同体关系，师生间的授受关系、服务关系、层级关系变得日益模糊，教师真正成了"平等中的首席"，其作为知识代理人、主流价值观的代表退隐到幕后。在面向发展共同体培育的课堂中，师生共同解决学习问题、共同分享教研成果、共同谋划未来课堂，师生共同的发展利益、学习需求、成长期待都在共同体构架及其实践活动中得到顺利实现。

三、大学气质的重振之路

当前，我国大学中不乏"水课""庸课"，大学教学的含金量日渐下降，课堂教学失却了品质、品位，没有灵魂、创意、内涵与收获的课堂日益成为中国大学的公敌。在这一形势下，掀起大学课堂革命，寻觅大学教学的真谛，回归大学教育事业的初心，守护大学人的教育梦想，就成为当代大学赋予教育工作者的时代使命。在新时代，重构大学课堂，启动中国大学教学的转型之旅，让大学教学在"四个回归"指引下导向正途，承载着当代中国人对现代高等教育事业的期待与憧憬。笔者认为，当代中国大学的重振之路应从教学目的、教学主体、教学过程、教学结果等四个维度的变革入手，真正盘活大学教学事业的大盘，让大学内蕴的能量与魅力尽情释放，让大学的本真气质再度回归。

（一）按照知识创生原理重筑课堂

既然大学教学的目的是发现真理、发明知识，大学教学的理想景象是粉碎知识、重整知识，那么，大学教学必须按照知识创生的原理来重筑架构，让课堂成为旧知识转生、新知识破土、大智慧生成的炼丹炉，全力助推大学课堂实现"从知识、能力立意走向思维、智慧立意"[①]的深刻转变。对大学教师而言，要推进这一转变，就必须从引入新知开始，将学生导入知识生发延绵的航程；就必须从怀疑知识入手，让知识在课堂上变身为一个个问题；就必须展开知识解构的实践，让知识碎片成为新知识创构的营养元素；就必须向知识新生的方向进发，让原创知识成为课堂教学的结晶体。在大学课堂中，教材知识始终只是新旧知识转换的节点，课堂教学就是新旧知识新陈代谢的空间。为知识创生而重定教学目标、优化教学形成、重构评价指标，是激活大学课堂的利剑！在知识创生原理的指引下，大学课堂教学必须走"从教材知识出发，经由知识内爆，走向知识新生"的行程。在这一行程中，知识教学正应了杜威的一条教学原理——"学校中求知识的真正目的，不在知识本身，而在学得制造知识以应需求的方法。"[②]

[①] 王红顺：《2017课堂改革的六大趋势》，《中国教师报》2017年1月5日，第7版。
[②] 赵祥麟、王承绪编译：《杜威教育论著选》，华东师范大学出版社，1981，第108页。

（二）积极培育"教、学、研"三位一体式课堂

大学教学的本质特征之一是研究与教学的高度统一：它既是新研究成果的发祥地，又是学术大师、卓异学生的培育温床；既是学术研究、教学研究的实验室，又是学生学会学习、教师学会教学的大课堂。有学者指出，大学教学必须实现"三个回归"，即"回归学生学习""回归人才培养""回归学术活动"[1]，其中，"回归学术活动"正是大学教学研究性的内涵所在。在这一意义上，全面兼顾大学教学的特质与要求，彰显大学教学的专业性，教师必须积极构建"教、学、研"三位一体式课堂，让大学教学成为学生开启自己独立职业人生的垫脚石。其实，大学知识的学习、教授与研究既是一个连续体，又是一个有机体：从教学过程来看，知识怎么研发，就怎么学习、怎么教授，知识被研究的方式就是知识被学习的方式，知识学习的方式选择着知识教授的方式；从教学活动本身来看，知识的学习、教授、研究统一于研究性教学中，在"研究性教学"一件事中同时完成了三大教学任务。大学教学的"研究性"体现在三个方面，即研究性内容、研究性形式与研究性方法，其三个层面对应的正是教、学、研。在大学教学中，教师应该"三管齐下"，助推"教、学、研"三位一体式课堂的实施：其一是实施任务驱动式教学，善于将知识学习内容转变成为一个个微型研究任务，让学生在完成研究任务中将"教、学、研"有机整合起来；其二是开展问题中心式教学，即用核心问题贯穿课堂教学全程，把所有教学活动链接到核心问题的探究与学习中来，使整个课堂融为一体，用问题引爆课堂革命，把全体学生带入问题探究活动中来；其三是开展小专题单元研究活动，即部分教学单元用课题探究、项目探究的形式进行，开展以专题为单元的整合性研究活动，真正体现"研究中教、研究中学、研究中创"的教学意图。

---

[1] 余文森：《论大学课堂教学的三个"应然"》，《中国大学教学》2018年第4期。

(三) 用研究伙伴关系取代师生关系

大学教学的本质也决定了传统师生关系已经难以支持全新的教学体系，难以容纳全部教学能量，难以驱动课堂教学的深层变革。所谓师生关系，就是两大课堂教学主体——教师与学生间形成的认识关系、伦理关系、情感关系、交往关系。这种关系内蕴着师道尊严、权威导向、权力层级等关系，暗示着大学生不要挑战知识权威，不要突破教师的专业防线，不要随意否定教材的至高地位等，这种"师生关系"自然不利于大学教学中知识创生使命的完成。其实，大学教师是站在知识前沿的知识分子，大学教材始终位于知识谱系前端，其最大特点是时刻面临被质疑、被推翻、被解构的危机，其不稳定性、变动性极强。因此，传统师生关系与大学课程知识状况之间是不吻合的，用研究伙伴关系予以置换的现实意义明显。换个角度看，"教学是教师的一项专门技术，是一种学术性活动"[1]，大学师生关系的核心内涵之一正是学术伙伴关系。不同于传统师生关系，研究伙伴关系更为强调师生在知识面前的民主平等关系，在知识创生中的同盟协作关系，以及在知识学习活动中的相互配合关系，它向大学生提出了明确的"研究"暗示：以研究者的身份进入课堂情景，以研究的方式介入教学活动，用研究成果的品质评价自己学习的品质。在这一意义上，"研究伙伴关系"的提出与使用对于唤醒大学生的研究动机、专业自觉、独立身份、自主意识均具有积极意义。在当代中国大学中导师制较为普遍，几乎每一名大学生都有自己的学业导师，"导师"称谓的使用正是研究性师生关系诞生的先声，只要改革继续向前迈出一小步，研究伙伴关系就可能在大学课堂教学场域中产生。正是基于这一考量，我们认为，用"研究伙伴关系"取代"师生关系"也是大学教学发生实质性变革的一个突破点。

---

[1] 南钢：《教学学术视域下的教师发展：理念、路径与目标》，《教师发展研究》2017年第3期。

（四）建立教学成果的呈现与共享机制

大学教学是追求智慧、学问而非纯粹知识的活动，只有具备"可共享的知识属性"[①]的教学实践才可能成为一门学问，故知识成果共享机制是将"定论取向的教学"转向"学问取向的教学"的重要支架。大学教学的鲜明特征是共赢共利性，是共同产生教学成果与学术成果的重要舞台。因此，在教学中师生要善于构建起一种教学新成果的捕捉、发现与呈现机制，善于把研究性教学中产生的新认识、新成果呈现出来，并及时在小组内、班级内予以分享。这样，大学教学改革就能迈出关键的一步。有学者指出，"当学生处于相对独立和基本独立的学习阶段，具有一定的独立学习能力，必须先学后教，这是教学的一条规则、规律"[②]。在教学实践中，要鼓励更多新成果、新认识的涌现，教师应该坚持"先学后教""教研一体"的原则，为大学生创造知识研讨、问题探究、个人展示的机会，鼓励大学生展开针对教材知识、旧有知识、常规知识的辩驳研讨活动，让学生在学习中生成的新认识、新思想、新方法脱颖而出，使之成为课堂教学中的一个亮点，引发全体同学的关注与思考。在此，教师可以采取许多方式引爆学生的大脑、激活学生思维的灵光，如开展课堂主题辩论活动，搭建个人创见展台，开设学术擂台，组织教材研读活动等，这些新颖教学方式的采用有利于创新性学习成果的涌现。同时，教师还可以搭建虚拟交流平台，组建课堂网络讨论专区，利用自媒体发布平台，为每个学生创意观点的充分呈现与自由分享提供最广阔的舞台。在教学研讨中，大学教师只需要抓住最佳观点进行点拨、导引、拓展，大学教学就可能成为新成果、新方法的共享互助平台，大学教学的本真、繁荣景象就可能显现，大学教学重振的梦想也才能实现。

[①] 阎光才：《大学教学成为学问的可能及其现实局限》，《北京大学教育评论》2017年第4期。

[②] 余文森：《论有效教学的三条"铁律"》，《中国教育学刊》2008年第11期。

第二章 大学学术论

什么是大学？它是学者自由参与学术活动，彰显学术精神，提升学术境界，释放学术功能的阵地和摇篮，是学者共同遵循学术游戏规则、营造健康研究环境、平等参与学术生活的舞台。一言蔽之，大学是以学者为主体，以学术活动为主线，以学术保障体系（如学术体制、学术环境）为支撑的"学园"（Academy）。学术的发展离不开大学，大学的发展离不开学术活动，大学与学术活动相得益彰、相互缠结，共同开辟着大学教育发展的空间和路径，提升大学学术发展素质。

第一节 科学发展观与大学学术发展素质

新世纪初，我国从构建和谐社会的理念出发提出了推进各项社会事业稳健发展的基本指导思想——科学发展观，从而实现了发展模式由非平衡式向平衡式的根本转变。[1]这一转变集中体现为：从对发展目标、效能、工具的追求转向对发展素质、道路和价值的追求，以力求将发展的各个侧面、层次、环节有机地协调起来，从而既保证了发展的后劲，又提高了发展的安全性。从实质上看，科学发展观的核心理念是以人为本，基本要求是全面协调可持续发展，这一发展理念对任

---

[1] 朱伟坚：《科学发展观的伦理蕴涵》，《福州党校学报》2005年第3期。

何社会事业都具有思想统领的意义，具有普遍的迁移力。就大学发展而言，笔者认为科研事业发展是事关学校全局和生存利益的枢纽，在对该事业的管理上能否将科学发展观创造性地用诸学校学术风气建设上具有战略性意义。学者是影响一所大学核心竞争力的核心能动性因素。通过对学术风气的诱导、引领和干预，营造积极、健康的学术氛围，让学者在其中和谐、自由、迅速地成长，是将大学的潜在人力资源转化为核心竞争力的重要举措。因此，笔者认为，要增强一所大学的核心竞争力，绝不能停留在人力物力资源的聚集、学科门类的建设、学校声誉排名的提升等表面工作上，而是要更进一步在改善学校的学术风气这一"软实力"上下功夫。学术风气是一所大学精神的外显，是学术力量整合再生的平台，是大学核心竞争力内聚延伸的履带，是科研潜力现实化的触发器。从外争资源到内炼素质，从人才吸引到学风营建，是高校充分尊重人才、高效使用人才、增强自身造血功能的必由之路。依据学术的科学发展之路来促进优质学术风气的生成和发展，自觉培育、提升一所大学的学术发展素质，让学者、学术和研究成果在大学校园中和谐共生，是科学发展观对大学提出的新使命。

一、科学发展观与发展素质

大学因学术活动而倍显魅力、更具神韵，学术发展的失范、失控、失调是导致大学活力衰退、生命脆弱的根源性症结。笔者认为，对大学学术活动过程的引导和监控尤为重要，确立评价和引导大学学术发展的标尺性依据对于确保大学学术活动的稳健发展具有深远意义。在科学发展观的指引下，从"学术发展素质"这一观点入手，科学、理性地引领大学的学术发展路向，促使其学术活动走上一条讲求品质、和谐共生、规范安全之路，是大学发展壮大、持续飙升、凝聚核心竞争力的战略性选择。

科学的发展就是以人为中心的全面协调的发展，是对过去那种以

"物"为中心的、依靠单一实力优先发展为策略的非平衡式发展战略的超越。实际上，就发展本身而言，它不仅有量的差异（如速度快慢、发展内容多少等）和质的差异（如发展的各维度之间的关系、发展手段策略的选择等），更有素质的差异。发展素质就是指发展的整体品质，或者说是发展道路的质量。具体地说，发展常常是涉及多个侧面、环节、层次同步参与、整体联动的结果，其总体面貌体现为不同的发展道路。发展素质不从发展的局部，如发展目的、手段、速度、环节、策略、结果等，来构建衡量发展的指标，而是从这些局部在相互联结中产生的综合效能，或者说是从发展道路的整体效应来判定发展的水平。这样，在对发展的质和量之间辩证关系进行权衡的基础上，选择有利于发展主体和发展后劲同步前进的发展道路和发展战略才是有素质的发展。更具体地说，发展不仅是物（或实力）的线性增长过程，还是发展路径的选择过程。发展的道路千万条，适合特定发展环境的现实道路只有一条。如何选择出一条能够既有利于人的素质的提高又有利于物的增长，实现"人—物"共赢的道路就是发展素质的论域。因此，要提高发展的素质就必须严选发展道路。这种发展道路能否在满足人的需要的基础上实现人的发展，能否在当前发展中积聚发展的后劲，能否用公正的伦理来协调各发展主体之间的关系，能否保证发展主体不被异化等，都是发展素质高低的体现。相对于过去的发展观而言，科学发展观是一种讲求发展素质的发展，它力求在对发展素质的建构中实现发展的工具性与价值性、当下性与未来性、发展道路与伦理准则的平衡与统一。依笔者之见，科学发展观对发展素质的强调集中体现在四个方面：

（一）发展的伦理性

科学发展观的核心是人的发展，人是发展的目的和归宿，物和社会发展的水平是人的发展状况的现实标志。发展的伦理性就是要求在处理发展结果与发展主体的关系上一定要坚持从保证人的自由、和谐、全面发展这一价值观出发,切实保障人的积极性、主动性和能动性的发挥,以为人的发展建构一个健康而有利的环境。同时,从另一个方面讲,人既是发展的工具又是发展的目的,但人的工具性是建立在目的性的基础之上的。所以,人的素质的提高是整个发展必须依托的基础,科学发展观的实质就是提出了"以人为本的伦理标准"[①]。发展的伦理性就是要将尊重人、关心人、发展人作为发展的前提,积极践行"人是目的"这一原则,坚持利用人的智慧和创造精神来解决发展中遇到的各种困惑。所以,科学发展观要求一切发展战略的选择都必须从"如何能够发展""如何发展得更快"转变到"应当怎样发展"和"为了什么而发展"这一道路上来[②],切实保证人不被发展的结果所"异化"。发展的伦理性在这一点上得到了切实的体现。就学术而言,彻底扭转那种"以成败论英雄",以文章数量定职称的不良学术风气,扎扎实实地培养学者的学术精神和社会关怀意识,高扬学者的社会良知才是改变学术风气失调、失衡、失范局面的关键。

（二）发展的生态性

有素质的发展是有生命力的发展,而非昙花一现的发展,这正是科学发展所极力倡导的可持续精神。所谓生命,就是指具有自我组织、自我生成、自我抗衰机能的有机系统。要保证发展的生命力就必须建立起自身的调节机制,以让不可再生资源的使用得到合理筹划,让文化资源顺利实现代际传承。同时生态性也强调,任何事业都是一个系统,并存在于其他系统之中,它的发展处于一个生态链中。要保证这一生态链的持续运转就必须自觉在自身与外在系统（即环境）、自身内在各要素之间保持协调,"生命的生存发展实际上始终是两种目的的辩

[①] 曾建平、韩玲:《试论科学发展观的价值向度》,《江西师范大学学报（哲学社会科学版）》2005年第2期。

[②] 陈红兵:《试论科学发展观与生态价值观的一致性》,《理论与现代化》2006年第1期。

证统一：一是合乎环境整体的自然目的，二是合乎自身生存目的"①。因此，任何事物及其要素的发展都和他事物、他要素处于"一损俱损，一荣俱荣"的关联中，发展的目的是维持并增进这个生态性网络的性能。这样，把学术的发展当作一个生态系统来建设，在人才—知识—学术之间形成生态性关联是增强学术的生命律动、保持学术强劲发展势头的重要战略。毋庸置疑，学术风气正是构建这一生态链的环境平台、实现三者互通关联的媒介。

（三）发展的安全性

有素质的发展是有底线的发展，是发展能力和抗干扰能力携行的发展。科学发展观强调以人为本是为了保证发展伦理的实现，协调发展和可持续发展是为了建构发展的生态系统，积淀发展的潜力，其最终目的是为了实现和谐的发展、安全的发展。所以，2005年，时任中共中央总书记胡锦涛指出，"坚持以科学发展观统领经济社会发展全局"就必须实现"安全发展"②。追求发展的潜力、安全和整体有序是科学发展观内隐的价值所指。换言之，发展不仅是实力的增长，而且是对资源吸引吸纳能力的增长，主体驾驭资源智慧的增长，更是抗干扰能力的增长。"一切组织关系，包括一切系统都含有而且生产着既对抗又互补的力量"③，发展既有建设性，又有破坏性。④发展在实现自我增长的同时又创造了威胁自我发展的因素，原子弹的诞生便是例证。因此，没有与发展能力同步增长的约束能力的协调发展，发展的成果和持续性就难以保证。科学发展观就是要寻求一种稳健的发展，一种

---

① 《准确认识我国发展的阶段性特征　坚持以科学发展观统领发展全局》，《人民日报》2005年8月24日，第1版。
② 埃德加·莫兰：《方法：天然之天性》，吴泓渺等译，北京大学出版社，2002，第34页。
③ 曲然：《科学发展观的美学意义》，《金融与经济》2005年第12期。
④ 埃德加·莫兰：《方法：天然之天性》，吴泓渺等译，北京大学出版社，2002，第115页。

步步为营的发展。学术发展也是如此。没有对不良学术风气的制约机制,没有对学术活动的规范和监控能力,学术的阵地就可能成为鱼目混珠的垃圾场,健康的学术就难以拥有存在的空间和舞台。

(四)发展的共生性

伦理性明确了发展的主体,生态性确保着发展的空间,安全性提供了发展的轨道,而共生性构建了发展的方式。科学发展观从主体、空间、轨道和方式四方面确保了发展模式的科学性和优越性。科学发展观不仅强调事物之间及其内部要素之间的相互协调,更强调发展的方式是它们之间的共存、互动和共生。莫兰指出,"在随机的相遇中,原来的限制生成了具有组织能力的秩序,互动孕育了具有组织作用的关联关系"[①]。因此,发展的动力源自互动,事物之间的组织和协调来自在互动中产生的规则,在互动中推动事物协调发展正是科学发展观的原有之意。共生是指事物在相互作用、相互开放中实现自我的发展,从周围环境中吸收和凝聚有利于自己发展的资源和力量,从而实现自己的发展。所以,共生性就是强调发展是在多元并存基础上开展"对话""交流",是将一切积极要素为我所用,进而获取事物发展所必需的动力。对于学术发展而言,共生性就显得尤为重要。多元并存、相互争鸣、和谐共生是所有学术研究活动走向繁荣的必经之途,学术风气建设就是要通过营造一种民主宽容、欣赏尊重的环境来促进不同学术观点之间的论争和共生。

可见,上述四个方面为新时期我国学术发展之路提出了新的思路和要求,"发展素质"的蕴涵从中得到了廓清。大学的学术活动能否利用科学发展观的实质精神来转变科研管理思路、培植优良的学术风气,直接关系到学校科研实力的转化生成。

---

① 埃德加·莫兰:《方法:天然之天性》,吴泓渺等译,北京大学出版社,2002,第114页。

二、大学学术发展素质

学术活动的生命系于发展，发展是学术活动永葆青春的唯一出路，故学术活动也有"发展素质"这一论题。健康的学术发展不只是学术成果、学者素养、学术水准的单维提高，更是对这些方面进行综合平衡、协调推进的结果。因此，不讲"素质"的学术发展活动是危险的、畸形的，追求和提升学术活动的发展素质是科学发展观对学术活动提出的崭新要求。所谓学术发展素质，是指学者共同体及学术机构为学术活动所选择的发展道路的综合品质。进而言之，它是学者共同体从学术活动的整体发展需要出发，为了保证学术事业协调、稳步、安全发展而对学术发展道路进行积极限定、理性干预的结果。对此概念，我们有必要从两个角度加以阐明。

（一）学术发展素质是学术发展道路的综合品质

何谓学术？"学术指较为专门、有系统的学问"[①]，学术活动就是探究学问的活动。完整意义上的"学术"应该是学问与探求活动的统一体，高质高效的学术活动与其所选择的发展道路状况密切相关。所谓"道路"就是"道"与"路"的统一："道"即道理、事理，指事物内在的运行法则；"路"即事物在主体的干预下，在具体的发展环境中展现出来的运动轨迹。发展总是主体与事物、人为与天为（即规律、事理）相互配合、携手推进的一项工程，走出一条既合乎规律而又能彰显发展主体潜力的道路是一切事物发展的最高境界所在。同时，我们还可以从两个角度来理解"发展道路"问题：从静态意义上讲，"道路"是指与事物内在的发展要求相一致的发展方式，是事物的现实存在样式。对事物而言，现实的道路都是合理的道路，但不一定都是效能最优、状态最佳的道路，故道路需要选择。从动态上讲，"道路"是指事物在发展目标的指引下边前进、边摸索、边调整的过程。在摸索

---

① 辞海编辑委员会：《辞海》，上海辞书出版社，1989，第2946页。

和调整中，人们认清了事物发展的规律趋势、必由之路，学会了如何选择道路和怎样走，从而使事物的发展步态更为稳健，发展空间不断拓展，发展方式日趋优化。可见，学术发展道路是"道"与"路"的统一，是循"道"走出的"路"。对学术发展而言，学术发展之"道"是学术活动的运行机制、运作规则，是无形引控学术发展路线的学理，学术发展素质就体现在学者共同体及学术机构自觉按照学术发展机制、学理来培育学术活动的发展品质上。学术发展不仅要走合乎规律之路，更要走出一条社会效能和发展空间最大化的道路。为此，一切学术建制存在的目的就是要在遵循学术活动运行机制的基础上积极考虑学者群体的发展要求，努力为学术事业的发展构建一种良性发展机制。以笔者之见，学术发展机制就是学者、学术体制和学术环境三者之间在互动联动中形成的具有相互制衡、相互激励功能的动态机制。学术活动的发展首先始于学者强烈的社会关怀意识和学术创新的精神冲动，这是激活学术发展机制的引擎，故学者是学术活动中最具能动性的一个因素。其次是学术环境。学术活动就是一种相互切磋、探求学问的活动，这就决定了学者不能孑然独存，而只能以学者共同体中的一员的身份融身于学术环境中来实现生存。实际上，学术环境的内核是学术氛围，学术建制就是依托学术氛围的营造来将一大批学者关联起来，使其成为一个坚不可摧、能够肩负起特定时代的学术使命的学者共同体。不过，在自然学术环境中进行的学术活动只能算是自发的研究活动，只有在学术体制参与和组织下学术活动才可能具有自觉性。一所大学建立、变革学术体制的目的之一是要自觉干预学术环境，进而间接地监控、引导学术发展的走向，确保学术活动效能的最大化。可见，学术发展实质上是通过学术体制的建立来培植学者群体的学术风气，最终实现对学者研究活动的调控、干预，促使学术事业按照一种良性发展机制来自动运转。学术发展素质的培育就是要运用科学发展观的智慧（即以人为本，全面、协调、可持续发展）来为学术活动构建一种科学、和谐、生态的发展机制，诱导其走上一条健康的发展道路，从而不断提高学术活动的发展素质。

（二）学术发展素质是学者共同体对学术发展道路的选择能力

对学术发展而言，健康、科学的道路不是天才的创造、先知的发明，而是学者共同体和学术机构的管理者在学术生活、管理实践中摸索出来的。学术发展是一个在行"路"中发现行路之"道"、在实践中寻找有效发展路径的过程。在学术发展历程中，每一次发展路径的抉择、每一次顺势而变都是学术发展道路上的转折点和里程碑，都是它生成的源泉和养分。因此，学术的发展既需要科学设计又需要不断回归实践、调整路向，学术的发展是学者共同体在学术生活中"行中思""思中行"、行思交融的过程。在此，联系"思"与"行"的关节点就是选择，学术发展素质的培育就是在一次次的选择中通过积淀选择智慧、通过历练选择能力来实现的。一所大学的学术发展素质的提升必然要求学者共同体将每一次选择、变革与学术活动的整体发展命运关联起来，从而从关怀学术命运的高度来走好学术发展历程中的每一步。只有这样，高品位、高素质的学术活动才可能产生。

总之，学术发展素质的形成是学者群体对学术发展道路进行自觉干预和主动建构的过程，是对学术发展之"道"的摸索和对学术管理实践的推进融为一体的过程。这就要求大学人善于洞察当前学术活动对学术发展的素质期待，积极按照学术事业的本性来选择学术发展机制，从而为大学学术事业的发展构筑一条健康、高效、可持续的发展道路。

三、大学学术发展素质的具体蕴涵

由上可见，学术发展素质的培育是学者共同体对健康学术发展之路的积极筹划过程，是依循学术之"道"、自觉提升学术活动整体品质的过程。实际上，学术发展素质就是大学学术活动的生命线，是引领大学学术活动的路标，以学术发展素质培育为轴心来构筑大学的学术之路是现代大学的重要内涵之一。就目前而言，随着学术活动的实践关怀意识和自主发展意识的增强，如何对一所大学的学术发展素质进行全面提升，促使其学术活动走上一条健康、和谐、平稳的发展之路，就成为每一位大学人必须给予关注的问题。笔者认为，科学发展观的智慧能够为大学学术发展素质提供一种较为合理的诠释，能够为大学学术发展素质的培育和提升指出一条康庄大道。进而言之，大学学术发展素质的培育就是大学的学者共同体和学术机构从科学发展观的精髓出发，鼎力凸现大学学术活动的四种品质。

（一）学术发展的伦理性

科学发展观的要义之一是提出了"以人为本"的伦理标准[①]，健康学术活动的首要品质是讲求发展的伦理性。学术发展的伦理性要求大学的学术机构从学者与学术活动、学术成果之间的辩证关系出发，弘扬学者的学术精神，鼓励学术活动的自由和自治，引导学者正视学术成果，切实保障学者共同体的生存权、发展权和自主权，努力让学者真正成为学术活动的主人。换言之，健康的学术活动能让学者从中感受到探究的愉悦，让学者在参与中发现自我、实现自我。在这种活动中，学者不会由于学术活动的压力而泯灭自我、迷失自我，不会为追求学术成果、论文数量而使自我异化为学术活动的奴隶。学术发展的伦理性要求大学学术活动的开展必须遵循"人是目的""学者是目的"的原则，尊重学者在学术活动中的主体地位。当然，科学地推进学术事业并不是要放弃学者服务于社会生产生活的责任，也不是要否认"学""术"之间的"体""用"关系。这是因为学术发展的伦理性强调的是：学者、学术与生产生活之间的沟通是一种有中介、有桥梁的沟通，这个中介、桥梁就是学者的社会关怀意识。一个有社会关怀意识的学者绝不会去研究那些与生产生活没有丝毫联系的玄学，也不会

---

① 朱伟坚：《科学发展观的伦理蕴涵》，《福州党校学报》2005年第3期。

去研究那些与社会发展背道而驰的课题。相反，他时刻不忘自己身上所肩负的历史使命，时刻关注着社会跳动的脉搏。对学者而言，这种"关注"不仅仅是去直接研究生产生活，更重要的是去研究那些从生产生活中凸现出来的、高于生产生活的问题（即学术问题）。也就是说，学术研究绝不能驻足于现实生产生活中的问题本身，更重要的是要研究那些从这些具体问题中衍生出来的理论问题。尽管这些课题始终与生产生活保持着一定距离和张力，但学者们相信，探明了这些问题，实践工作者会从中获取更大的智慧和启迪，对社会生产生活产生更大的推动力。学者的研究成果产生的社会效应大多是无形的，是不易立竿见影的。故此，身为学者，不能过于计较学术成果的当前效应，不应该单单关注论文发表的篇数。对学者真正有意义的价值衡量标准应该是看他是否全身心地投入到了学术活动中，是否在学术活动中充分、自由地展示了自己的智慧和潜力。总之，学术活动的伦理性要求学者自觉摒弃"为功利而学术""为论文而论文"的畸形学术价值观，自觉使自己秉承的学术精神得以净化和升华。

（二）学术发展的生态性

科学发展的内核是追求一种"绿色"发展、循环发展、生态性发展。要延续学术活动的生命力就必须为其构建一条生态型发展道路，让学术的发展更具有自我衍生能力和自我发展能力。首先，关注学术的生态性就是要正确构建学术创新与学术积累、学术大师与学术梯队、学术环境与学术体制的关系，努力形成学术活动自身的新陈代谢、吐故纳新机制，从而让每个学者为学术生态链的构建和维系自觉担负起其理应承担的责任。学术的生命在于推陈出新、与时俱进，原创性研究是学术研究的生发点，是学术活力的发源地。同时，学术创新是有起点的创新，学术积累是学术创新的根本和基石，不断夯实和扩展这一基础是提高学术创新水平的重要依托。正因为如此，学术发展的生态性体现在原创性研究与学术研究基础的相互转化中。在创新的基础上积累,在积累的基础上创新是学术发展的必然轨道。其次,要在大学中建构起学术发展的生态链还必须将教学与科研统一起来,及时通过教学这一阵地将科研活动所产生的新知识及时转化为新一代学者——学生——的学术起点,尽量减少学术成果传承中的中间环节,缩短学术成果的生产周期。另外,学术发展的生态性还存在于学术梯队的内部。在学术梯队中倡导学术民主、平等参与的精神,形成关怀青年学者成长的风气是学术发展的另一重要链环。可以说,学术梯队是学术生态链的具体化,学术大师与青年学者直面交流机会的多寡直接关系着学术成果能否顺利实现代际的交接和传承。进而思之,与其说维系学术发展的是大学的讲坛,倒不如说是学术梯队内部的交流。再次,学术的生态性还体现在学术环境与学术体制之间的互动关系上。重视原创,倡导对青年学者的关怀都必须通过构建一种积极、健康、民主、进取的学术环境来保证。如果说学术梯队内的学术氛围是小环境,那么大学校内的学术环境则是大环境,通过大环境的自觉营建来引导、同化小环境是构建学术生态链的有效策略。对于一所大学而言,这种大环境难以移植和引进,只有通过本土化的塑造、培育才可能完成,而培育、塑造学术环境的直接切入点就是学术体制的建设和变革。科学合理的学术体制能够将学术环境中的积极学术活动风尚借助于制度的力量巩固下来,从而加速健康学术环境的形成。为此,一所大学能否建立起开放、民主、高效、有序的科研体制是关涉到整个学术环境优化、学术生态维系的关键环节。

(三) 学术发展的共生性

不均衡发展观认为,个体可以在充分施展自身才能的基础上优先获得发展,再以自身的发展来带动其他个体的发展。实际上,这种发展观尽管可以在某个特定时期实现整体发展的目标,但它不可能是一种永久适用的发展观。换言之,事物的不同发展阶段需要不同的发展观与之相适应,尤其是在所有个体都有了一定发展之后,这种"个体优先"的发展观就需要被超越。因此，从不均衡发展观转向均衡发展观，从差异带动式发展转向和谐共生式发展是历史的必然，这就是科学发展观。科学发展观倡导一种在相互沟通、相互影响中实现整体发展的共生式发展模式。它认为，任何事物的发展都必须以周围环境的发展为基础，他物发展的水平一定程度上决定着该物发展的上限和可能空间。正如赵汀阳所说，"最大化他人，才能同时最大化自己"（即"互惠利益最大化"）①。所以，发展周围的他人、他物实际上就是为自我的发展空间进行"扩容"的过程，在与他人的互动中实现自我发展是良性的发展轨道、可持续发展之道。在当前，采用这种模式来发展学术具有其现实性依据：学科"内爆"、学科丛生、边界模糊，学问的增长一般通过交叉式、网络式的方式来实现。② 为此，当代的学术要发展，不仅要鼓励歧见、观点共存、欣赏差异，更要推崇思想碰撞、观点共生、"差异"对话，多元并存、共生共强才是学术发展的科学之路。"'共生'是人类的一种新的生存选择，昭示了人类最文明、最具现代意味的合作关系和生存与生活方式。"③ 学术发展的共生性要求学者在学术观点上坚持"无立场"的立场，在欣赏、包容、吸收他人的观点的基础上对之进行嫁接、拼接，聚焦杂家智慧，以实现对众人智慧的超越。让每个学者不沉溺于书斋，不孤芳自赏，不随波逐流，变讲坛为"沙龙"，变书斋为"聊天室"，构建学术团队和研究共同体，让学术在杂交中获得新生，这正是当代学术发展的科学道路。

（四）学术发展的安全性

与学术发展相伴相生的既有知识学问的增长、学术思维的更新，更

---

① 赵汀阳：《"欧亚"概念作为一个互惠利益最大化的策略——Eurasia, Pacificia 和 Atlantia 的文化政治分析框架》，http://www.china-review.com（中评网），2005 年 3 月 9 日。
② 金元浦：《文化研究：理论与实践》，河南大学出版社，2004 年，第 3—5 页。
③ 袁祖社：《"多元共生"理念统合下的"互利共赢"与"价值共享"——现代"公共哲学"的基本人文理念与实践目标诉求》，《天津社会科学》2004 年第 5 期。

有学术道德的成熟、学术监控机制的健全。法国思想家莫兰指出，"系统的复杂统一性同时在创造和压抑着对抗性"①。为此，要保证学术这个复杂系统的安全发展，就必须把那些对抗性因素、不安全因素压制在萌芽状态、潜在状态之中。这就要求大学的学术管理机构应该把学术规范建设与学者的学术良知培育放在一个突出的位置上来抓，以让学术发展走上一条安全发展之路。学术发展的安全性要求学者强化精品意识，远离学术垃圾，自觉抵制各种功利性的诱惑，要求学术机构对大学的学术环境进行规范引导、综合治理。换个角度来讲，学术发展安全性的实现是优秀学术风气与学术逆流进行长期博弈的结果。在这场博弈中，那些原创性的、有价值的研究成果能否战胜学术"赝品"、学术次品，能否让优秀的科研成果占领学术争鸣的主阵地，完全取决于学者共同体有无清醒的学术良知。完善学术规范，依凭学者的良知构建起学术阵营的钢铁长城，以从源头上整治不良学术之风，让学术阵营里的投机分子、"东郭先生"望而却步。这是确保学术活动拒腐防变的长效机制，做到了这一点，学术阵营里才会有和谐，学术活动的机体才会纯洁发育。

所以，探讨学术发展素质就是要求学术管理必须协调好"学"与"术"、学术创新与学者为本、学术梯队与学术环境、发展机制与约束机制、学术歧见与学术共识等关系，坚持走讲伦理、重生态、倡共生、讲安全的学术发展道路。只有这样，学术发展才会走上协调平衡、共生共强、安全规范的可持续之路。从某种意义上说，这条道路的揭示为我们充分认识学术现象、发展学术事业、优化学术体制、建设学术环境提供了根本依据。创建一种有利于学术发展的学术风气就是要按照学术活动自身发展的要求，通过优质研究文化的建构来引导学术活动走上这条发展道路，最终全面提升大学的学术发展素质。

---

① 埃德加·莫兰：《方法：天然之天性》，吴泓缈等译，北京大学出版社，2002，第114页。

第二节　学术风气建设与大学学术发展素质培育

学术活动是一所大学，尤其是研究型大学的核心景观之一，学术活动的兴衰与大学发展的命运息息相关。但长期以来，高校管理者常常过于重视学术活动的"硬环境"，如学科、设备、信息等的建设，而忽视了学术活动的"软环境"，即学术风气的建设，这不能不说是一种缺憾。实际上，学术研究活动是由学术队伍、学术环境与学术条件在特定时空中耦合联动的产物，只抓学术队伍和学术条件并不一定能导致繁荣的学术活动局面出现。具体而言，在上述三个因素中，学术队伍最具有能动性，它可以能动地趋向或吸引（或者说相互吸引）优越的学术条件，也可以创造或选择学术条件。当今，国家对人才调控政策的日益灵活已经使这种选择日趋自由。因此，在学术活动三要素的结合中，学术队伍与学术条件之间的结合相对容易。对学术活动的驱动而言，关键环境就成为这二者与学术环境的结合，其原因主要有两方面：一方面，学术环境不具有可移植性，它只能通过制度性诱导和学者间的互动自然而然地生成，学术环境形成具有高度的本土化特征；另一方面，学术环境的形成往往是多因素、多主体驱动并经过长期经营的结果，它需要大学各个机构、主体的刻意呵护和扶持。因此，学术活动环境的形成绝非只有一流的学术大师、一流的实验设备就能完成的。而且，不具备这种良好学术环境，尤其是学术风气，一所大学的学术活动就难以深入发展。为此，我们倡导一种"两手抓"的学术发展战略，努力提升大学的学术发展素质。

一、学术风气建设的重要意义

在当前，构建一种健康、和谐的学术环境对于完善我国大学学术体制而言具有至关重要的意义。学术环境的核心是学术风气，学术风气建设的重要性集中体现在三个方面。

（一）学术风气是促进学术队伍与学术条件结合进而产生研究活动的重要条件

学术风气是学者群体在共同的研究实践中形成的，以群体所公认的学术态度、学术精神为内核，以学术作风、学术活动准则为外显而构成的整体，它是一所大学学者群体精神面貌的生动表征。之所以称之为"风气"，是因为它对置身于其中的每个学者都产生着激励和感召力量，它就好似一个磁场"磁化"着每一个学者。一种学术风气一旦形成，它就会像毛细血管一样渗透在每个学者研究生活的方方面面，激起每个学者对学术活动的向往和追求。所以，学术风气具有教育意义，对青年学者更具有引向功能。正是由于学术风气这一独特功能的存在，我们认为，一所高校引进了优秀的人才，具备了优质的研究资源后，只能说它具有了研究潜力或核心能力，而非核心竞争力。在积极的学术风气中学者的研究冲动会被激活，在消极的学术风气中这种冲动只会被钝化。只有经过健康、积极的学术风气的催化和激活，这种核心能力才可能现实化，进而转变为一所大学的核心竞争力。换言之，大学的核心竞争力是通过学术风气"整合"出来的，而非资源"堆积"起来的，"大学的核心竞争力是指大学整合大学各种资源和能力提升（整合力的关键是管理—风气—理念）而成的并能在持续竞争中保持竞争优势的能力"。所以，没有学术风气的营建，徒有学术队伍和设备的空架子，一所大学的学术活动仍旧不可能勃兴。

（二）学术风气建设有助于提升大学的自主发展能力

良好学术风气的意义不仅在于它能够激发出大学已有的学术潜质，还在于它具有自身的造血功能，它能够帮助大学形成自身的自主发展能力。自力更生为主，引进外援为辅应该是一所大学参与竞争的根本原则，而赋予大学学术活动这种自力更生的能力的因素之一应该是大学的学术风气建设。一名真正学者的情结在于学术追求，在于向往一种纯洁的学术环境，学术条件是否优越绝不会成为他们选择一所大学

第二章　大学学术论

的首要条件。应该说，良好的学术风气对每一位学者都具有普遍吸引力，进行学术风气建设是大学吸引人才、吸引资源的重要资本。更悲观地说，一所大学即使无法引进学术大师，也完全可以通过学术风气的建设自己来生产大师，创造大师，"时势造英雄"。构建尊重人才、尊重知识的学术风气，让年轻学者脱颖而出是增强大学自身造血功能，抵御大学发展中的"马太效应"，掌握发展主动权的重要途径。

（三）学术风气建设有助于提升大学学术活动的综合品质

学术风气的好坏是推动学术活动产生的重要条件，学术风气的质量制约着大学学术活动的品质。能否用学术大师的学术风范来引领学术风气的发展，能否让原创、开拓、进取、严谨的学术精神占据学术风气的主流是制约学术风气积极效能能否发挥的关键。因此，大学对科研管理的首要任务是主宰大学学术风气的主流，努力用健康、积极的学术风气来统领大学学术活动的全局。只有抓住了这个大局，优秀的人才才可以自产，丰厚的资源才可以吸引，大学学术的整体实力才会增强。同时，高校科研管理工作的对象是分属不同专业领域、具有各自特殊发展规律的研究活动，这就决定了科研管理的切入点只能是那些具有共同性的学术活动内容，如课题成果数量、研究队伍质量等。但这都是一些静态性的指标，难以将管理活动渗透进学术研究活动的过程和内部，这样，对学术风气的引领和建设就成为深化科研管理，实现对科研活动综合管理的有力工具。所以，一所大学学术活动的综合品质直接和学术风气相关联，狠抓学术风气建设是提升大学学术活动综合品质的重要着眼点。从这一意义上来说，我们认为美国哈佛大学的成功首先应归功于其学术风气建设，而非其他外在因素。

二、大学学术发展素质培育的学风建设之路

大学的竞争战略从以直接引进人才、资源为主转向间接地催生培育学术风气，是大学激活科研潜力、凝聚核心竞争力、整合科研实力、实

现人才自生自养的必由之路。在一定意义上说，离开了学术风气建设的跨越式发展战略对大学而言是很危险的，大学之间竞争必须将硬实力竞争和软实力竞争、硬件的跨越式发展和软件的跨越式发展结合起来。因此，从科学的学术发展观出发来指导大学学术风气建设，积极反映学术发展的客观要求，理顺学术发展的道路是我国新时期学术风气建设的根本方向。笔者认为，大学必须从四个维度来推进学术风气建设。

（一）坚持"学""术"并重，营造求真务实的风气，凸现学术发展的伦理性

"学"与"术"的关系既是学者与学术成果的关系，又是"体"与"用"的关系，处理好这两种关系就可能高扬学者在学术活动中的主体性，沟通学者与实践的关系，从而纯化学者学术人格、培育学术精神，引领学术发展步入伦理性轨道。在当前，导致一些不良学术风气产生的根源，就在于没有正确处理好这两种关系。在学者与学术成果之间，以成果定职称、以论文数量来认定学术水平的评价方式致使学者的学术人格严重扭曲，学者的求知热情被挫伤，真正原创性的研究成果没有得到社会的重视。树立求真的风气，复苏学者的社会良知，摒弃那种追求数量、东拼西凑、跑关系发文章的不良习气，让学者重振高洁的学术人格，理应是大学学术风气建设的重点环节。同时，在学术的"体""用"关系上，必须反对以课题经费、成果转化率等经济指标来衡量学术水平的做法。学术追求的是学理，学理是"体"；学术成果的社会转化是副产品，是学术之"用"。就"体""用"关系而言，联系二者的桥梁是学者的社会关怀意识，而非具体的现实问题。单纯从一个具体问题出发去搞研究不仅会窄化学者的学术视野，而且会侵占实践工作者的领地，从而导致学术活动的错位倒挂和学者自身的退化。学者要胸怀远大的社会抱负，扎实认真去研究一系列的与现实有张力的重大理论问题，从而尽可能地放大自己的人生价值。让学者和成果转化环节脱钩，让他们把心收回实验室、致力于学术事业就成为遏止

功利化学术风气的重要举措。树立务实的学术风气，让学者心系研究，心系社会和国家的命运，真正将学术活动作为一种崇高的事业来推动，理应成为我国当前学术体制建设的重要目标。

（二）关怀学术生命，树立重创新、重责任的风气，延绵学术发展的生态

学术与学者之间是命运与共的关系，学者只有将自己的研究和学术的生命关联起来才会深刻意识到自己身上肩负的学术使命，学术生态的构建和延续靠的就是每个学者的使命意识。有了这种意识，学者才不会把学术视为"哗众取宠"的"雕虫小技"，才不会去做那些玷污学术殿堂的勾当，学术风气才会彻底实现"正本清源"。学术发展的生命源头在于创新，在于原创性的研究活动。作为学者，他既要及时传播自己的最新研究成果以缩小知识生产的周期，又要通过原创性的研究为学术事业"输血换氧"。发展和传承是维系学术生态的两大车轮，是维系学术事业可持续发展的两大利器。同时，大学学者不仅要在讲坛上传播自己的最新理论，还要善于在学术梯队中培养自己的接班人，让自己的学术研究成果在年轻人身上发扬光大。不忘自己的学术责任，自觉关怀每一位年轻学者的成长，具备博大的学术胸怀，是每个学者应该具有的高尚风范。在学术梯队内，学术大师自觉培植和关怀年轻学者，尊重他们的歧见，给予他们平等参与讨论的机会，摒弃盛气凌人、以学术权威压人的陋习，努力营造一种相互尊重、相互倾听、互励共勉、崇尚学习的良好风气，从而让学术活动在这种宽松的环境中实现顺利交接。只有这样，学术活动才能走向繁荣，一切低级庸俗的学者品行、学术风气才不会滋生。

（三）关注学术规范，营造自律自强风气，推动学术的安全发展

学术发展的轨道不是笔直的，而是在和不良学术习气的博弈中曲折前进的。时刻警惕消极风气对学术阵营的侵蚀，保证学术活动在稳健中发展是科学的学术发展观的应有之义。学术的安全发展就是学

的和谐发展，学术的和谐发展首先表现为学术风气的和谐。当前，学术造假、学术侵权现象时有发生，这些现象时刻危及学术界的公平，挫伤研究者的研究积极性，成为学术界的污泥浊水。不彻底根治这些社会症候，学术活动就难以健康发展。因此，坚持标本兼治的学术风气治理原则——既强化学术的规范性指标又增强学者的自律意识，从正反两方面引导学者走自律自强的学术发展之路，从而有力地推动学术事业的安全发展。其次，就二者关系而言，学术规范只是对从事学术活动的人的最低要求，学者如何从担当学术使命的高度来提升自己的学术精神境界，从而自觉抵制各种学术泡沫和学术垃圾，切实增强自己的学术修养和研究实力才是根本性的举措。保证学术安全的责任势必成为每个学者义不容辞的职责。

（四）倡导学术争鸣，营造民主欣赏风气，促进学术的多元共生

大学是学者云集的讲坛，大学学术的发展必须善于利用内生的手段——学术争鸣——来凝聚自己的学术实力。学术发展的关键环节不在于吸纳而在于共生，只有共生才可能有创新，才有学问总量的增长。因此，学术自由、兼容并蓄、观点碰撞、思想交汇应该是大学必须倡导的学术风气。而当前，许多学者沉溺于书斋，对周围学者的研究一无所知，甚至连同事的研究方向都不清楚。这种现状着实堪忧，这是重复研究、研究效能低下、研究视野狭隘的一个重要症结。学术活动是追求学问的活动，学问就是"学"和"问"的统一，就是相互的欣赏和对话。学者只有用欣赏的眼光，以开放的姿态来容纳百家，进行综合创新，才有可能迅速提升学术研究的层次。大学是思想的熔炉，大学的创新能力就体现在对各种思想观点的熔化能力和再生能力上。新思想就像一粒种子，民主、欣赏的学术风气就是它成长所必需的水和空气，一所有着优良学术风气的大学能够让这粒种子在吸收其他种子的智慧中成长为参天大树。倡导民主、欣赏的学术风气，让思想的火花在多元共生中茁壮成长，这就是大学的精神所在。

综上所述，科学发展观要求学术的发展必须走伦理、安全、生态和共生的道路。循着这一路线来培植学术风气，让学术风气建设积极服务于大学核心竞争力和学术发展素质的提升是每所大学新时期强校战略的重要组成部分。

第三节 大学的教学学术

当代中国的大学教学正陷入危机四伏的窘境：社会公信力的拷问、教育教学质量的探底、大学教学本性的迷失、学院作为教学管理主体的虚化……种种情形正步步紧逼大学教学的生存底线，削弱着中国大学的国际竞争力。一种教研失衡、基因变异、风格退化的大学教学样态在四处滋蔓。当代中国大学教学到底缺什么？是缺乏学术的梦想还是缺乏教学名匠的支撑？是教学理念生产的滞后还是人才培养意识的陨落？一大批心系大学教学的研究者试图找出其根本缘由，西方"教学学术"的概念正是在此形势下被引入的。作为一门学问，教学必定具有学术性，学术探究与育人梦想是大学教学腾飞的双翼；作为一项实践，教学必定具有艺术性与个体性。大学教学能否被全盘学术化？这是一个值得深究的学术论题。在本节中，笔者试图从"学术性"与"学术化"之争的角度来探究大学教学学术的本真内涵与学术化限度，以期为当代大学"教学学术"问题的论争打开另一扇窗户。

一、当代大学教学困境之思：陷于艺术缺失还是学术贫困

当代中国大学教学深陷困境是不争的事实：教师缺乏教学专业训练，课堂教学方式传统保守，一本教材统领课堂，研究气息异常虚弱……正是在这一处境下，2018年我国启动"金课"打造工程，强力推进一流本科教育建设，不能不说是大学教学突破重围的奋力一搏。在这种形势中，大学教学品质提升的要求尤为迫切，而教学学术的探

究与引入是否有利于该目标的达成，随之成为高等教育界关注的焦点。要为这一问题找到一个科学答案，还必须从当代中国大学教学面临的现实境况及其内在症结谈起。其实，制约当代我国大学教学质量提升的瓶颈环节是实践中盛行的不科学理念与行动，其中最具代表性的正是知识化、同质化与职业化。

（一）大学教学的知识化

我国大学本科教学中备受诟病的问题之一正如厦门大学别敦荣教授所言的"一本书教学"，即每门课程使用一本特定教材，教材知识即本科课程教学的全部内容，"课程教材化、教材知识化、知识讲授化"成为其生动写照，"教知识"而非"道问学"成为我国大学教学的主画面。一旦课程实施都采取的是单一课堂教学形式，课堂教学又局限于一本教材，大学教学就被狭隘的一套知识体系所规限、所固化，大学生的创新意识、实践能力、学术思维的培养随之化为泡影。大学是探究高深学问的学术机构、育人机构与社会组织，学术性是大学组织的根本属性。相对而言，知识教化、知识传播只是大学教学的表象、素材、载体，它着生在知识生产、学术实践的链条上——只有借助学生与知识间的深层对话、批判质疑，知识承载的学术思维、人间道理才可能在学生身上再生出来。一言以蔽之，大学是学问传播的中转站，而非其终端驻足地，大学生正是知识学问化的实现者。教材知识具有公认性、权威性、滞后性，过度依附教材知识，只会窒息大学学术实践的活力与生命。换个角度看，大学教学离不开知识，但进入大学教学时空中的知识一般具有前沿性、开放性与漂移性，这就是学问。学问是一种活性知识，是生成中的课程内容，它是大学教学之所以富有活性的根源所在。生产学问的实践就是学术，用学术活动的原型来重构大学课堂教学是创建一流本科教育的重要思路。

（二）大学教学的同质化

与高中教学相比，当代中国大学教学与之毫无二致，深陷学术教学与普通教学同质化的陷阱，大学教学异化成为高中教学的延续与量增，沦为"高四、高五、高六、高七"的教学。大学教学是学术教学而非普通教学，是"前研究教学"而非"双基教学"，是"创业预备教育"而非"应考预备教育"，是独立生存教育而非社会依附教育。这是大学教学的特质所在。大学教学的根本精神是自立、自由、民主、开放、创新、责任，它要求大学教学必须是以学术活动为外形、学术成果为内容、学术探究为目的的学术型教学，必须将学者的学术研究活动、学术研究精神、学术研究文化有机地嵌入教学系统之中，使之成为大学学术探究活动的第二现场。理想的大学教学应该寄生在学术活动、学问生产的链条上，而非孤立生存在书斋或教室内。如果说基础教育阶段的普通教学追求的是知识的理解、接受与应用，那么，学术教学追求的则是知识的探究、批判与创新，属于一种真正意义上的高阶教学，一种以分析、评价、创造等高阶思维为内核的超越性教学。大学教学要让知识在"内爆"、解体中实现知识的创新与增殖，借此过程来激励大学生的学术意识、学术思维、学术能力、学术精神，培养其在未来真实社会问题情景中应具备的生产知识、应对挑战的社会生存能力。可见，缺乏学术性特质的大学教学才是大学遗忘初心、本性退化的根源所在。

（三）大学教学的职业化

当代大学教学还遭遇着职业化的围困，师生将参与教学活动视为一种纯粹职业行为便是其表现。所谓职业化，就是教师将大学教学视为一种教育职业而非学术研究活动的重要组成，学生将大学学习视为自己的一种专职事务而非学术实践的一个环节。其结果是，大学教学缺乏学术性的向度，陷于平庸职业工作的囹圄：教师忙于为完成课时量而奔波，学生忙于为斩获高分而操劳，而隐藏在大学教学背后的最关键内容——学术研究、学术实践被忽略，大学教学由此变成了无品位、无内涵、无根基的"空壳"教学。学术、学问是大学教学的底气所在、灵魂所依、秉性所系，一旦教学活动与学术实践之间相隔离，大学教学退化为一种普通教育职业、教师工作实属必然。大学教学是大学学者依托学术实践而建立起来的一种特殊教育职业，是在学术体制框架中进行的学问传授活动，其鲜明特征是两栖性，即学术研究与学问传授二者兼顾、共存、共生的属性。真正的大学教学活动始终游弋在"学术研究"与"学问传授"之间，发展于二者间形成的良性环路之中：教师学者用学问教授活动来延续本学科、本行道的学术命脉，把自己的部分学术活动在课堂上向学生公开；学生在参与教师学术研究活动——课堂研讨活动与实验室研究中习得前沿学术成果、触及行业发展前端，从中获得独立研究问题、学会创新生存的能力。

可见，学术内涵，即前沿成果、学问生产、学术探究等属性的缺失是当代我国大学教学本质退化的根本症结，用学术生产与再生产的理念重塑大学教学形貌，改造大学课堂结构，赋予大学教学以学术探究的底气、内涵与灵气，是我国大学教学摆脱困境的必由之路。正是受这一意图的驱使，我国学者引入了"教学学术"的世界论题，成为引发我国新一轮大学教学改革的导火索与原动力。上述分析表明，学术性是中国大学教学崛起的"拱心石"，推进学术性大学教学改革是当代我国大学的"还魂术"。然而，大学教学的学术性内涵到底如何界定才符合我国大学的实情与创建世界一流本科教育的要求，我国教学学术实践到底应该走向"教学学术化"还是凸显"教学学术性"？这才是科学导航我国大学教学航向的根本问题。

二、走向"学术性"还是"学术化"：大学教学学术的内涵之辩

无疑，大学教学具有"学术性"，但能否完全走向"学术化"，则需要学者去深思。其实，教学与学术是两项活动、两类实践，到底"让教学走向学术"还是"让学术走向教学"，必须回到学术活动的本

意与大学教学的语境中去判定。换个角度看,"让教学走向学术"的实质是"大学教学学术化"的问题,即完全用学术实践的原理、套路、样式来重构大学课堂,科研院所的教学正是其具形化的体现;"让学术走向教学"的实质是"学术活动教学化"的问题,苏格拉底的"产婆术"正是这一思维的具体化,其实质是完全用教学对话的形式开展学术活动,在现代学术世界中显然已是不可能的事情。那么,究竟该如何理解教学的"学术性"?如何审慎应对"教学学术化"的倾向?要科学地予以回答,还必须回到"学术"本意的探究这一基点上来。

（一）"学术"本意的剖析

所谓学术,是"指系统专门的学问,也是学习知识的一种,泛指高等教育和研究,是对存在物及其规律的学科化"①。在此意义上,学术是学问、学习与学科的合称,是由学术成果（学问）、学术活动（学习）与学术圈层（学科）构成的统一体。其中,学问真理是学术探究的核心对象,学习交流是学术探究的活动形式,而学术圈层是学术探究的社会场域。学术活动的构成如图 2-1 所示:

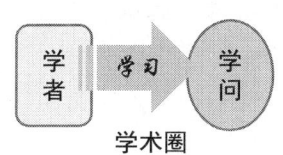

图 2-1 "学术"概念的解析

图 2-1 表明,学术活动归属于广义学习活动,但又不同于一般的学习活动,集中体现在三个方面:

其一是知识生产性,即学术活动以学问、知识、道理的发现、探索与积累为目的,而不局限于一般的知识传播、分享与交流,是否以生产新知为意图是学术性学习有别于一般学习活动的首要特征与根本

---

① https://baike.baidu.com/item/%E5%AD%A6%E6%9C%AF/8799690?fr=aladdin.

标志。也正因如此，学术研究活动具有开放性与自由性，打破原有的认识模式、认知视界是学术研究存续的生命所在。进而言之，知识生产的三大基本途径是反思体悟、实验实践与交流反馈，它们构成了学问生发的三大源头。

其二是圈内公开性，即学术活动是在特定的知识分子圈内展开公开辩论、交流与争鸣的活动，具有相对闭合性与有限开放性，与一般社会生活圈子相对隔离，并向具有一定学科基础的人群，即特定知识分子群落开放，是其又一显著特征。外部区隔性是学术活动保持专业性的要求，而内部公开性是学术活动延续的基本机制，学问生产正是在不同学者间观点的整合与互生中实现的。

其三是学理遵循性，即学术活动是学术圈内的学习活动，"尊德性而道问学"是其根本准则，故遵循学理，即学问之道与学人之道是保证学术活动持续延绵的两大轨道。其中，前者是指学术研究要遵循的知识逻辑与生产原理，能够确保学术实践沿着科学、合理的轨道深入下去，后者是指学术圈内形成的道德信条与道德规范，能够保证学术实践在伦理、道德的规则下健康发展。所以，学术道理与学术道德共同维护着学术圈或学科系统的良性运转。

（二）教学学术性的体现

基于上述分析，学术活动具有生产性、公开性与学理性三大特征。那么，大学教学活动是否具有这些类似特性呢？在此，逐一予以分析。

1. 大学教学具有知识生产性

大学教学必须具有知识生产性，否则，大学不再可以称之为"大学"，这是因为：

一方面，大学是高深学问的生产与再生产场所，"大学课程的生成过程既是一个高深知识的探索、发现、判断和选择过程，也是一个高深知识的专门化、逻辑化、系统化和立体化过程"①，缺失知识生产功能的大学难以为继。不仅如此，在大学课堂上"大学教师是以学者的身份，而不是以教师的身份走上大学讲台的"②，大学教师资格获取的前提之一就是，他是某一学科领域内的研究者，并且已经是具备相当学术积累的成熟学者，其施教的对象——大学生——也是具备了一定独立分析、思维、探究、创新能力的成熟学习者，已经获得了从事知识生产活动的潜质。可以说，课程、教师与学生的特殊性合力促成了学术性教学活动在大学中的形成。换个角度看，学术活动的三个显著特征是自由的思想、开放的目标与创新的方式，其直接体现就是始终伴随着新知识的创生。在这一意义上，大学教学理应是师生学者间开展的学问交流活动，只有面向知识生产的学术性教学活动才可能激起两大教学主体的学习参与热情。可以说，没有伴随知识生产活动的大学教学是没有品质与水准的教学，也难以达到学生对课程知识深度理解与创造性应用的水平。

另一方面，大学教学是知识生产的链环之一。学问原本产生于学者间的交流争鸣活动，是在"已知与未知的交界处"③产生的一种高级学习活动，而理想大学课堂的原型正是学问生产的工作坊，从大学教学中"生长"出新知识是一种自然现象。放在整个大学教学链条上看，大学教学的前端是基础教育，其末端是社会生产实践，其使命是帮助大学生实现从"知识学习者"向"社会生产者"的身份转变。为此，如若教不会学生"发明知识应对真实实践"的特异能力，大学就培养

---

① 李枭鹰：《从高深知识到大学课程：一个学术性的生成过程》，《大学教育科学》2018年第2期。
② 蒋喜锋、彭志武：《当教学成为学术——教学学术理论的深层意蕴及启示》，《江苏高教》2011年第1期。
③ 李枭鹰：《从高深知识到大学课程：一个学术性的生成过程》，《大学教育科学》2018年第2期。

不出具有独立社会生存能力的完整社会人。也正是如此，大学教学必须具备知识生产性，必须将知识生产活动植入大学教学活动之中，确保其存在使命的达成。

2. 大学教学具有公开交流性

大学教学具有有限公开性，即在特定圈层内部的公开交流性，主要体现在两个方面：

一是在课堂空间与师生学习共同体内的公开性。我国学者指出，"教学的公共属性被承认，公开化、被同行评价以及能够被同行成员利用"[①]是大学教学学术的特点之一；国外学者特里格维尔等人也指出，"对教学实践活动的反思、交流与发表"[②]是大学教学学术活动的基本构成要素。理想的大学课堂好似一个小型学术会堂或缩微学术圈，师生就是本学科领域中的学者与准学者，彼此可以针对本节课内的课程知识发表言说、衍生思想、创生新知，故在课堂空间中大学教学具有明显的公开交流性与学术对话性。可以说，课堂小圈子内的公开学术交流，其实正是相应学科圈层内学术交流的局部或缩影。

二是在专业教师教学共同体内的公开性。在一所大学的教师圈子内，教师同行间理应探讨教学学术、教学学问，共同交流自己的教学经验、教学思想、教学理念，在一些教学学术交流平台上，如虚拟课改群、教学工作论坛、教研组活动、教学理论刊物等公开发布自己的教学实践成果与教学理论成果，开展彼此间的评判、分享、辩论等活动。这无疑也是一种公开性学术活动的形式。

相对而言，上述两种公开交流形式略有差异：前者强调的是学科知识、理论知识的探究，后者强调的是教学知识、实践知识的探究；

---

① 宋燕：《基于双重身份的"教学学术"内涵解读》，《江苏高教》2013年第2期。
② Keith Trigwell, Elaine Martin, Joan Benjamin, Michael Prosser, "Scholarship of Teaching: a model," *Higher Education Research & Development*, 2000（2）.

前者公开范围是学习共同体，后者公开范围是教学共同体。无论哪种公开性，它们都是支撑公开学术交流活动的学术空间，是教学学术性生长的重要土壤。

3. 大学教学具有学理主宰性

大学教学有理可循、有道可依，这是教育界的共识，大学教学是把握学理、遵循学理、发现学理的科学实践，是以学理的反思、交流、共享与生产为内核的探索性活动，是"基于对学生学习数据掌握基础之上的教学"[①]。学理是学术探究中应遵循的道理与法则，是隐藏在纷繁复杂学术现象背后的公共道理与一般准则。无疑，所有教学活动的展开都必须遵循教学道理与教学法则，前者体现为教学规律、教学原理，后者则体现为教学道德、教学伦理，教学学理是教学之"道"与教学之"德"的统一体。相对而言，教学道德具有相对明确性，而教学道理则需要教学实践者去把握、去领悟，大学教学品质的提高是整个教学共同体在持续探究无形教学道理中螺旋上升的，只有真正吃透教学道理的教师才可能真正实现教学的自由与高效。就当前而言，教育界发现的教学道理已经很多，如教与学、教书与育人、知识教学与生活经验间相依相生的道理等，这些教学道理的掌握大大提升了大学教学的水准。不仅如此，在课堂学习中，师生学习共同体同样要遵循学理去开展研究性教学，去开展基于学问生产的教学探究活动。在这一过程中，对科学研究一般学理的遵循是确保课堂探究活动健康、科学、持续推进的一根内线，在知识探究中逐步逼近朦胧的学理是大学课堂教学学术性的又一体现。可以说，无论是大学教学研究活动，还是课内学问探究活动，它们都是学理得以反思、交流、共享与生产的

---

① Hutchings P., Huber M. T. and Ciccone A. *Scholarship of Teaching and Learning Reconsidered: Institutional Integration and Impact*, San Francisco: Jossey-Bass, 2011, p.1.

现场，都是赋予大学教学以学术性的内在缘由。

基于上述分析，我们相信，好的大学教学必定具有学术性，即遵循一定学理，围绕学问生产，开展圈内公开交流的特性。当然，并非所有的好教学都具有学术性，正如舒尔曼所言，好经验的积累也可以创造出好教学，但"却无法积累和持续改进"[①]，学术性是具有生命力、变革力与爆发力的大学教学的优质属性之一。基于学术性开展的大学教学就是"学术性教学"，或者说是"双学术性"教学，即教的学术性与学的学术性，前者运行于教师主导的教学共同体之中，后者运行于学生主导的学习共同体之中。在教学过程中，大学师生不仅在课堂中生产着科学知识还生产着教学知识，不但是教学知识的生产者还是教学知识的消费者。在这个意义上，学术性是好教学的一个重要维度、关键属性，而非其全部，教学学术性的典型内涵是：对教学全程、全貌进行反思、慎思、研究、观摩的特性，对学习过程的研究性、学理性、公开性予以特殊关注的属性，具有反身思考与群体共商的意味。除此之外，与学术性相平行的还有其他教学属性，如情感性、双边性、生活性、节奏性、民主性、学本性等，它们共同维系着好教学的生命与延续。然而，大学教学能否迈出"学术性"的边界，全面走向"学术化"呢？这是需要我们进一步思考的问题。

（三）教学学术化是否可能

学术性教学是具有学术性内涵与含量的教学，是在教学实践框架中探讨教学学术问题的教学，其本质特征是：学术性的存在服务于教学活动目标的达成、教学功能的实现，而非要把学术探讨凌驾于教学活动之上，让教学活动沦为学术实践的附属品。相反，教学学术化则可能走向极端，真正按照学术的规则、套路、方式来全面改造教学活

---

① Shulman L. S., *Teaching as Community Property: Lee S. Shulman's Essays on Higher Education*, San Francisco: Jossey-Bass, 2004, p.151.

动,致使教学活动异化为学术活动,正所谓"教师以学术的方式开展教学,公开发表教学成果、接受同行的评价,并且实现教师共同体的知识持续积累"①。可见,教学学术化的真正意图是教学活动由"学术人"来主持,把教学活动当作一件"学术事"来从事,把教学作品当作"学术成果"来认定,用"学术标准"来代替教学质量标准,教学绩效评价由"学术团队"来实施。这种彻头彻尾的学术化教学对大学教学意味着什么?如果按照这一思路来改造大学教学,可能会产生哪些后果?在此做以下分析。

1. 教学学术化必定导致大学教学功能的弱化

从某种意义上看,学术、教学、生产是人类的三种基本实践形态,学术是学问生产活动,教学是学问传承活动,生产是学问应用活动,三者之间形成了"知识—传播—应用"的"社会实践链",彼此的角色无法被置换或替代。如果采取"化"的思维,如学术教学化、教学学术化、教学生产化等,势必导致其中一种实践形态或环节的消失,从而割断了人类社会实践的自然生态链。在大学教学中,教学与学术之间存在着一种互倚共生关系:学术是学问生产的车间,而教学则是学术产品延续的纽带;学术是大学教学内容的生产者,教学是大学学术力量的培育者,二者担负着各自特有的职能,彼此难以相互取代。为了把大学教学做得更专业,我们需要借鉴学术活动的一些思维、手段与范型,但这种借鉴必须保持在教学本性范围之内进行,不可危及大学教学的本性。否则,一旦学术性讨论"外溢",甚至喧宾夺主,极有可能发生越俎代庖的悲剧。

其实,任何学术活动都具备自然的育人功能,都内含着伴生性学习活动,但其新知习得功能要微弱得多,且从属于学问发现与生产活

---

① Shulman L. S., *Teaching as Community Property: Lee S. Shulman's Essays on Higher Education*, San Francisco:Jossey-Bass, 2004, pp.166-167.

动。倘若要将这种微弱的学习活动放大为大学生的日常学习活动，其育人效率、学习成效无疑低得可怜。再换个角度看，现代大学具有五大功能——教学、科研、社会服务、文化传承与国际交流，教学始终是第一位的，它为其他四项功能提供了基本载体与存在理由。如若本末倒置，学术优先，大学作为人才培养机构的本性便面临着退化危机。所以，在教学与学术关系上，"性"不同于"化"，"化"是指功能的取代、角色的更替、本质的僭越，这是一个需要尤为审慎的改革行动。进而言之，如若将教学活动全方位地学术化，致使大学教学演变成为一种以知识创新为主题的低端学术研究活动，其结果，不仅可能拉低学术研究的品位，还可能影响大学人才培养根本任务的实现，降低大学教学的效能与效率。正因如此，教学学术化理念在西方并不受宠，"对于'教学学问'两个基本构成因素之一的题项——'经由发表而公开与共享'，竟然没有一个人认同"。[①] 教学学术化导致的必然后果是用学术活动的方式去完成育人的任务，其结果必然导致教学与学术间的功能错位与关系失调，导致教学育人功能的弱化与学问传播效率的下降。"教学学术是以传播为主的探究、整合、应用的学术。"[②] 换个角度来看，大学一旦丧失了教学的功能，退化为普通研究机构，必将失去在学子心目中象牙塔的地位，不再可能成为一代青年才俊心仪的学问伊甸园。

2. 教学学术化必定导致学术活动的平庸化危机

学术活动与社会生产生活之间始终保持着一种张力关系，与普通社会大众之间保持着适度社会区隔关系，只存在于少数知识分子圈层中，不可能完全下移到普通民众世界之中。这些特点决定了学术活动具有一定的深奥性、高贵性、专门性，它将探究活动控制在特定的圈

---

① Atkinson, MP. *The scholarship of teaching and learning: Reconceptualizing scholarship and transforming the academy*, Social Forces, 2001(4), pp.1217-1229.

② 魏宏聚:《厄内斯特·博耶"教学学术"思想的内涵与启示》,《全球教育展望》2009 年第 9 期。

内与问题域中，始终保持着学术研究的精专气质。学术活动是一项复杂的知识生产活动，它要求学者深谙学术规律，有丰富的学科知识积累，坚守学术活动准则，故需要较长时期的学术修炼才可能胜任。所以，轻易赋予大学生以学者或准学者的身份是不可取的，"学生"与"学者"之间的差距绝非一步之遥。显然，一旦推进教学学术化，将教学活动完全纳入学术活动的范畴，使之遵循学术活动规则，其结果将会是大学师生均被视为职业研究者，大学学术研究活动被泛化、被平民化、被平庸化，沦落为平庸的普通学习活动，教学与学术活动间的界面消失。这不仅降低了学术活动的品位，也可能败坏大学学术的声誉，损耗学术事业的尊严。从这一角度来看，教学学术化意味着大学内部教学与学术间的边界失守，意味着学术活动对大学教学活动的殖民，意味着大学职业学术圈层的泛滥。

3.教学学术化必定导致大学教研活动的变异

从教学研究角度看，教学学术化的另一意蕴是教学活动的理论化、知识化与学问化，即把教学活动作为一种纯理论形态来探究，让所有教学活动具备理论性的形态，接受教学理论的安排与指令。如果在实践中倡导这一思维，那么，大学学术研究就可能被教育研究所独霸，多学科研究的本然格局会被改变，人类社会可能将不再需要大学。

一方面，这一思想倾向的实质是将大学教研活动极端化，势必会伤及大学教学实践的健康发展，这是因为探究专门的教学理论是专业教育研究者的职责，而非普通大学教师的职责。每一位大学教师都有自己的专门研究领域、专属学科门类，这是其学术研究的主攻方向，如若再要求其承担更多教学学术研究或教学理论研发的任务，无疑会影响大学教师作为学者的一生的专业发展。其实，除教学理论研究者之外，每位大学教师都只是教学理论的应用者、消费者，没有必要向他们提出教学理论生产的过分要求。

另一方面，教学学术化忽视了教学的"三术性"本质①，扼杀了大学教研活动的实践本性。这是因为教学既是一种学术，又是一种技术，更是一种艺术。舍恩指出："优秀的实践者并非比别人拥有更多的专业知识，而是拥有更多的智慧、天分、直觉或是技艺。"② 这些技艺或艺术是难以完全外现化、学术化的，可以说，教学技艺是大学教学学术研究不可穿越的一道界限。如若强调一切教学行为的产生都求诸理论的根据、知识的依托、模式的遵循，那么，大学教师可能被学术研究剖解得通体透明，进而排斥教师教学经验、智慧、感觉、顿悟等的生存空间，忽视教师教学情境中的临场创作与教学机智，最终导致大学教学的严重机械化、本本化、套路化。在这一意义上，教学学术化不是在增强教学活动的科学性，而是在扼杀大学的多学科本性与教学活动的艺术性。

4. 教学学术化必定导致教学成果鉴定标准的异化

与一般教学工作一样，大学教学具有鲜明的实践性、应用性与专业性，其最具公信力、影响力的产品是一节节优质课，而非一篇篇优秀教学的学术论文。如若严格按照学术标准来品评教学实践与教学成果，势必把大学教学研究引向另一极端——发论文的方向上来，导致许多大学教师迷恋于论文成果发表，而非潜心课堂教学改革，教学成果标准异化现象将随之出现。即是说，教学学术化的一般套路是："对本学科的教学实践和学生学习作出反思，与同行就教学实践作出交流，将通过反思交流形成的理论观点公开发表。"③ 这一学术工作的终端是发表学术论文，而非优质课的形成。有学者指出，学术活动的六大特征是："明确的目标、充分的准备、适当的方法、显著的成果、有效的

---

① 龙宝新：《从教学的"三术性"看教学语言的特性》，《新课程评论》2018年第5期。
② 唐纳德·A.舍恩：《培养反映的实践者》，郝彩虹等译，教育科学出版社，2008年，第11页。
③ 宋燕：《"教学学术"国外研究述评》，《江苏高教》2010年第2期。

表达、反思性批判"①，其中，追求显性化成果与有效性表达是其显著特征，教学学术化的必然后果是显性学术成果的受宠，是对实践性教学成果的忽视。在我国，这种教学成果标准异化现象正在显现，大学教师职称晋级的硬件之一是发表一篇教学论文，这无疑是教学学术化理念侵入教学实践的产物。但其对教师教学水平提高的效果如何呢？显然是微乎其微的，这是因为一节课中蕴含的学术成果总量一定大于数十篇教学论文成果的叠加，甚至无论如何"叠加"都难以形成一节优质课。显然，教学论文数量、教学研究理论水平与教师教学实践能力之间的相关性不可能太高。用教学论文篇数来品评教师教学水平是非常可笑的一种做法，且已经受到我国教育行政部门的自觉抵制。这一现象也充分表明，教学学术研究与教学实践研究之间是异质关系，二者在本性、旨趣、机理方面差异悬殊。教学学术研究的核心成果始终是教师亲身"做"出的一节节优质课，而非脱离教学情境的论文著作，教学学术化势必导致对大学教学发展方向的误导。

正是基于上述分析，马丁（Lynn Martin）等学者较为认同的是"学术性教学"（scholarly teaching），而非"学术化教学"，前者的明显特点是，弱化深度学理化论辩与学术成果发表。其道理有四：其一，教学学术的主要实施模式是"反思+行动+反馈"，直接结果是实践智慧形成，学界交流、共享教学成果处于辅助性地位，而真正的学术实践具有较强的社会性与公共性，一个被学界认同的学术成果很快转化成为学科公共学术成果；其二，教学学术重点关注如何"教"，而非专门学问的积累，具有明显的实践指向性与功效功利性；其三，教学学术的公开化程度较低，"学术性教学也需要同行评价和批判性反思，

---

① Glassick,C.E.,Huber,M.T.,Maeroff,G.I..*Scholarship Assessed:Evaluation of the Professoriate,* San Francisco:Jossey-Bass, 1997, p.35.

只不过范围较窄"①，正如舒尔曼所言，"可以称作学术的活动至少应该具备公开、被批判和评价、能够交流并可被同行使用三个特征"，②而教学学术成果难以达到"同行使用"的水平，绝对遵循学术建制，不利于大学教学改革的深入推进；其四，教学实践问题不需要进行深度学术探究，无须"像对待学术问题一样进行学术层面的研究"，因为过深层面的学术研究反而可能偏离教学实践的现实需要。这些论据再次表明，全面学术化是大学教学改革的禁区与界限，设立这一禁区是确保大学教学"像教学一样"运转的必要前提。

三、合理教学学术内涵的重构

大学教学需要学术研究的加入、学术机制的征用，需要提升教学活动的学术性品位，但不能将之推向极端——教学学术化，这是当代我国大学教学学术研究中必须坚持的一个根本立场。进而言之，在"性"与"化"的争执中，大学教学应该坚定地站在"性"的一面，自觉警惕各种"教学学术化"的倾向与做法，促使大学教学依循自身的轨道前行。在教学学术实践中，学术研究始终处于一种参考、辅助、促进的地位，教学为本、学术为末是其应有之义，教学学术的实质是"教师从实践中（教学实践）提取中心问题，通过使用合适的方法对这个问题进行研究，将研究成果应用于实践，并与同行进行交流、反思及接受同行评价的过程"③。"从教学出发、在教学中进行、服务教学改进"是教学学术研究的根本立场。从这一立场出发，当代大学教学学术的合理内涵日益清晰。

---

① 王力娟、邱意弘、王竹筠：《学术性教学向教学学术转化的途径及挑战》，《江苏高教》2017年第3期。

② Shulman L. S. *From Min sk to Pinsk: why a scholarship of teaching and learning?*, Journal of Scholarship in Teaching and learning, 2000(1), pp.48-53.

③ 袁维新：《教学学术：一个大学教师专业发展的新视角》，《高教探索》2008年第1期。

（一）教研共在性

当代大学教学学术的根本含义是教研共在性，即教学与学术、实践与研究合而为一、共存共生的属性。离开学术性、研究性的大学教学是大学本能的退化，是中学教学的翻版；离开教学意图、育人目的的纯粹学术活动在大学中没有存在的资格，丧失了大学教学的本意。在大学教学中，教研共在性体现在三个方面：

其一，大学教学是研究性教学，是师生共学、共研中共创新成果，包括产生教学成果与研究成果的过程，借助学术研究的外形与机制实施教学活动是其鲜明特征。该过程尽管不一定产出高端、顶尖级研究成果，不必承担真实的科研任务，但却具有引发学生创意、进行创新示范、教会学生研究的特殊教学功能。

其二，大学教学是研究性、前沿性学术成果的发布、再生产过程，是科学研究得以延续的过渡链环，"教学支撑着学术"是其重要特征之一，大学教学是延续科研星火的重要节段。所以，大学教学内容具有两栖性，一边链接的是已有的前沿研究成果，一边链接的是即将临产的新学问、新成果，大学教学是过去科研与未来科研的焊接点。

其三，大学教学是教学理论成果生产的场所，大学教师的教学实践工作与教学理论研究融为一体，时刻在进行着一场教学行动研究，面向优质教学样式的创造而全方位开展着具身性教学研究活动是其显著特征。

总而言之，大学教学是集育人性、学术性与实践性为一体的活动，教学的学术性就体现在工作研究与学术研究并驾齐驱、教学成果与学术成果被共同生产的过程之中。大学教学是教、研参半的一项特殊工作，是没有真实科研压力的仿真科研活动，没有研究性成果、工作研究能力、学术研究积累做后盾，教师要胜任这样一种工作几乎是不可能的。

（二）术本学末性

对大学而言，教学学术活动归属于"教学"而非"学术"，是"教学中的学术""教学统领下的学术",而非"学术中的教学""学术统摄下的教学"。因此,教学具有"学术性"但并不主张全盘"学术化",教学是学术活动的服务对象、学术成果的应用领域,具有明显的术本学末性。诚如有学者所言,"教学的学术化以学术性教学为起点和来源,而学术性教学又以教学学术化后所形成的理论作为指导和参考"[①]。

首先,大学教学主要是学问的应用环节。在"学术"一词中,"学"即学理、学识、学问,"术"即方法、应用、实践,"学术"的含义是研究事物现象中蕴含的道理与学问,将之灵活应用于生产生活实践中去,产生相应的社会效益。与普通学术不同,大学教学学术强调的不是"学",而是"术";关注的不是学理的遵循、学问的发现,而是学理的适用、学问的应用。在大学中一般会产生两种学问:其一是教师在科学研究中产出的科研成果;其二是教师在教学实践中产出的教研成果。二者都应该充分发挥其应用于教学,服务于人才培养效能提升的目的,二者均可直接应用于教学实践,彰显其应用性、技术性。

其次,教学是大学科研成果的首选应用领域。教师作为学者,其产出的科研成果有两个应用方向:一个是社会生产生活,一个是课堂教学活动。大学生作为教师学者的身边人,具有"近水楼台先得月"的毗邻优势,理应成为首先在课堂中接触到这一最新科研成果发明的幸运者。用教师产出的前沿科研成果来充实教学内容,必然大大缩短大学生与科技前沿之间的距离,增强大学教学的吸引力,提高大学教学的授课效果。进而言之,大学教师的科研成果具有双重价值,即启智价值与生产价值,相对而言,后一价值的显现具有滞后性、中转性、周期性,而启智价值则见效快、应用简便。

最后,教学本身是大学教研成果与研究性教学成果的直接应用方向。教师作为教学行动的研究者,其在教学研究中产出的教学理论成

---

① 宋燕:《基于双重身份的"教学学术"内涵解读》,《江苏高教》2013年第2期。

果可以直接反哺教学，应用于教学方式的改善，大大提高教学活动的科学化水平。此外，在师生课堂研讨中产出的学术研究成果还可以直接提高大学生对新知识的理解力，增强大学生的学习信心与创新能力，大大提高大学教学的效能。可见，大学教学中产生的过程性研究成果——教研成果与课堂研讨成果——都将当下教学视为首要应对对象与研究目的，至于这些学问成果的科学性、原创性、生产转化性，并非社会评价大学教学的首要关注点。

上述三方面的分析表明，大学的教学学术具有"术本学末性"的根本特点，学问发现、知识生产都服务于教学质量的提升，都附生在教学质量形成的链条中，根本不可能独立出来成为一项独立学术研究活动。

（三）教理优先性

学理是学术活动延续的命脉，就好似学术实践前进的自带轨道，遵循学理、发现学理、顺理而进是学术研究的标志性特征，但在大学教学学术中，学理只能屈居第二，而不能逾越教理之上，故具有明显的教理优先性特征。有学者指出，大学教学学术"可能会演绎为一种同行共享的理论性教学成果，但并不刻意与苛求，而是以过程有效性与目标实现为目的，是教学之术与学科之'理'的融合，也是情与境的融合"[①]。这正是"教理优先"的另一种表达。所谓"教理"，即教学工作的原理、道理、机理，其实质是教学工作的实践之道，例如以学为本、育人为首、师导生主、教学共生等，它们是教学工作科学推进的基本道理，任何忽视这些原理的教学实践都可能是无效或低效的；所谓"学理"，是教学学术实践幕后运行的学术之道、学问生产之道，如学术研究必须遵循历史与逻辑相统一的原理，遵循概念同一法则，

---

① 阎光才：《大学教学成为学问的可能及其现实局限》，《北京大学教育评论》2017年第4期。

遵循可推导性法则等，这些原理、道理、机理是确保学术研究结论科学性的基本要求，是延续学术活动生命的根本保障。在真实教学情境中，每一个教学问题都是复杂多维的，同时适用于多种学理轨道与学术视野，甚至不同学理之间可能会发生冲突与抵牾，为此，必须强调教理的优先性，重视教理对多种学理轨道的综合与整合，否则可能导致种种本本主义教学实践病态的出现。从原初意义上看，"教学学术的最初驱动是如何让学生有效地学，关注的是学生的学习效果，以学生的学习效果为中心"，其实质是"基于教学实践的行动研究"，是"通过对教学研究理论与教学经验知识相结合的教学实践进行反思的基础上产生的一种实践智慧"①。进而言之，教学学术研究的终极目的是提高教学质量，是解决教学实践遇上的教学难题，学理只是学术研究中的参考性道理，其存在的意义是为教学难题的解决提供了一种思路，最终能否生效，要看它与教理之间的契合度。一旦二者之间发生相悖现象，大学教师研究者应该首先考虑遵循教理，而非一味按照学术逻辑强推教学改革，致使大学教学实践陷入空想主义的旋涡。不同于一般的实践活动，"教学学术不仅包括教师对教学的持续学习，而且包括对教学知识的提升与论证"②：前者是一种实践学习活动，后者是一种学术探究活动；前者遵循的是教理，后者遵循的是学理；教理具有实践先在性，学理具有逻辑先在性。所以，大学教学学术实践中，学理是辅助性、促进性、外延性的，而教理则是主宰性、根本性与内涵性的。教学学术与专业学术的根本差异就在于教理优先性、教学问题解决的优先性，而非将学术成果生产与学理发现置于首位。

---

① 王力娟、邱意弘、王竹筠：《学术性教学向教学学术转化的途径及挑战》，《江苏高教》2017年第3期。

② 宋燕：《基于双重身份的"教学学术"内涵解读》，《江苏高教》2013年第2期。

第三章　大学学科论

学科是大学存在的标志与符号,是大学生命体的心脏与枢纽。一所弃置一流学科梦想的大学是徒有虚名的"伪大学",一所空谈学科建设的大学终将滑向大学圈层的边缘。当前,全国学科评估工作次第展开,其社会效应日渐显现,一流学科建设迅速成为中国大学发展的焦点。在这一形势下,深刻认知学科本体,探寻学科发展规律,致力于培育具有中国特色、争创世界一流的学科体系,对于当代我国科技振兴、文化更新而言意义重大。

第一节　学科的存在与建设

如何让一流学科建设回归初心、务实推进,如何使学科评估服务于真正意义上的"一流大学"的形成?这些问题正是当代中国大学发展的核心关切与燃眉之急。基于这一考量,笔者意图从"学科的本源、存在与发展"这一视角厘清"学科"的原意,矫正大学学科发展的轨迹,为大学正视学科、规划学科、建设学科提供知识资源与学术支撑。

一、学科存在的实然形态与观念形态

无疑,学科现象不是自然现象,而是一种文化现象、社会现象,人为性、文化性、价值性是其根本特征,认可度、生命力、学术性是

学科生存的大计。一旦大学人认可学科、重视学科、建设学科，它就存在、发展，学科的生命力就延绵、永续、强劲；一旦大学人不承认学科组织的存在，不愿意使用学科的概念与话语，不愿意接受学科原则的规约，学科现象就可能不存在。在这一意义上，学科认知的深化、意识的强化、组织的搭建才是夯实学科存在性的切入点。所谓学科，就是大学人在学术实践中建构出来的一种界限分明、学问归类的学术组织与话语体系。简单地说，"学科"是学问的科类化存在形态，是学术活动的类型化发展状态，或者说，学科就是自然、杂生、混沌的知识被集群化规整或整治的结果。学科的三大基本特征是人为性、界限性、学术性。从这一概念立场出发，学科的存在是实体与虚体的统一：作为实体，它具有实然的存在形态，并被大学与社会广泛应用；作为虚体，它是一种观念、理解与信仰，并在大学人、社会人的学科意识、学科梦想、学科话语支撑下持续发展。

（一）学科存在的实然形态

学科现象的存在实体是一般社会人的使用及产生的结果。在现实生活中，学科观念主要在三个层面上使用：一是大学的"大类招生"，二是学术研究者的"学科身份"，三是人类知识的"学科分类"。这三种现象共同构成了学科实践的实体，成为参与人类社会生活建构的直接方式。

1. 学科是相似专业的共同知识基础

在"宽口径、厚基础"的大学人才培养理念体系中，按照大类招生已经成为大学中存在的一种日常学科现象。为什么会出现这一操作呢？其隐在含义是，学科是相似专业的共同知识基础，是一类相似专业或专业群落的着生之"根"、存身之"基"，是一门社会专业生成的母体与前身。如果说某一领域的知识是层次化存在的，那么，这些层次构成了如下"知识谱系"：底层知识—中层知识—顶层知识。底层知识是一类专业的共同知识基础——大学通识，中层知识是某一类专业涉及的专门知识集合，顶层知识则是生长建构中的学术知识。所以，学科是一类专业诞生的源泉与根本，没有相关学科知识的积累与组织，就难以形成一系列专业。

2. 学科是学术人的领域分界线

学科存在的第二实体是学术人的具体社会身份，即学科专家。很难说一个掌握多学科的学者是一个专家、一名大学教授，归属于某一学科并获得这一学科所赋予的身份归属性是学科的实体含义蕴含。"我是研究物理学的，我是物理人"，"我是研究教育学的，我是教育学人"……这些话语中隐藏着"学科"的真实含义。进而言之，如果说一名大学学者没有学科归属，这名学者的社会认可度就会大打折扣；一旦一名重量级学者声明自己的学科身份，并专门从事这一学科范畴的研究，该学科的内涵就会被实在化。同时，一旦一名学者加入某一学科领域的研究工作中，其学术方向、学缘关系、学术道路、学术生涯可能因此而受到限制。这种学科与学术人之间的交互定义方式是学科存在的物质依托。在这一意义上，我们也可以说，学科其实是学术人的领域分界线，是学术体制对学术人进行区分、规训和标记的结局。

3. 学科是知识治理的轨道与抓手

知识是人类文化的中心，而学科就是知识的堡垒与据点；人类知识随处可见，而真正栖身学科的知识则是少数；知识的发展是涌现、杂生、喷发，而学科范畴中的知识则是分类归档、遵循逻辑。其实，学科就是知识治理的轨道与抓手，赋予杂乱知识以"学科"之轨、之家、之名，使其就范于学科发展的准则、逻辑与线路，正是学科存在的现实意义。也正是如此，中小学开设的课程科目肇始于大学的学科，其原型正是被大学学科精细加工、详加揣摩、驯化雕琢过的知识。知识的学科化与精致化加工有三道工序：一是经验获得"知识"的称谓，通过"知识"的门槛，将之从人类经验总体中挑选出来；二是融身"大学"的空间与教材，成为大学人认可、大学学科门类认证过的知识；三是在中小学课程计划中获得"开设科目"的合法席位，成为高精度、高效力、高关注度的知识（图3-1）。

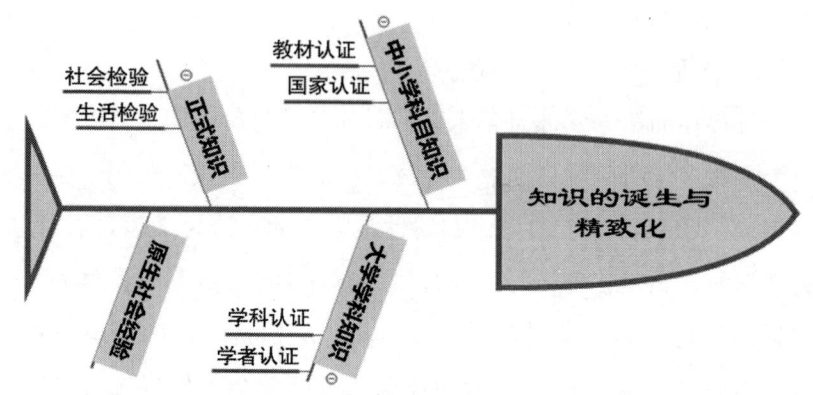

图3-1　知识精致化与学科发展的关系

图3-1表明：在知识精致化进程中，学科是其枢纽环节之一，它在知识规范化、结构化、社会化中发挥着重要的功能。在这三道工序中，学科始终是知识治理与规划的利器，是知识诞生并被合法化的重要关卡与工作间。

（二）学科存在的观念形态

实体存在的学科现象是可感、可见、可体验的，而作为虚体形态存在的学科现象则是可信、可知、可理解的。学科存在的观念形态常常以学科定义、学科思维、学科方法论的形式存在，它是学术人的基本学科认知、学科信念、学科精神，学科观念成为学科边界与存在的第二根支柱。如果说"学科往往有'不可渗透的边界'，而领域则具有'可渗透的边界'"[①]，将学科从"领域"中提升出来的正是学者秉承的学科信仰与主观界限，那么学术人正是学科主观边界的划定者与坚守者。在这一意义上，要给"学科"一个定义，那就是学者给学科"自

---

① 董立平：《学科与领域：高等教育研究科学化的两翼》，《高等教育研究》2011年第12期。

画界线"。如果说"学科"中的"学"字的意义是确定的，即学问、学术、学习等，那么，"科"字的含义则是可以多元化解读的。在百度词典中，"科"字的基本含义有这样三种：科类、科目、科层（即等级），与之相应，"学科"的基本含义也应该包括三种，即学问科类化、学问科目化、学术科层化。这就构成了"学科"的三种基本理解。

1. 学问科类化：类型学意义上的学问类型

学科的基本构成元素是知识、学问、学术成果、认识成果等。随着人类知识的量增与复杂化，尤其是近代科学产生以来，知识学问已发展成为一个"网络状连续体"。一方面，人类知识生长呈现出遍地开花、海量迸发的态势，导致图书馆处于"爆棚"之势，对知识进行分科分类整理，使之获得"有机体"的形态，就显得尤为必要；另一方面，知识都沿着自身的生长轨迹连续发展，赋予知识以连续体形态，保证知识按照专属轨道前行而不至于相互取代也就显得尤为必要。正如学者所言，"知识是组成学科的细胞，是学科的核心和命脉，知识造就了学科，学科成就了知识"①，学科正是在这一情势下被生产的。学问科类化的结果是双重的：它既促进了知识的生产与分化，又加速了知识的集成与汇聚，进而导致了"学科"概念的产生。所以，学科的基本含义是"专门化的知识体系"，是"知识分类工具"，是"知识规划的结果"②。应该说，中国科举取士制度在这一进程中产生了历史性的影响，它加速了古代大学分科设学、知识分科归类格局的形成。当知识分类从图书馆目录走向大学学术建制时，学科在大学中的意义就发生了剧变，"学科"变成了研究领域、研究人员、研究方法、研究视角等的划分依据，其指涉、功能、内涵被迅速放大，最终演变成了当代意义的"学科现象"与"学科"称谓。

---

① 翟亚军：《大学学科建设模式研究》，博士学位论文，中国科学技术大学，2007。
② 钱洁：《学科理智：一流学科制度建设的旨归》，《现代大学教育》2017年第5期。

2. 学问科目化：教育学意义上的课程门类

在实践中，知识分类其实是在两种意义上使用：其一是学术意义上的学问分类——科类，其二是教学意义上的知识单元分类——科目。就二者关系来看，后者比前者更严谨、更精细、更正式，因为一旦一个知识门类被科目化，其蕴含的意义是，它已经具备了成熟、完善、公认、定型的社会身份，可以公开向新生一代自由传播、公开传播。学问科目化的具体体现是：其一，学科以大学课程、科目等形式在大学时空中呈现，其学问探究、知识生产的功能减弱，而其育人、传授的含义在增加，学科由此演变成为育人资源——大学专业课程门类。其实，"课程门类"是"学科门类"的实体化、具形化与形式化，学问科目的出现正式行使了学科的育人功能。有学者指出，"学科制度的基本特征——知识的生产与高级专门人才生产的整合"，"学科制度是一种知识生产与高级专门人才培养同步进行的整合性制度"[①]。在学科概念中，离开了与课程门类、专业门类的关联，学科的内涵必然是干瘪的、空虚的，培育人才与学术探究并列构成了学科的核心内涵。学科、课程与专业的内在关联方式正是"学科建设与人才培养的关系体现常常是间接的，需要通过若干中间环节。在若干中间环节中，专业和课程是关键环节"[②]。

3. 学术科层化：社会学意义上的社群组织

作为一种社会现象，学术活动的主体是学者，学者之间的关联方式是社会网络，学术科层化现象的产生实属必然。学术科层化的表现有三个：其一，学术权力分层，社会靠形形色色的权力来运作，那些把持着主流学术话语的学者，如大师级人物常常位高权重，成为学术权力的主要拥有者，他们会借助这种权力影响力把学者分成多样化的层级或等级；其二，学术组织分层，在学科运作中，学者必须通过参

---

① 鲍嵘：《学科制度的源起及走向初探》，《高等教育研究》2002年第4期。
② 张德祥：《高校一流学科建设的关系审视》，《教育研究》2016年第8期。

与学术协会、学术组织、学术共同体等形式存在,而学术协会、学术组织的运作方式其实就是学术科层化的直接实现形式,例如,学术协会、学术组织的要职,如主席、主任、骨干成员等往往成为学科金字塔的塔尖,成为学术组织的重要设计者与操作者;其三,学术圈子分层,每一个学科都会形成一个学术圈子,以此将本学科的学者关联起来,使之成为一个有序运转的学术社区。在同一学校空间中,不同学科由于学术影响力差异,导致学校对其重视程度存在差异,并分布在学校的不同学术圈层上,这就是大学的学科结构;在同一学科内部,最为瞩目的是"小圈子"的存在,它会将学术水平相当的学者凝聚在一起,并对学术水平相对较低或较高的学者产生一种微妙的排斥力,由此导致一系列层级化的学术圈子形成。应该说,学术科层化是学科特有的现象之一,是学科社会属性的集中体现,学科其实就是学术科层化的存在状态。显然,大学学科建制的形成是对学科科层现象的一种强化,其意图在于借助社会组织与学术权力调控来驾驭学科发展,使之与大学整体规划之间保持一致。

由此可见,学科源自知识的生长与类聚,发展于科目化、科层化的社会操作,完成于大学的学科建制。因此也可以说,学科的三种基本含义分别指向知识门类、学校科目与学者圈层,三者分别构成了学科的本意、延伸意与喻义,"学科"概念蕴含着知识、学校与学者三者间的三体复杂互动关系。与之相对应的是学科建设工作承担着三种基本功能:利用学科来创生知识、培育人才、造就大师,正如学者所言,"学科作为人才培养的基本单元、知识创新的起始源头、孕育科学大师的肥沃土壤,是提升自主创新能力的决定性因素"[1]。可以说,一切大学功能的实现都源自知识的创新,以及在这一过程中育人目的的达成,所以,探明学科的内核与建制是深入理解学科事物生长规律的客观需要。

---

[1] 翟亚军:《大学学科建设模式研究》,博士学位论文,中国科学技术大学,2007。

二、学科的内核与建制

上述分析表明,学科既是一个有机体,又是一个创新体、连续体、生命体,学科具有自身独有的立体存在形态与多面化表现。在学科发展中,最值得关注的是学科的内核与建制问题,二者构成了学科事物的表与里,"内核"是学科的根本与实质,"建制"是学科的外围与表达,二者在学科建设中是一体化存在的。

(一)学科内核:核心知识

知识是学科的本体、母体,是学科的立根之本;没有一定知识储量、一定知识能级结构支撑,学科是难以成形的;学科是框套知识、规划知识、整理知识的框格、架构与范式,学科赋予不同知识以位置、能级与话语权,学科就是某一类知识的公共栖身空间。正因如此,学科的内核是某一门类学术研究中产生的核心成果、核心知识。例如,教育学的核心知识是育人与教学知识,社会学的核心知识是人的社会化与社会建构知识,心理学的核心知识是人的认知与人格发展知识等。这些知识的存在是学科存在的基石,这些知识的生长是学科生命延续的特征,这些知识的专属性设定着本学科相对其他学科"不可渗透"的界限。学科的内核可以分为两类,一类是硬核,一类是软核;前者具有绝对稳定性与惰性,后者具有延展性、衍生性与生长性。例如,教育学的学科硬核是教育影响人发展的知识,其学科软核可能是多元的,如教育与人的心理发展的关系知识、教育与社会相互作用知识、德育与教学相统一知识、教学与发展相统一知识等。学科软核是学科与外部世界、毗邻学科、相关事物的结合部与生长部,是本学科知识创生的前线,借助学科软核的扩展来反作用学科硬核,促进学科核心知识的丰富、深化与升级是学科发展的基本原理。

(二)学科发展:学术、学者、文化间的联动

一切学科建制工作,包括学科点设立、学科布局调整、学科梯队优化等都指向一个目标点,即学科发展,让学科评估、学科建设、学

科调整服务于学科发展是全部学科相关工作的意义所系。如果说专业的生产方式是培育专业人才，那么，学科的生产方式是知识生产——学术研究，即为人类、社会、民族生产出优质知识、高能知识与原创知识，学科发展的实质是优质知识的不断产出与供给，其生命力正系于此。当然，学科发展不是学者团队的闭门造车，而是三体联动的过程，即"学术—学者—文化"间的交互作用过程：学术是学科发展的本体、主题与路径，是学者要做的"事"；学术工作需要学者的参与来实现，学者是学科发展中的"人"，其创造力、主动性是学术生产高效运转的首要条件，学者就是学术领域的第一生产力；学者的学术驱动力、原创力发端于身边学术环境的激发与孕育，尤其是学术赖以活动发生的社会环境、心理环境、生态环境的纯度与支持度事关学术活动内驱力的强弱，这些学术环境的聚合点、结合部是学术文化。所以，学术发展是内发外促、人事协同的过程，没有科学的学术实践、高素质学者的参与，以及支持性环境的配合，学术发展、知识生产最终可能销声匿迹、流于空谈。与之同时，学科发展带来的直接效应是培育出了一大批高端学者、优秀人才，改变了劣质、专制、无序的学术文化，实现了学科发展的诉求与目标（图3-2）。

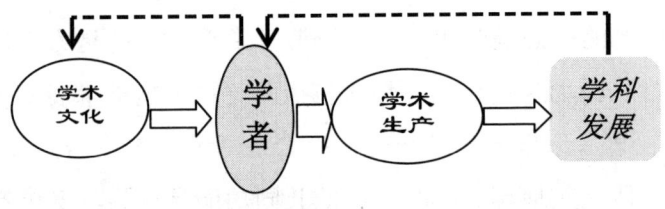

图3-2 学科发展中"学术—学者—文化"三体联动

（三）学科建制：组织、政策与平台的制度安排

学科发展的内在机理是环境、学者与学术间的交互作用，在这一机理中，学术政策可干预的对象只有两个：一是学者，即调动学者的创造力，发动学者的学术热情，激励学者的学术精神等；二是学术

文化环境，即构建一种知识宜存活、学者宜生存的学术环境或学术生态。相对而言，在学术实践中，学者具有可选择性、可塑造性、可流动性，不能构成学术政策干预的直接对象，只有学术文化环境才是学科建制的直接对象，经由学术文化环境干预来影响学者的学术状态是学术政策干预的应有之意。可以说，借助良性学术文化生态构建来引导学者投身科研、创生成果才是国家学术建制的基本功能，调控学科发展环境、学术文化是学科政策干预、学科组织建设、学科平台搭建的重要任务。

所谓学科建制，就是某一学科学术活动赖以展开的社会空间及其体制性架构，它是国家、大学的学术组织、学术平台、学术政策等构成的制度综合体。正如学者所言，"学科是由学者、学术物质基础与知识为要素所构成的组织系统、资源共同体与利益共同体"[①]。作为一种社会现象，学科建制的三要素是学科组织、学术平台与学术政策。

学科建制的首要元素是学科组织，如学科点、学术组织、学术协作机构、学科常设机构等。在大学中，基层学术组织、研究室等是学科建制的基点，是学科政策干预的直接对象，规范学术组织的运转、激活学术组织的活力，是学科建设的立足点。多样化的学科组织竞相发展、有序竞争、共生共强是大学学科建设的目标。

学科建制的核心是学术平台。所谓学术平台，就是为学科发展提供的实体性试验场与竞技场，具体包括两类：一是学术展示平台，如学术协会、学术论坛、学术刊物等；二是学术生产平台，如实验室、实验中心、研究基地等。这些平台的共同功能是，为学术生产与成果展示提供必要的硬环境与软环境支持，为学术研究及其成果形成提供生长、存活与展示空间。

学科建制的重要构成是学术政策。这些政策具体包括学术管理制

---

① 肖楠、杨连生：《学科及其"两态"互动的本质》，《中国高教研究》2010年第7期。

度、学术经费分配制度、学术保障与激励政策、学术活动规则、学术成果认定制度、学术组织运作规则等。政策是最具能动性的学科发展干预力量,它能够按照学术管理的目标与意图灵活调整,力促学术知识的生长生产与高能学术知识的创造。在大学中,学科建设行政部门就承担着这一职责,借助政策制度设计来调控学者及其组织的学术生产力、学术原创力、学术竞争力是该部门设立的宗旨与本意。

由此可见,学科的内涵是核心知识,学科发展的实质是学术生产,学科建制的职能是改善学术文化环境,促进本学科学术实力的持续增长。在学科建设中,处理好学科建设与学科发展、学术环境与学者状态之间的关系,是确保学术建设工作回归正途、守正务本的选择。

三、学科建设的意图与路径

学科意识、学科概念、学科理解、学科梦想是学科建设的观念起点,学科建设实践正是这些主观观念的具体化、行动化与有形化。从学科观念出发,理清学科建设的根本用意,据此优选、调整学科建设的路径,是大学学科建设的科学进路。观念出错、本意迷失,学科建设工程"失之毫厘,谬以千里";路径张冠李戴、远离正轨,学科建设同样难以达成预先设定的目标与效果。学科建设的每一步都是回溯本源、正本清源、反复回归的过程,因此,调整、改革、探索才是学科建设的常态。

(一)学科建设的四重意图

学科为知识而生,为学术而存,任何学科建设举措都是朝着发展学术、创生知识、引领社会、变革实践这一方向前行的。在这一意义上,学科建设的四重根本意图是催发学术原生力、增进知识聚合力、优化学术发展组织环境和孕育高端学术成果。

1. 催发学术原生力

学科是知识的堡垒与营寨,学科建设的目的是要为知识提供一个更为坚实的生长空间，学科要促进知识的正向生长与快速生长，就必须秉承学术自由原则，涵养学术实践的原生力。所谓学术原生力，就是学术实践的原始创造力、自然生长力与根源发展力，其具体体现是：学者的自然感悟启动学术研究，学者的首创思维推动学术进程，独具创意的研究方案引领学术行动，创造性研究成果彰显学术实践的魅力。学术原生力的呵护与滋养需要学科建设工作为学者集体创造一个崇尚首创精神、鼓励创意涌现、尊重原创成果的学科发展环境，而这正是学科建设的初衷。

2. 增进知识聚合力

学科发展力有两大来源，一是学术原生力，二是学术整合力，后一发展力的生成途径正是知识集群化、集约化发展，即学科结构优化，这就是学科建设的另一个原本意图。知识的生长是自生与互生的合成，而后者需要学科群落与良好结构的支撑。所谓学科结构，就是在某一公共学术场域、大学学科社区中，在共同发展环境中不同学科间形成的相互依托、发展源流、互动共生、能级高低等关系，它直接决定着大学学科发展的整体品质与合力强弱。学科群落其实就是一个知识共生体，学科结构反映的其实是各类学术知识间共存、互依、互生的关系，它是知识集群化发展的助推器。换个角度看，知识生长的特点是在分享中整合与增生。在自然状态下，知识泛化在各个社会生产生活领域之中，相互间的接触、关联、沟通较少；一旦将这些知识置于学科及学科群之中，知识间的竞争、互渗、联合现象会随之发生。这就是知识发展的集群效应、规模效应或联合效应。知识共享可以促进知识间的协调与统合，知识互动可以诱发知识共生点的涌现与增殖，学科平台的搭建正是为了加速知识间的共享与互生，以此实现知识间"协同共生"的目的。可以说，高校学科群建设的真实意图是诱发知识门类在交互作用中产生"正反馈效应"，催生学科发展的"集群效应"，助推高峰学科、学科脊梁、优势学科脱颖而现。

3. 优化学术发展组织环境

如果不同门类知识、不同领域知识共处在大学学术空间之中，势必出现学科间的权力等级差异。例如，在古代，人文知识、哲学知识、神学知识地位显赫，成为人类知识社区中的"优等分子"；在现代，自然科学知识，尤其是物理学知识地位飙升、霸权明显，成为人类知识群落的"霸主"。客观上讲，所有知识类型都归属于人类知识生态之中，彼此间存在着"一荣俱荣、一损俱损"的命运共同体关系，但在特定时代，不同知识门类的学术权力始终是差序格局关系。研究表明，这种学术权力分布现象还广泛存在于各国学术发展史上，这就是"学科统摄"现象，即"在一定时期，占据思想发展主流的学科将各种知识有机联系起来，统辖各门具体学科发展的现象"[①]。例如，神学统摄下的中世纪大学学科，哲学统摄下的德国学科，文学统摄下的英国学科等，它们都是学科间权力配置不均的现实表现。维护不同知识门类间民主、平等、互尊的和谐合作关系，消解学术权力、知识霸权对弱势知识类型的欺凌现象，确保每一种知识类型都有其合法、合适的发展空间，都有通过合法规则竞争取胜的机会，正是学科建设的另一意图。在这一意义上，学科建设的社会意图是构建良性的学术权力格局，推进各知识门类间建立起相互包容、权力共享、和谐共存的关系，确保人类知识生态的有序运转、健康发展。当然，构建理想的学术权力格局绝非谋求学科间的平均发展、同步行进，而是一种学科政策、制度设计的原则与精神，在现实中它允许适度不平衡学科权力现实状况的存在，且要利用这种"不平衡"激发学科发展的内动力。因此，在大学学科建设中聚力建设好主体学科、主干学科、支撑学科与特色学科，力促学科间以优促劣、共生共强的学科建设局面形成。

---

① 刘晓雪：《学科统摄视野下的大学发展研究》，《现代大学教育》2013年第2期。

4. 孕育高端学术成果

把知识交付学科来统筹，赋予其"学科"的名分，直接意图是加速知识的专业化增长，促进高端学术成果的凝练。在大学中，最能体现知识培育的学术成果往往产生在其与其他学科领域的交接点或交汇界面上，即所谓"学科前沿"。其直接体现形式有两个：一个是高水平教材，它是学科发展与教育领域相结合的结晶，是学科前沿知识的直接转化；另一个是高科技成果，如顶尖的生产技术与社会产品，它是学科发展与社会生产领域结合的结晶，是学科前沿知识的实践应用。借助这两个结晶品的凝练与生产，学科实现了对人才成长、社会发展的先驱式引领，奠定了学科在人类社会生产生活领域中的旗帜性地位。当然，学科对高端学术成果的孕育主要是通过激活学者的原创力、激励优秀学术成果的涌现、整合学科发展的正能量、加速知识生产的专门化等途径实现的。正因如此，学者相信："学科是人才培养和科学研究的基础与依托，没有高水平的学科，很难培养高素质的人才和产生高水平的科研成果。"[1] 换个角度看，学科建设其实是给知识的存在与知识间竞赛提供了一个公共舞台，为知识分子的社会化生产活动提供了一个社会空间与资源的供给点。"知识生产"毕竟不同于"产品生产"，前者主要依赖于知识分子的智慧释放与创意碰撞，后者主要依赖于生产要素的社会化组合；前者的生产效率取决于知识的自然积累与优秀学者的加入，后者的生产效率主要依赖于生产技术与管理水平。要促进高端学术成果的形成，学科建设要承担的职责是培育健康的学术场域与研究文化，利用资源配置与组织搭建促使学术力量向社会科技发展重大问题与急需领域这一中心汇聚，在前沿知识密集的学科领域引爆科技革命与社会革命，让高端前沿知识脱颖而现。

---

[1] 张德祥：《高校一流学科建设的关系审视》，《教育研究》2016 年第 8 期。

(二)学科建设的科学路径

知识是学科的潜台词,知识进化是学科建设的使命,学科本质探究的最终目的是要让学科建设走上一条适合知识生长、生产、进化的道路。我们不妨称之为服务知识生产与进化的学科建设道路,构筑这一道路是一切学科管理事业的中心工作。当然,学科建设有自己独特的干预学科发展的手段,其中最为重要的就是学科建制、学科调整、团队建设、学科政策与学科评估等。在学科管理实践中,灵活运用这些管理手段,提升学科发展力与学科竞争力,是值得探究的一门管理艺术。

1. 作为学科力量平衡器的学科结构调整

知识之间是共生共强、荣辱与共、交融生长的关系,与之相对应,学科间也是相互支撑、交互作用、有机关联的生态关系,良好的学科生态构建是学科整体建设的基本目标之一。"学科生态建设应该重视学科结构、学科生长文化环境和学科生长制度环境等"①,其实质是实现学科力量之间的匹配与平衡。正因如此,学科建设必须保证各种学科力量间的均衡,如人文学科与自然学科、工程学科与理科学科、前沿学科与传统学科、优势学科与弱势学科等之间的均衡,确保每一种学科都有自己的存身空间、发展机会、学术圈子,努力回避濒危学科、霸权学科、两极化学科的出现。当前,人类科学发展进入"大科学"时代,进入多学科深度融合的时代,横断学科、交叉学科、超级学科频频出现,为人类面临的重大社会科技问题解决提供了有力支撑。在这一意义上,每一个学科的消亡都会削弱学科的整体发展实力,厚此薄彼的学科强化手段极易造成对其他学科的伤害,故学科协同、学科平衡、学科协调是宏观学科政策的重要职能。为此,在宏观层面,国家学科结构调整的科学思路是,鼓励学科多样化、专门化发展,培育

---

① 张德祥:《高校一流学科建设的关系审视》,《教育研究》2016 年第 8 期。

交叉学科、复合学科,保持优势学科与弱势学科间的适当差距,构建共存、共生、共赢的生态化学科群落。在微观层面,大学是学科建设的基本单元,不可能把所有学科都建设起来,基于传统优势、人才优势、平台优势来培育自己的优势学科、领头学科尤为重要。为此,大学促进学科发展力量均衡的思路是,建立"一主多辅"的学科群列,确保各个辅助学科力量均衡、公平竞争,并与学校主导学科、一流学科之间形成互倚互促关系,力促大学学科建设高潮的出现。

2. 作为学科高峰催生者的学科政策设计

学科政策是学科建设的重要杠杆,是能切入学科机体内部,触动学科发展神经的一种干预力量,善用政策杠杆是学科建设工作的焦点所在。学科政策设计上,行政部门应该坚持的立场是努力保障学科发展的起点公平,刺激学科发展过程中的公平竞争,催生学科高峰的出现。在这一意义上,学科建设政策的关键目标是打造学科高峰,即便是要坚持学科发展起点公平、发展过程公平,但其最终意图,是以学科间高水平竞争、高位均衡态达成来敦促学科高峰的出现。如果说学科评估的关注点是学科建设是否适应知识生长的规律与要求,那么,学科政策设计的关注点则是学科建设工程是否有助于学科高峰的来临。某一学科门类、学科群的存在状态始终是金字塔形的,位于金字塔塔尖的一般是学科高峰与优势学科,打造这两类学科是大学学科建设的使命。相对而言,优势学科培育是通过学科之间的力量均衡、差异发展来实现的,而学科高峰培育应该通过更为积极主动的学科政策干预来实现。其实,学科高峰就是"一流学科",就是国家、区域、大学范围内的卓越学科,"一流学科处于学科金字塔的顶端,是同类学科中的卓越者或出类拔萃者,是某类学科的高峰。"[①] 为此,要加速学科高峰的培育与形成,大学应该坚持公平与效率兼顾的学科政策,即在发展

---

① 张德祥:《高校一流学科建设的关系审视》,《教育研究》2016年第8期。

起点、机会公平的基础上,在"效率优先"原则的指导下,将稀缺发展资源、竞争性资源的配置向高效率学科倾斜,促使其核心竞争力不断提升,成长为某一范围内同类学科的领跑者。

3. 作为学科生命连接点的学科团队建设

学科发展中最具能动性的因素是学者,学者是学术活动、知识创生的主体与精元,一切学科政策、学科评估、学科建设都要基于学者并通过学者来见效,学者及其团队建设与资源配置是学术政策干预的两大直接对象。如果说学科是大学的细胞与单元,那么,学者及其学术组织就是学科机体的细胞与单元,学者学术生产力的激活与集聚必须通过团队建设环节来实现。所谓"学科",其另外一个重要含义就是"学术的组织"[①]、学者的组织,学科团队梯度建设是延绵学科生命的节点。为了延续并强壮学科的生命力,大学学科团队建设应该本着"学者主体、团队自治、民主开放"的原则,引导学者释放自己的学术创造力,聚合团队的整体协同力,鼓励开展各种范围与规格的学术交流活动,让学术探究成为整个学术团队的至爱与情结。换个角度看,学者身份的获得有三种途径,即学者自我的身份体认与角色意识、学者作为学术团队的成员身份、学者对学术文化与信仰的自觉坚守,保持并强化学者自己的身份意识是学科生命延绵的物质前提。在大学中,要达到这一目标,学科建设工作必须大力推进学科团队建设,增加学术团队对学者的吸引力、贡献力与支持力,积极构筑学者与团队间的命运共同体关系,让学者在团队中获得更多的发展机会、表现机会与贡献机会。

4. 作为知识生长加速器的学科实力评估

学科建设是一个循环,即从建设意图出发,调控学科政策,匹配

---

① 刘春惠:《论"学科"与"专业"的关系》,《北京邮电大学学报(社会科学版)》2006年第2期。

学科资源、学科力量，再利用学科评价回归学科发展意图，这是一个环环紧扣的过程。在这一循环中，学科评估处于收尾环节，属于学科建设成效的呈现、省察与追究阶段，让学科建设回归原点、坚守原意、抱朴守正正是学科评估的用意。学科产生是为了响应知识生长的召唤，故在学科发展中学科评估承担的直接责任是：顺应知识生长要求，加速知识生长节奏，提高知识生产效率。正如学者所言，"知识作为学科的立身之本、安家之基，它既是学科的产生之源，又是学科的发展之花，贯穿于学科发展的始终。以知识生产为指向，以知识创新为旨归是学科发展永恒的追求。"[1]学科评估其实是学科建设绩效评估，是学科建设成果的综合呈现，其中每一项评估指标都牵动着高校的日常学科建设工作，它是最能触动大学神经末梢感应的一把利器。要促进知识加速生长，学科评估必须做好三件事：核定学科实力，即综合反映本学科在学术成果、人才团队、发展环境等方面的发展能力，反映政策、组织、平台对知识生长的支持水平，预测学科实力的未来发展；鉴别优势学科，即依托高公信力的指标体系与考核，使之在学科群列中脱颖而出，为其他学科发展树立标杆、提供示范；刺激学科竞争，引发比较效应，即借助量化评价与质性评价，反映不同学科间发展水平的相对差异、优势短板，促进学科调整思路、吸纳资源、聚合内力，激发学科改革发展的内驱力。正如有学者所言，学科评估的目的是敦促大学"从'编学科故事'走向'谱写学科传奇'"[2]，而非简单地固化学科发展业绩、强化学科权力格局。学科评估的根本功能是激励，是为学科间、学科内部发展资源的优化组织与科学匹配提供外部信息，真正凸显知识生长在学科建设中的优先性、关键性与中心性。

---

[1] 翟亚军：《大学学科建设模式研究》，博士学位论文，中国科学技术大学，2007。
[2] 张德祥：《高校一流学科建设的关系审视》，《教育研究》2016年第8期。

第二节　学科作为生命体：一流学科建设的新视角

《统筹推进世界一流大学和一流学科建设实施办法（暂行）》中明确指出，"双一流"建设"坚持以学科为基础，支持建设一百个左右学科，着力打造学科领域高峰"。这一表述充分表明，学科是我国大学组织的根基，学科建设是一流大学建设的中心，学科实力的凝练与培育是我国"双一流"建设的焦点。从这一立场出发，深入吃透"学科"的内涵所指，精准把握学科发展的规律，是我国学科建设事业推陈出新、勇攀高峰的行动基点。尤其当前学科速成论、学科移植论、学科突进论等论调大行其道，学科建设中的浮躁心态时隐时现，而作为"生命体"的学科观被弃之脑后，这非常值得大学人警惕！笔者认为，学科与学科群都是生命体，学科建设必须遵循生命节律、生命进化法则来稳步推进，一切学科建制、学科政策、学科评估活动都必须在"助长"思维指引下介入学科生命体的发展。本书将从学科内涵重构、学科发展机制分析与学科催生政策设计等方面，对这一问题加以探究。

一、学科：作为生命体的存在

作为一种文化现象、社会现象，学科是知识进化史上特定历史阶段的产物，是人类知识与科学事业、教育事业联姻的产儿，是人类知识积累转生的堡垒。在学科发展史上，15世纪是科学知识诞生的时期，近代自然科学的形成是重要推手。19世纪是学科制度诞生的时期，大学是学科建制的始作俑者，从此，人类知识生长被纳入"学科之家"中进行。综而观之，人类知识可分为三个时代：一是前学科时代，所有人类知识以认识成果的形式弥散在社会生产生活领域与哲学大系之中；二是学科时代，人类知识被学科化为不同的单元与组块，被图书馆分类学载入不同的"科类格栅"；三是后学科时代，人类知识将在横断科学，如"三论"的统摄下走向全新的知识共生体。就学科发展简史、学科发展谱系来看，学科的产生与发展不应成为大学恣意规划、人为干预的对象，而应该是自然生长、生命延绵、持续精进的过程。在这一认识论的启示下，当代学科实践应该走出构建论，走向生命论，进而赋予学科以"生命体"的全新内涵，促使人类学科按照生命发育的节奏与规律自主成长、自由生长，真正推动学科建设事业走出一条由"'编学科故事'走向'谱写学科传奇'"[①]的转变之路。

所谓生命体，就是以繁殖为目的，能自发进行熵变的自我进化体系。每一个生命体都是一个活体、有机体、自组织，都是一个新陈代谢、自然演进、自我更新的小系统，都有其独特的结构与功能。理清学科生命体的独特结构与功能，是科学制定学科发展规划，设计学科建设政策，有力助推学科发展的入手点。

（一）学科生命体的特征

作为一种独特生物形态，生命体具有三个关键特征：一是开放性，即生命体在与外界环境的物质、能量、信息交换中实现成长；二是自我组织性，即面对外部生存环境的变化，生命体能通过选择性反应与自我调整实现自我的进化或自适应；三是自我复制性，即具有自我衍生与生长的机制，生命体能够借助自我基因的复制实现生命体的延续与生长。所以，学者一般认为，"自我调节、自我复制和独立的选择性反应"[②]是所有生命体区别于非生命体的三大典型特征；"广义的生命泛指变化和运动，狭义的生命指有机生物体"[③]。据此可知，学科生命体的三大特征的汇聚点就是"运动"，即在内因与外因的交互作用下实现生命体的进化与生长。

[①] 张德祥：《高校一流学科建设的关系审视》，《教育研究》2016 年第 8 期。
[②] 张古忍：《关于生命起源的哲学思考》，《湘潭师范学院学报（社会科学版）》1993 年第 6 期。
[③] 庞发现：《试论人生发展的科学化趋势》，《学术交流》1988 年第 2 期。

显然，学科绝非一个非生命体，这是"生命体"概念传达给我们的一条重要启示。道理很简单，如果学科是一个可以任由管理者、政策制定者去揉捏、规划、组配的事物，一个可以按照人的意志去随意设置、增删、变更的事物，那么，学科根本不需要费尽心机地专门建设，因为人们无须遵从学科本然的发展逻辑与生命节律。其实，学科源自知识，知识是学科的安身立命之本、自然生长之基，每一个学科或学科群落都是按照自己的生命节律、成长轨道去发育、去生长的。在这一意义上，只有坚持"学科本位、学者主体、融身环境"的思维，学科生命体的衍生、演变才可能顺其自然、茁壮成长，学科建设才可能走到顺应成长、助推发育的科学轨道上来。

（二）学科生命体的构成

学科更像一株"植物"，而非一架可以随意组装的机器；学科建设者更像一个园丁，而非学科发展指令的编制者。这是我们言说学科的基本假定。正如学者所言，"学科结构是高低错落、疏密有致的'植物'，学科生长的文化环境和学科生长的制度环境就是'阳光、水、空气'，没有这些，'植物'难以百花竞放、树木葱茏。"① 那么，学科生命体的基本构成是什么呢？在此，我们顺着"学科"概念的本然内涵来谈。

所谓学科，其含义有三：

其一，是指人类知识学问的分类体系。"知识是组成学科的细胞，是学科的核心和命脉"②，这是"学科"的本意所在。有学者指出，"学科的核心是知识的发现和创新"③，"知识是组成学科的细胞，是学科的

---

① 张德祥：《高校一流学科建设的关系审视》，《教育研究》2016 年第 8 期。
② 翟亚军：《大学学科建设模式研究》，博士学位论文，中国科学技术大学，2007。
③ 刘海燕、曾晓虹：《学科与专业、学科建设与专业建设关系辨析》，《高等教育研究学报》2007 年第 4 期。

核心和命脉"①。学科的该含义散见于图书馆的目录学中，出现在当代大学的"大类招生"实践中。进而言之，当代大学不按照专业招生而是按照"大类"来招生，其用意正是按照学科分类或"一级学科"来招生，以此为大学生提供更为开阔的知识基础，为其大学职业选择构筑一条过渡带。学科其实就是"具有内在逻辑关系的各个知识单元和理论模块组成的知识系统"，社会需要学科的原初意义在于它能够对碎片化知识进行分类归档、条块组织，促使人类知识分层、分级、分类式地发展。这一"分类"的社会承担者就是图书馆与学科划界者。

其二，是指社会化了的学科建制。学术研究的基本组织是学科共同体，即以学科点、学位授予点、学术研究协会、专门研究领域为中心组织而成的学者共同体、学术创新体、学术共生体，这是"学科"概念的主导含义与物质载体。学科的大学组织是学位点，学科的社会组织是专门研究会，所有学科组织的共同连接点是某一专门研究领域。在大学中，学科组织是学术研究、人才培养、社会服务的公共依托，离开了学科建制，学者就失去了栖身家园，研究就失去了资源集结点，社会就失去了学术管理抓手，知识的集群化发展与治理将无从实现。

其三，是指学术权力的运行机制。学科的引申义是"规训（discipline）"，是社会组织、学者团体依托"知识—权力"体制运行的社会规训体系。"所谓的知识—权力体制，这种制度包括潜性的学科规训权力和显性的规范要求，通过对研究主体、研究对象、研究载体、研究方法以及学科新人的控制规约学科的发展。"②学科的前身是知识，而哪些知识可以堂堂正正地跻身大学的学科、中小学的科目之列，这取决于学科的"潜规则"；学者可以自由进入各门学科开展科学研究，而当他一旦宣示正式加入某一特定学科之后，其研究范式、研究思维、

---

① 翟亚军：《大学学科建设模式研究》，博士学位论文，中国科学技术大学，2007。
② 谭月娥：《"学科"演进的理性审视》，《中国高教研究》2011年第9期。

研究方法论等都可能被该学科"潜规则"。"潜规则"是一门学科坚不可摧的"硬核",是学术权力的隐形存在方式,其主体内容是学科范式,即学科共同体尊奉的价值共识、研究传统及其使用的话语体系等。在学科范式规约下,研究者以"圈子"的形式存在,学科成了"生产论述的操控体系"[①],学者的研究活动具有了边界与规限。

与上述含义一致,作为生命体,学科的核心构成是知识体系、学科建制与学术圈。其中,知识体系是学科的本体、实质,学科建制是学科的主体、表象,学术圈是学科的隐身、心脏,三者有序联结、交互作用,构成了具体的学科生命体。以人体为喻,知识体系好似学科之"足",学术圈好似学科之"心",学科建制好似学科之"身";只要整个机体血脉畅通、运转有序,学科生命体就可能健康、持续、快速发展(图3-3)。

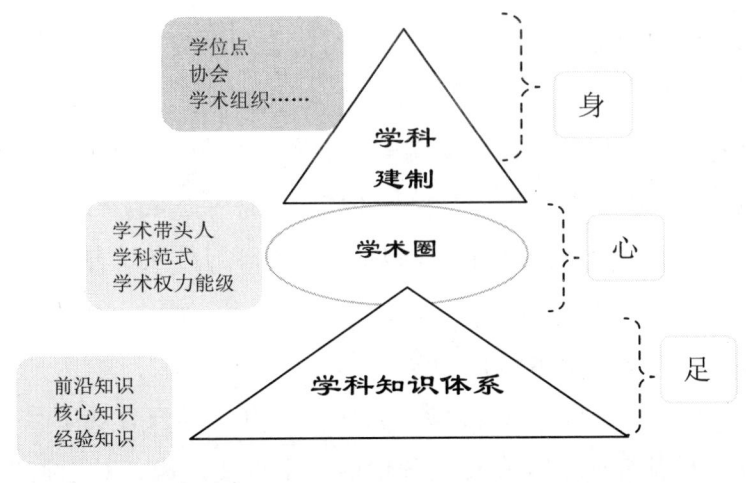

图3-3 学科生命体的架构

图3-3表明,学科生命体根植于特定的知识体系之中,其物化存

---

① 华勒斯坦等:《学科·知识·权力》,刘健芝等译,生活·读书·新知三联书店,1999年,第12页。

在形态是依托大学或政府部门存在的学科建制,其内核是学术圈;学术圈下联学科知识,上挂学科建制,成为学科知识通往学科建制的守门员。学科生命体的新陈代谢是借助最具能动性的学术圈运转实现的,学者群体与学术权力潜在定义着学科内涵,无形控制着学科建制的具体"模样"。

二、学科生命体的发育

生命体发育的基本形式是物种基因的自我复制与因应环境的持续变异。对学科而言,这一基因无疑是学科知识传统,一切学科知识的增殖、涌现与生产都是在这一传统的持续复制中实现的。伯顿·克拉克指出,"每一学科都有一种知识传统"[①]。学科生命体发育其实就是学科知识的自然增殖、学科知识传统的再制,而学科建设,包括学科建制、学术用权、学科规划等则都是为了助推学科知识的生长,或者说,都是为学科知识转生而提供土壤环境与信息刺激的实践。简言之,学科生命体的发育是知识传统的复制再生过程,是在学科知识与外部世界交互作用中实现的自我生长过程,是学科发展外因助推学科本性实现的过程。显然,学科本体、学科团体、学科生态是学科生命体发育中不容忽视的三个节点,自育(包括内向发育与外向发育)与群育则是学科生命体发育的两种基本方式。

(一)学科生命体的内向发育

外向生长、外向发育、外向互动是学科生命体发育现象的一个侧面,是学科社会化、外在化进程中的一个重要片段;对学科生命体而言,内向生长、自我成长才是学科发育的本性使然。所谓"内向互动",就是学科知识与学科团队间的交互作用过程,就是学科知识生产

[①] 伯顿·R.克拉克:《高等教育系统——学术组织的跨国研究》,王承绪、徐辉等译,杭州大学出版社,1994,第87页。

者与学术知识成果间的相互转化状态。其实，在社会中，学科知识的两个主要载体是物质载体与主体载体，前者主要是教材书籍与物化了的科技产品，后者主要是指学者、研究者。只有学科知识转存于前一载体之中并被学者这一主体活化之后，学科知识的活性与生长性才可能显现，进而进入生长的状态。因此，学科生命体的自我生长主要是在学者这一主体世界中完成的，知识的物质载体只是一个中转站、暂存点，学科生命体的内互动其实就是知识与学者间的双向交互作用过程：知识是学者研究活动的起点，知识的习得改变了学者的认知世界；学者是知识转生的空间，其学术研究活动是知识创生发展的过程。

在学科生命体发育中，学术成果，如论文、专著、发明等是被物化了的知识，承载着其生产时的时代背景、社会印记、逻辑链环，学者习得这些知识其实就是其基于自己的认知结构、研究实践、学术权力层级、社会生活要求去激活、活化物态学科知识的过程，如若这一过程发生顺利，学术研究、知识创造的过程就会发生，进而引发既有学科知识的裂变，新知识随之产生。该过程进行完毕之后，学者可能将其中产出的新成果、新创意固化为物态的学科新知识，将之以教材、论文、发明等形式再次固定下来，学科知识的一次内互动周期宣告完成（图3-4）。

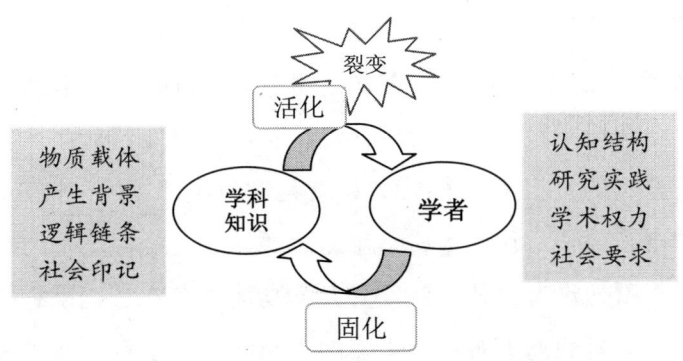

图3-4　学科知识的内向互动机制

图3-4表明，学科生命体的内在发育走的是知识"内爆"之路，

而实现这一"内爆"的途径是学者与学科知识间"活化—固化"的双向实践。所有学科知识的底色都是其物质载体、产生背景、知识逻辑链条、社会时代印记等,它们是解读学科知识符号的重要参照系;所有学者对学科知识的活化与解读都是基于自己的学术背景,如认知结构、研究实践、学术权力层级、社会要求等进行的;学者在活化知识、开展研究中会引发知识"内爆"或"裂变",这就是学科知识创生的机制。因此,一切外来干预知识生长的举措都必须经由影响学者学术背景、研究实践、学术经历等间接途径来实现,任何学科管理实践都必须经由学者学术实践这一媒介来生效。借助这一路径,学科知识实现了跨时代、跨主体的再生与创生,学科生命体的进化环节得以实现。

(二)学科生命体的外向发育

学科是大学的精元,是科学、教学、服务等事业的交接点,知识创生与传承是大学的生命基因。在大学中,学科生命体的发育是在自我复制与环境交互中实现的,它必须在与科学事业、教学事业的联动中释放自己的功能,实现自己的价值,汲取发展的营养。正因如此,学科生存的重要形式就是"知识的生产与高级专门人才生产的整合"①。显然,大学学科的发育一定是双向度的:一方面是学科与科学事业的联动,即大学学科借助知识创生实践参与科学事业,并在这一过程中培育科技精英,产出高科技成果,发挥学科在科研事业延续中的特异功能;另一方面是学科与教学事业间的互动,即借助大学课程开发与专业建设实践,为社会培养出批量应用型专门人才,实现大学参与社会建构的价值(图3-5)。这就是学科生命体的外向互动机制,它充分体现了大学学科作为科学生命之源、社会生存之基的地位。从这一意义上看,没有学科,就没有大学功能的存在,就没有"大学使命"一说;学科脱离了对社会事业的参与,一切学科发展实践都可能

---

① 鲍嵘:《学科制度的源起及走向初探》,《高等教育研究》2002年第4期。

是孤芳自赏、自说自话，学科生命体随时可能濒临枯萎凋零的危机。

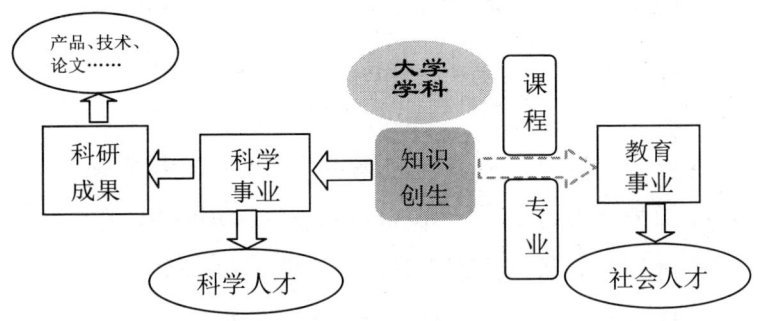

图 3-5 大学学科的外向互动机制

（三）学科生命体的集群发育

随着知识分类的细化，大量学科产生，这就构成了学科丛生、群落共存、集群发展的局面，学科群由此成为某一区域内学科共存的重要形式，一个个学科杂合体、学科联合体、学科共生体随之诞生。在一个地区中，所有学科同步发展、相互映衬，形成了一个学科杂合体；在大学中，所有学科共时态存在，学科间的碰撞时有发生，形成了一个学科联合体；在学院内，所有相邻学科毗邻式存在，形成了一个学科群生体。这些学科与其他学科互生式存在、共生式发展，形成了一个全新的学科生命体——学科群落，带动学科沿着集群存在、群生发展的轨道前进。

1. 学科间互倚发展规律

在学科群落中，学科间的发展具有某种相倚关系，即一门学科的发展水平取决于毗邻学科发展的水平，单一学科发展力间接影响着学科共同体的发展水平提升。由此可以推知，学科高原、学科高峰的出现多多少少是强大亲缘学科推动的产物，学科群落中的高端学科能有效带动毗邻学科的发展，进而呈现出"一荣俱荣、一损俱损"的发展关系。这就是学科间的生态关系。"学科生态是一流大学和一流学科建设的基础和条件，没有好的学科生态很难支撑和发展学科高峰和学科高原。"① 学科间相倚的发展规律决定了某一区域中的所有学科间都是一种命运共同体关系，一流学科需要在相互带动中实现自己的最佳发展状态。

2. 学科科际共生规律

在学科独立生长中，知识与学者、环境间的关系尤其重要，学科发展的规律就是知识与学者、环境间的三体互动规律；在学科群落生长中，学科间关系关联、国家学科政策、学科生态品质等因素显得更为重要，学科间互动关系、学科政策的价值取向、学科生态构建是制约学科集群发展的关键参量。所以，学科集群发展的规律主要是指学科群落在宏观学科政策、学科生态环境影响下表现出来的学科互生规律，学科间的合作与融通水平决定着学科群体发展的品质。这是学科群作为生命体的直接体现。在学科社区内，不同学科间的交互作用时有体现，尤其是在研究方法、学术思维、交叉研究等方面会出现诸多共通点，由此实现学科间的互促与共进。

3. 学科链式发展规律

学科之间不仅有共生关系，更有衍生关系，即由一个母学科衍生出众多子学科的亲缘关系。学科间的次生、再生关系就构成了学科链，它表明，每一个学科的发展都是一个连续体，亲缘学科群的存在正是学科群的生命体特征的体现。例如教育学，在其发展中衍生出了一系列子学科，如高等教育学、职业技术教育学、特殊教育学等，教育学子学科的衍生正是本学科生命体自我复制的表现。作为生命体的学科群，其生命性特征就是学科在分化、细化、再生中日渐强大，学科群生是学科内核——知识传统自我复制的产物。

4. 学科间差异共存规律

在学科群落中，学科间差异是某一学科存在的标识，是本学科特

---

① 张德祥：《高校一流学科建设的关系审视》，《教育研究》2016年第8期。

色与亮点的体现，在群生中彰显学科特色是学科共生发展的规律之一。学科群生的状态是学科共生体，是以知识间的合作、对话、互生为特点的学科运动，而这一运动发生的前提是学科间在立场、方式、主张、视域方面的绝对差异。学科群生的实质是学科个性与学科共性的同步增长，学科间差异的长期共存、相互吸引、不断强化是学科群生的基本态势。

基于上述分析，学科生长的两种形态是学科自身的内在互动与学科群内的科际共生。一切生长总是自生、自动、自主的，学科生命体的生长亦是如此。学科内向互动机理凸显了学科生长的自为性，学科外向互动机理凸显了学科生长的开放性，学科群生机理凸显了学科群体生长的联动性。借助这些学科生长机理，诸多学科现象，如"先发效应""群发效应""后发效应"[1]都可得到解释。显然，学科建制旨在为学科的三种生长方式提供平台、空间与服务，因为没有学科建制，学科生长很可能长期处在自然自生状态，学科自觉很难实现；学科建设意在提高和加快学科独体生长的品质与速度，提高学科群体生长的水平，助推高峰学科、高原学科、高端学科的出现。当然，在没有学科政策、学科团队、学科评价辅助的情况下，学科发展的步伐无人能阻挡，只是发展的水平将受到限制。在学科发展进程中嵌入学科建设工程、学科评估操作的用意是加速学科在自有轨道上的发展，而非要用主观意志的干预与规划迫使学科发展脱离轨道、任人宰割。在这一意义上，对于学科生命体而言，任何学科建设工程与实践都只是一种助推，一种顺势推进，永远代替不了学科生命体自身的发展，改写不了学科生命体内在的发展节律。

---

[1] 翟亚军：《大学学科建设模式研究》，博士学位论文，中国科学技术大学，2007。

三、"一流学科"建设的工作原则

生命体进化的规律启示我们：一切生命体的发展都是自我更新、自我创生、自我基因再生产的过程，相对而言，环境、文化、资源、生态都只是外因，都必须经由生命体自我生产实践的中转来实现。将这一原理迁移到学科管理实践中来，其结论便是：学科生命体发展的实质是学者对学科知识传统的生产与再生产；学科及其群落发展的主体是学者及其学术圈；学科管理，如学科建制、学科政策、学科评估等都只是学科发展的催化剂与助推器而已。因此，坚持学科本位、学科特色、学科积累、学科首创是一流学科培育的首要原则；促进学科群内科际共存、共生、共创是促进一流学科群生的根本原则；强化学科管理的服务性、支持性与导向性是一流学科建设的重要原则。简而言之，"学科本位、科际协同、管评服务"构成了一流学科建设工作的三大原则。

（一）学科本位原则

"一流学科"称谓的产生是基于"学科金字塔"存在的假设，即假定学科群内分层存在、能级多样、分级治理的学科群生设想。作为学科金字塔塔尖的学科，一流学科一般具有许多高显示度的发展指标，如学界认可度高、卓越人才密集、学术水平超前、学术成果显著等，这些指标成为普通学科建设的标的。当前，许多世界一流学科，如北京大学的哲学、清华大学的土木工程、北京航空航天大学的航天学等，都是国内杰出哲学家、科学家的荟萃之地，都是我国本学科标志性学术成果的发源地。回顾这些学科的发展史，几乎都经历了一个漫长的学术积累过程，都有一部艰辛的学科奋斗史，其发展轨迹其实就是学科生命体的进化史。从这一角度来看，许多学科发展的外力，如政策波动、资源增减、评价制度、市场供需信号等对其干预力都是较为脆弱的。进而言之，只要具备基本生存发展的条件，这些学科发展的惯性与态势将持续延绵，其学科地位不会被轻易撼动。鉴于此，坚持学科本位原则，例如强调学者的主体地位，弘扬求真至上的学术精神，坚持学术圈自治的原则，强化学科知识的传统，尊重学科发展的自然节律等，都是建设一流学科的首要工作原则。正如学者所言，学科建设必须"以学科本身的需要为出发点，关注学科体系的严谨、完整和包容性，关注概念、范畴的确定性以及概念与概念、范畴与范畴之间的逻辑关系，或者说试图建立起自己学科独有的学术话语"[1]。每一门学科就是一个相对独立的生命体，任何将社会主观意志凌驾其上的做法都注定要受到学科生长规律的制裁，好的学科建设政策的显著特征就是"顺木之天，以致其性"。

当然，强调学科发展自在、自主、自治原则，并非支持学科的任性发展、恣意蔓延，而是要解决好价值引导在学科发展中的嵌入点问题。学科发展是知识自生产与知识应用实践相耦合的过程，决定学科社会效应的关键环节是学术成果的社会应用，因此，对学科发展的价值导航必须嵌入学科与社会、与市场之间的结合部上去，而非将其植入学科生命体内部中去。为此，基于学科生长、学科本位的一流学科建设必须强调两个具体原则：一是把握学科生长性要求，尊重学科发展的自在性特点，并对其生长要求加以创造性地满足，最大化地呵护学科知识的自生产逻辑；二是关注学科应用方向，善于利用价值导航手段引导学科正向发展，将学术成果应用到建构美好社会的实践中去。在实践中，坚持这两个学科发展原则要求学科建设工作一定要坚持"遵循自然、以外促内、干预适度"的政策，谨防学科管理意志逾越了学术知识生产的禁区，给学科发展带来阻力与伤害。

（二）科际协同原则

现代学科不可能孤军奋战，而是要在学科群落中存活的。充分利用好毗邻学科的背景支撑功能，促使其在相互吸收、平等竞争中自然

---

[1] 刘海峰：《高等教育学：在学科与领域之间》，《高等教育研究》2009年第11期。

胜出，这是一流学科建设的另一工作原则。从学科本源上讲，所有现代学科都是知识分化的结果，都是哲学的产儿，每一部学科演化史都是其与母体学科的分娩史，都带来了学科视野窄化的天然缺陷，因此，与亲缘学科结盟共进是学科自强的另一重要路径；从学科走势来看，与学科分化、细化同步增长的是科际沟通的要求，一系列横断学科，如学习科学、价值哲学、系统科学等都是学科融通的直接产物。当然，在一所大学、一个区域内，每个学科与毗邻学科间的互动共生关系是学科生命体延绵的关键条件。可以说，每一门一流学科都是踩在相关学科的肩膀上脱颖而出的，善于经营、协调学科间的关系，构建科际共生的"立交桥"，是一流学科建设的又一重要关注点。

客观地讲，一门学科的生命延续靠的是基因复制与外向摄入，一个学科群落生命的延伸靠的是公共发展平台的搭建与平等交流机制的构建。在这一意义上，学科群生的品质取决于学科生态的营建，取决于学科共生体的经营，取决于良性科际互动机制的建立。学科生态是学科群落的生长基、生命线，学科群是在学科生态中自在生长、整体演进的。在特定大学或区域内，学科间形成的这种良性互动关系就是学术生态，即"学科与外界的信息和能量的交换与适应、学科的自组织与他组织相互关联、学科之间的共生互动与协同进化"[①]机制，其内核是确保每一门学科都得到健康、持续、快速发展的支持性学术环境。在学科社区中，当一门学科借助非法手段攫取了重要学术地位或榜单排名时，这一学科的认可度与公信力会下降；当一门学科借助公平游戏规则赢得了学科群落的认可与尊重时，该学科的发展道路将得到学界的尊崇与效法。这就是良性学科生态的直接体现。无疑，学科群生、科际协同最需要的是公正、纯洁的学科交锋平台，需要的是平等互敬、相互欣赏、机会共享、荣辱与共的学科交流文化的培育。可以说，离

---

① 张德祥：《高校一流学科建设的关系审视》，《教育研究》2016年第8期。

开了这些平台、文化、环境的培育，一流学科的成长就无从谈起。

从科际协同共生角度看，一流学科是在学科群落中自然"长出来"的，是一个学科群落"公推出来"的，是在学科竞赛游戏中"自然显现出来"的。可以说，没有学科群落的沃土，一流学科就是无源之水；没有学科间的竞争与互鉴，一流学科就失去了营养之源。在学科建设中坚持科际协同的原则就是要求学科核心发展资源，如人才、资金、权力等的投放一定要坚持"全面撒网、公平竞争、重点培养"的原则，努力构建一流学科生长所必需的生态土壤，为一流学科在科际对话、竞争中成功出线提供大环境、大平台的支持，努力形成学科整体与学科个体间互促共赢的局面。进而言之，那种将全部精力、财力仅仅聚合在少数所谓"重点学科"，甚至认为对弱势学科的支持是资金浪费的学科建设思维绝对是错误的。笔者认为，在一流学科建设中，那些真正不适宜支持的学科一定是重复建设学科，以及那些与重点建设学科关联较弱的弱势学科，故而不能随意成批取消大学学科的建设计划。

（三）管评服务原则

每一个学科生命体都是在内外交互中发展前行的，都是在外界资源、人才等营养注入中不断壮大的，学科生命体与外部环境的沟通方式是贡献与索取的统一。一方面，学科凭借自己的实力在知识产品化、科学技术化、学术服务化的转化中为社会生产生活做出自己的贡献，形成自己的社会绩效，实现自己的存在使命；另一方面，社会按照学科贡献率分配学科发展资源，如人才、资金、设备、权力等，为学科发展提供必需的社会发展条件。从这一角度看，社会看重的是学科衍生出来的社会生产力，学科看重的是自身综合实力，而学科管评活动居于二者之间，承担着媒介与纽带作用。一方面，学科评估借助学科实力评价与社会绩效评价为社会资源分配提供信号，为学科管理提供基本信息支持，进而对学科发展发挥外部导向作用；另一方面，学科评估通过同类学科间实力对比关系的显化、量化，为学科科际对话提供依据，激发学科之间的竞争力，为学科发展提供动力机制。因此，当代学科建设一般应该沿着"学科生长—学科评估—学科管理—学科服务"的思路推进，即基于学科生长逻辑，对学科实力与绩效进行全面评估，据此开展学科管理活动，为学科生长提供最佳学科发展服务。

在学科管评服务中，学科生长、学科评估、学科管理是学科发展链条上的三个关键链环：学科生长是学科评价的对象，是学科管理的基石，如何用科学的评价信息导航学科发展是一门真正的学问。从学科生命体角度来看，学科评价是纵横交错、立体交叉的信息收集体系，其核心构成要素是学科横剖面与学科纵剖面，即学科实力评估与学科潜力评估。其中，学科实力是本学科领域中某学科相对于其他学科而言的比较竞争力、比较优势，它主要涉及以下学科要素，即学科方向、学科平台、学科资源、学科团队、学术成果、社会贡献等，由此构成了一个以学科方向为领头，以学科团队为主干，以学科资源、学科平台为支架，以学术成果、社会贡献为延伸的学科有机体；学科潜力是本学科在学科发展中体现出来的发展力与生命力，它常常以学科势头、活力、潜能的方式体现出来，它主要涉及以下学科要素，即学科方向伸缩、学科科际交流、青年学科骨干状况、发展资源吸引力、学术产出走势等，由此形成了一个以学科方向调适与开创为领衔，以学科科际交流与青年学科骨干培育为枢纽，以资源吸引力为支撑，以学术产出走势为标志的学科生命体。在这一意义上，学科评估是对学科生命力，即实力与潜力的综合评估，这一评估思路的引入有可能克服传统学科评估的短板——"用标准宰制学科生命"的误区，正如学者所言，"当根据评出的一流学科进行强化、建设的时候，其实可能就限制了该学科。"[①] 一次真正有效的评估一定是学科生命力的激发者、呵护者与促进者，是借助评估来夯实学科本己的内生力与爆

---

① 马陆亭：《一流学科建设的逻辑思考》，《高等工程教育研究》2017年第1期。

发力。

显然，学科管理是学科评估信息的认可与使用过程，构建服务型学科发展服务体系要求学科管理机构善于站在学科生命体发育的角度来设计管理政策，策划管理服务，推进质量管理。有效的学科管理政策绝不会跨过学科评估信息与学科生长链环去直接干预学术圈内部的事情，去恣意侵入学术生产的腹地，而应该站在助长学科生命体的角度，将学科发展权、知识生产权交由学者与学术圈去处置，将学科发展资源匹配到学术生产最需要的环节上去，鼎力为学科发展创建良好的学术生长环境。也就是说，内行的学科管理者善于聆听学科专家的声音，善于洞悉学科发展的要求，善于甄别学科评估信息，致力为学科发展提供最优质的管理服务，让学科及其生命体得到最有效的保养与滋养。

第三节 面向知识生产力提升的一流学科建设逻辑

大学是人类知识生产的专属场域，学科是促进知识生产的社会建制，在这一意义上，服务知识生产与再生产是大学存在的天命所宿。所谓知识，就是人类认识一切自然现象、社会事象、文化事物的智慧结晶体，相对经验而言，其根本特征是系统性、深刻性与专门性。大学是将经验擢升为知识的社会机构，学科存在的意义与价值正是肩负起经验升级活动的社会重任。在当代中国学术背景中，回归知识生产的初心，弃置种种功利性的由头，是中国特色一流学科建设健康推进的保护神。我们相信，知识是学科的前身、内核与本体，学科是知识的产床、怀抱与苗圃，面向知识生产力提升的学科建设逻辑才有其合法性、科学性，一切学科建设工程只有在助推知识生产、知识蜕变的链条中方有其存在的意义、言说的必要。

一、当前学科建设的"路径锁定"现象剖析

显然,推进一流学科建设是国家的使命,规范学科点设置、规划学科建设路径、规定学科建设质量标准等,都是有担当、负责任政府的体现。然而,一旦政府权力与干预的介入偏离了适度、准确、应当的轨道,上述举措很可能误导一流学科建设,致使其陷入功利化、快餐化、指标化的旋涡,陷入"路径锁定"、偏离初心、迷失方向的困局,进而给学科发展带来重重阻力。如学者所言,"路径依赖是一种制度的'锁定'……是因为它会逐渐缩小人们的决策范围,最终冻结选择行为"[1]。目前,这一"依赖"的表现是多样化的,其中最具代表性的便是资源依赖、项目依赖、权力依赖、指标依赖等,非常值得学科建设者警惕。其实,任何一种人为政策的干预都会给社会事物发展带来"双面效应",而对负面干预效能的及时把握与有力遏止则是规导政策效应的一把利器。

(一)功利驱动路径

大学参与一流学科建设的直接驱动力是什么?学者们心知肚明,它会给大学带来丰厚的资源受益,助其收获知名度与美誉度,给本校学者参评形形色色的人才计划带来更多的指标实惠,无形中增强大学对外部资源的吸附能力,等等。正是在种种显在或潜在利益驱动下,我国大学参评一流学科的热情空前高涨,甚至不惜一切财力与代价攫取参评中的优势。诚然,一流学科建设需要外部动机的诱导,但内部动机才是学科发展的生命线,过强的外部动机可能扰乱大学学科建设的节奏、阵脚与心态,诱使学者、学院放松"学术研究""知识生产"的主业,专事一些沽名钓誉、旁门左道之事。在强大外部功利动机驱使下,"作为大学内部自治的基本单位,学科不再是一个自足的和自治

---

[1] 郭书剑、王建华:《论一流学科的制度建设》,《高校教育管理》2017年第2期。

的组织，而是逐渐成为一个自利的组织和附属的组织"①。大学对功利思维的"路径依赖"理应引发学科政策设计者的反省。"学科是'苗'，资金则是'水'"②。学科茁壮成长需要的是适量资金"水源"的浇灌，如若本末倒置、功利主导，学科建设很可能退化为攫取资源的功利场，学术的纯粹性与自由性将无法得到保障。

（二）学科拼凑路径

学科是学科要素，即与学科发展相关的人、事、物等有机链接而成的生命体，是各要素在交互作用中自然生长的连续体，其中，许多链环与要素都是隐性的、内隐的，是学科评估活动无法将之可视化、指标化的。进而言之，那些隐性的学科要素是学科精神、学科文化、团队氛围、学科传统、学科气质等；那些隐性的学科链环是要素间的互动方式、要素间的有机配合、要素间的流畅联络通道、要素在重大应用环节上的组织力与整合力等。从某种角度看，学科建设是为了筑就一种无形的学科"精、气、神"而组合学科要素、凝练学科特质、充实学科内涵的过程。然而，在我国一些大学的学科建设中"拼凑一流"的问题尤为突出：在一些一流学科中，拔尖学者是"挖"来的，学科方向是相关学科"凑"出来的，学科优势是校内"调配"出来的，学位点是申报书"拼"出来的……本学科真正本己的专有学科发展资源较为稀薄。如果没有学科文化、学科精神、学科特色的粘连与内融，这些学科生命脆弱，更别说孕育出高端学术成果了。

（三）指标导向路径

学科排名是当代学科建设的关注焦点，评价指标成为我国学科建设中的至高崇拜，"为指标而建"成为当代我国大学学科建设的潜台词。一切学科发展指标都具有外现性、表层性与孤立性，它们只是学

---

① 王建华：《一流学科评估的理论探讨》，《大学教育科学》2012年第3期。
② 郭书剑、王建华：《论一流学科的制度建设》，《高校教育管理》2017年第2期。

科发展中的一段"切片"与状态数据，只是凝固化、碎片化的学科发展参数，难以反映学科的真实发展状态。进而言之，学科评估指标只有被置于学科生命体、生态链中方能展示其真正的内涵，只有被置于学科生长进程与生态体系中才能显示其本真内涵所指。盲目的指标崇拜只可能导致学科发展"重表轻本、重评轻建"的怪象出现，进而打乱学科培育的自然节奏。一流学科是学科历史中"生长"出来的而非专家"评"出来的，是在卓异学科文化土壤中"长"出来的，而非用评价指标"量"出来的。总之，一流学科在学科排名中的地位是自然表现出来的，是其良好"学术基因"自然生发的结果。用理性、生态、整体的眼光看待学科评价指标，在学术积淀中凝聚学科的内力、历练学科的内功，这才是一流学科建设的正常路径。

（四）规模竞争路径

学科需要一定的体量保证才能获得正常发展，因为只有在基准体量中才能融进基本学科要素，产生要素间互动、联合、生长的现象，但是，一旦学科评估与建设过于看重体量，甚至将体量指标视为决定学科竞争取胜的关键指标，则可能引发学科建设中变态与失序现象出现。诚如学者所言，我国当前学科建设是"一种外延式的体量考核，而非学科真实状态的反映"[①]。在当代我国学科评估中，学科发展关键指标的测评多只重总量不重均值，只重标志性项目、成果、人才的数量，而不重其在学术界的真实影响力，其结果使学科实力竞争极易异化为数量竞争、规模竞争与外延竞争，诱使学科点开展急功近利的学科扩容、贪大求全等建设，而将品质提升、实力凝聚、精品培育等关键工作弃之一边，故不利于学科开展精细化的内涵建设与高品位的文化建设。

---

① 武建鑫：《走向自组织：世界一流学科建设模式的反思与重构》，《湖北社会科学》2016年第11期。

鉴于上述问题，本书认为，我国学科建设工作必须实现根本性的转型，即由外在建设走向内在建设，由功利驱动走向学术驱动，由经济逻辑走向知识逻辑。知识生产是学科建设的本然内涵，促进知识生产是学科建设的本意所在，沿着知识生产逻辑来开展各项学科制度、学科组织、学科平台、学科梯队建设才是我国一流学科建设必须回归的正途。

二、学科建设的知识生产逻辑

国内调研数据表明，学科的本意是"知识体系"[1]，学科的本容是"知识体"，其他一切学科事物都只是"知识体"的附生物、衍生物与表皮物，沿着知识生长、生产、再生的逻辑来建设学科是学科建设的本真逻辑。有学者指出，"知识已经成为组织核心能力的关键资源，学科作为典型的知识型组织，要实现良性发展必须有效整合其内外部知识资源，从而不断提升其核心能力"[2]。尤其是在知识经济盛行的当代，知识成为人类社会发展的先导力、核动力、制导力，人类必须将学科建设成为人类关键知识、社会核心知识、科技先进知识的孵化器，将之建设成为知识繁衍与增生的产床，以肩负其学科建设工作的本然使命。为此，我们需要从知识的立场去重新审视学科建设的本质与工程。

（一）学科存在的本体意涵是提升知识的原生力、整合力与市场力

有学者指出，"学科组织的联合协作正是基于知识逻辑的驱动"[3]。为此，学科建设的本体不是人才、学会、学位点，而是知识体系、知

---

[1] 周光礼、武建鑫：《什么是世界一流学科》，《中国高教研究》2016年第1期。
[2] 李春林、刘丽丽：《一流学科的演进特征与生成机理》，《国家教育行政学院学报》2017年第11期。
[3] 武建鑫：《走向自组织：世界一流学科建设模式的反思与重构》，《湖北社会科学》2016年第11期。

识科类、知识集群、知识生命体，前述所有学科组织要素都是着生在"学科知识体系"这一母体之上的。可以说，知识是学科存在的本体，知识体是学科生长的母体，学科建设的根本目的是：凸显学科建制、学科组织、学科平台对学科发展的支撑力与促动力，全力提升知识生产力，即知识的原生力、整合力与市场力。为此，按照现代知识的存在特性与生长规律来建设学科、优化学科，是当代大学学科建设的基本逻辑。

1. 现代知识的三重特性

作为现代社会的一种特殊生产力构成要素——知识具有诸多特殊属性，这些属性将知识生产与一般产品生产区别开来，并向知识催生实践提出了一些特殊要求。现代知识具有三重特有属性，即弥散性、广谱性和增生性，与之相应，知识生产方式发生了很大的变化。所谓弥散性，是指现代知识弥散在一切社会生产、生活过程之中，具有明显的实践依存性、社会依存性与文化依存性，尤其是随着专业博士群体的出现，知识成为高科技、高价值社会生产生活实践的伴生物，学院知识与实践知识交互催生成为当代知识发展中的新景观；所谓广谱性，是指知识与实践应用之间是"一对多"的关系，一种知识在和多种相关实践结合中会衍生出多种社会产品、社会发明，知识在多样化使用中能够衍生出形形色色的社会文化与科技成果；所谓增生性，是指知识在使用价值上不仅有时间上的耐用性、交流中的共享性，而且还能在使用中产生出更具创意与效能的新知识，让知识在使用中历久弥新。知识的这三重特性告诉我们：其一，知识生长具有双通道性，一个是专业化的大学知识生产渠道，一个是实践化的社会生产渠道，两者并驾齐驱、互生共长是知识生长的基本规律；其二，知识生长是在多向应用、多主体交流中实现的，多样化的应用与多主体间的共享是知识增值、增殖的基本途径。为此，学科建设必须处理好两大关系——专业知识生产与社会知识生产的关系、知识应用与知识共享的关系。

2. 知识生产是原创性、融合性与定制性的统一

在传统社会,知识生长是一种自在现象;在知识经济时代,知识生产是一种自觉现象。所谓知识生产,就是"各种类型的知识,如真理、原则、思想和信息等的发明、创造、创新和复制过程"①。知识生产是三类生产方式的统一,即原创式生产、融合式生产与定制式生产。其中,原创式生产是指学者在自己的学术世界中自由创生新知识的活动,其主要特点是独创性、专门性与原始性,需要学者的原始创造力来驱动并以原创性学术成果的产出为标志;融合式生产是不同类型知识在跨学科、跨领域应用中生产出复合知识、横断知识的活动,是相关学科知识围绕同一实践问题解决或同一专门领域联合开展知识创造活动的现象;定制式生产是知识生产者根据特定社会客户需求开展知识生产活动,以满足社会主体或知识消费者需要的一种知识生产活动。显然,知识生产既可以走学者自由原创的道路,走学科知识联合的道路,也可以走追随社会需要的道路,知识生产是兼容原创性、融合性与定制性的混合实践,具有多路径、多轨道发展的特征。在当代,"知识生产的运行过程呈现出边际收益递增规律、累积效应规律、多元动力规律及路径依赖规律"②。这一态势充分表明,在原创中积累知识,在融合中增生知识,在多路径知识生产实践中扩容知识,是现代社会知识生产的独特轨迹。作为人类知识的综合生产部门与集中提供者,大学必须借助学科建设来推动三种知识生产方式的实现,借此不断提高延展现代知识的生产力与生命力,否则,学科建设自以为是,无视知识生产的要求,最终可能偏离知识生产的轨道与意图。

---

① 傅翠晓、钱省三、陈劲杰等:《知识生产研究综述》,《科技进步与对策》2009年第2期。

② 南振兴:《试论知识产品的生产机制》,《现代财经》2005年第10期。

3. 知识生产力的三重内涵：原生力、整合力与市场力

任何事物因其品质而彰显生命力，事物品质是其存在使命的充分实现，提升知识生产力是大学学科品质的体现。所谓知识生产力，即知识的生产能力，就是知识持续延绵、与时俱进，并因应环境而不断变异、更新的能力，就是知识基因复制中变异、变异中升值的能力，就是知识生命体的自我进化能力与环境适应力的内在统一。有学者指出，"一个大学的学科建设目标就是在于提升学科组织在知识生产上的能力，所谓学科建设就是让围绕某个知识体系建立的学科组织在知识生产上的能力不断增强，能够产出高水平的学术成果，提供高质量的专业课程。"①即面向知识生产能力提升的大学学科建设才是合法、合理的。

作为一种特殊社会存在物——知识，它因自我更新而进化，因为科际互动而生长，因服务社会而升值，因此，知识生产力的具体构成是原生力、整合力与市场力。其中，原生力是知识自我进化的能力，整合力是知识互动共生的能力，市场力是知识价值实现的能力，三种能力有机统一，构成了知识生产力的三个支点。就其内在关系来看，原生力、原创力是知识生产的基础能力，是知识生产力的原点构成，是知识生命体存在的基石；知识整合力、知识组织力是知识生产的特殊能力，在共享中实现共生共长是知识生产的独有方式；知识市场力是知识生产力的末端与外现，是知识回应社会需求与个体需要，形成社会产品、社会文化、社会价值的能力，是知识生产赢得社会资源、获得社会青睐、实现社会化生存的关键能力。总之，学科建设的原初职能与本位使命正是提升大学的知识生产力，是利用各种社会建制、专业平台、人才梯队措施全面激活知识的"三力"——原生力、整合力与市场力。

---

① 宣勇：《大学学科建设应该建什么》，《探索与争鸣》2016 年第 7 期。

（二）学科建设必须顺应现代知识生产的轨迹与方式

提升知识生产力是学科存在的职能定位，而适应现代知识生产的理论与轨迹则是实现学科职能的基本思路。人走人道，车走车道，马走马道，知识必须走知识之"道"，这就是知识自然生长与进化之道。进而言之，学科建设是为知识生产实践铺路架桥，是循着知识生长势态去构筑知识发展的学科高速公路，而非按照自己的主观意志去规划、去扭曲学科的自然生长道路。知识怎样生长，就需要构筑怎样的学科道路去适应它；知识怎样存在，就需要构筑怎样的"学科建筑"来安置它，这是知识生产与学科建设间的合理关系定位。当前，人类知识生产的主要方式有三种：三模齐驱式、三环递进式与自组织式，它们为学科建筑、学科道路的设计提供了根本依据。

1. 三模齐驱式

从知识生产主体角度来看，当代知识生产是三模齐驱式的。在传统社会，知识生产方式是单一的学者生产式；在当代社会，知识生产出现了多模式并进的新方式，模式1、模式2与模式3并驾齐驱，刷新了人类知识生产的轨迹与面貌。"模式1"是德国学者洪堡倡导的近代知识生产方式，专指基于学科的大学学术研究，其产品是学院知识、科学知识，是较为传统的知识生产范式；"模式2"是现代知识生产方式，由英国学者吉本斯（M. Gibbons）提出，特指面向社会实践与现实问题的跨学科知识生产方式，其产品是实践知识；"模式3"是一种前学科知识生产方式，由富勒提出，指学者基于兴趣进行的自发知识生产活动，其产品是碎片化的科技社会知识。在当代，由于政府的强力介入，大科学（Big Science）的出现，"大学—产业—政府"关系的形成，集群化、网络化、协同式的新知识生产模式出现，人类知识生产迈入了多模式并驾齐驱的新轨道，直接改变了传统知识生产的格局。这种多模齐驱的知识生产方式打破了大学独霸知识生产的局面，一种"以多层次、多节点、多形态、多主体为组织结构特征和以共同演进、共同专属化、竞合为逻辑运行机理"①的"多维协同创新体"出现，人类知识生产呈现出多极融合发展的新态势。在这种情势下，学科建设不能仅仅关注自身的纵深发展，更要关注与毗邻学科间的横向协作，关注知识与产业间的相倚关系，努力构筑一种纵横交错的学科共生体，积极适应知识生产新形势的要求，持续提升知识生产力。

2. 三环递进式

从知识系统内部衍生方式来看，知识生产是"三环递进"，即"综合—分化—再综合"的过程。这是一条循环上升、持续递增的道路，其三个核心环节正是综合、分化、再综合。其中，分化是知识分科、分类、分领域发展的要求，其基本功能是推进知识的深化，提升知识的精度，增进知识的专门化，学科化发展是其基本的实现途径；综合是知识横向联合、彼此融合、增强"间性"、有机整合的体现，其基本功能是促使知识生产在"实践问题解决"这一主线上实现归并与组织，跨学科发展是其直接体现。没有知识的分化，就没有高精度学科组织的产生；没有知识的综合，就没有横断学科与知识密集型企业的出现。在现实运转中，知识生产是在分化与综合的交替中实现的，它们构成了知识生产的双翼，促使知识在精化与联合中实现双向发展。在当前，我国学科建设的一个明显弊端，是"分科治学的组织传统促使学者们或由于兴趣，或由于地域，或由于好奇，自发地组织在一起，共同研究某一特定对象"②，其危害是容易忽视异类知识联合的力量，导致知识生产陷入跛脚前行的困局，致使学科发展缺失大环境、大平台、大视野的支持。从这一角度看，学科建设必须同时满足知识双向生长的要求：既要关注学科"小圈子"建设，为知识的深化、细化、分化创

---

① 武学超：《模式3知识生产的理论阐释——内涵、情境、特质与大学向度》，《科学学研究》2014年第9期。

② 武建鑫：《走向自组织：世界一流学科建设模式的反思与重构》，《湖北社会科学》2016年第11期。

造条件，又要关注学科的"大圈子"建设，为知识的联合整合提供平台，让知识生产走上一条双向生长、左右互联的道路，同时增强学科知识的"两力"——原生力与整合力。

3. 自组织式

从知识系统与外部环境互动生成角度看，知识生产走的是一条问题催发与逻辑推演交相缠绕式道路，知识生产的实质是知识系统在外部问题环境催发下产生的自组织与再组织的连续过程。一方面，外部问题情境是知识系统演进的生发点与驱动器，其作用是打破知识体系的自平衡，引发知识体系的内部调适与自我创生，促使知识不断繁衍进化，正如学者所言，"知识体系的演化需要在问题情境中获得新的生长点"[①]；另一方面，逻辑推演是知识体系实现自我调整、自我生长、自我演化的独立机制，是知识体系适应外部问题情境挑战的自组织方式。换个角度看，问题是连通知识系统与外部环境的连通器，问题的解决是实现知识的社会化生存，即彰显知识的社会价值、赢得社会重视、确证知识存在意义、获得社会资源供给的重要途径；而逻辑推演则是知识自我生长的独有机制，因应问题情境的自我调整是知识体系的独特运动方式，逻辑推演让知识体系成为一个自主存在、自我发展的独立生命体。从这一角度看，要增进学科体的生命力与市场力，学科建设者必须遵循其独有的知识生产逻辑，善于通过专题探究与学科联合的方式参与经济社会重大问题攻关，以彰显自身存在的主体价值与社会价值。

从知识生产方式角度来看，知识原生力来自三大知识生产主体——学院组织、学者个体、社会实践者的知识生产兴趣以及知识体系的自然分化机制，知识整合力来自知识的跨学科发展与横向协作，

[①] 武建鑫：《走向自组织：世界一流学科建设模式的反思与重构》，《湖北社会科学》2016 年第 11 期。

知识生产力来自知识生产活动对实践问题的回应力与变革力。因此，从知识生产的逻辑出发，面向知识生产力提升的需要开展学科建设，是学科发展走向自我、自然、自由的客观需要。

（三）面向知识"三力"提升的学科建设使命

基于上述分析，我们认为，知识生产既是立体式的，也是连续式的；既是线性的，也是循环式的，关注知识生产的多样性、多态性、多面性是科学推进学科建设事业的客观要求。当代知识生产是在多主体，如学院、学者、实践者等构成的网络中立体展开的，学科建设必须构建学科知识的共生体；当代知识是在"综合—分化—再综合"的连续中进行的，学科建设应该为搭建知识生产链而不懈努力；当代知识生产是在问题驱动与内外互动中进行的，学科建设必须建成学科知识面向社会生产生活的反哺回路，适应知识社会化生长的需要。当代知识生产是学者主体、知识本位、市场牵引式的，学科建设的使命是积极构建有利于知识生产力全面提升的学科服务体系。进而思之，面向知识生产力提升的学科建设事业必须承担起以下四项神圣使命：

1. 建立多主体联动的学科知识共生体

当代知识生产的多主体、网络状、集群态现状要求学科建设者将"建立多主体联动的学科知识共生体"视为自己的首要任务。学者是知识的第一生产力，是最具能动性、爆发力、创造性的学科建设者。把一群志趣相投、科类相近的学者在特定实践问题、学科方向之下组织起来，使其思想联通、智慧联网、观点共享，最终在核心研究点上集中爆发，促成高创造性、高价值研究成果的生成，正是学科建设助推知识生产的科学思路。所谓"共生"，就是共生单元在共生过程中给共生系统带来的净能量。所谓"共生体"，就是在多主体间的"共生界面"开展互动、互生与创生活动的主体联合体或社会组织。在学科建设中，学科知识共生体是指学者在知识生产兴趣驱动下共同开展知识生产、学术探究活动的协作体，其特点是，允许学者个人开展自主探究，重视学者间的深度"汇谈"与联合攻关，倡导跨越学术与市场间的边界开展知识生产活动，努力实现三大知识生产主体——学院、学者、实践者间的深度协作与内在融合，自觉适应以"知识集群、创新网络、分形创新生态系统"①为特征的现代知识生产形式。

2. 建立纵横交错的学科知识生产链

知识生产是左右逢源、持续延绵的过程，前者体现为知识群落间跨界互联、互促共生、共生共进的互动，后者体现为知识沿着自身逻辑推陈出新、自我更新、纵向深化的活动，二者共同构成了知识生长的两种基本方式——互生与内生，知识生产的"三环模式"——"综合—分化—再综合"正是其体现。在这一意义上，要保持知识的强盛生产力，学科建设者必须自觉做好两件事：构筑"学科生态体"和维系"学科生态链"，为知识的内外生长铺平道路。所谓"学科生态体"，就是学科群落在相互影响、交互作用、相依相生中形成的一个生态系统，所有学科在保持自己相对独立地位的基础上相互尊重、相互摄入、相互催生，促使学科间保持一种合作生长的共生态；所谓"学科生态链"，就是学科系统自我生长、持续更迭的链条，是学科在自我演化、自我更新中自然形成的一条知识生长线路，其枢纽链环是知识创生，能否保证更具生命力的知识生成，增进知识应对环境挑战的力量，是学科生态链存续的关节点。有学者指出，"只有当学科生态结构呈现出有序的'学科生态链'时，学科系统才会在自我演化的过程中更具环境适应能力，也更具学术生产力。"②学科是知识聚会的会所，是知识增殖的空间，而学科生态体与学科生态链的构筑与维系正是学科实质性参与知识生产过程的举措。

---

① 武学超：《模式 3 知识生产的理论阐释——内涵、情境、特质与大学向度》，《科学学研究》2014 年第 9 期。

② 武建鑫：《走向自组织：世界一流学科建设模式的反思与重构》，《湖北社会科学》2016 年第 11 期。

3. 建立内外互动的学科知识反哺回路

知识生产是难以去情景、超实践的，这是因为知识本身就根植于社会实践母体之中，并从中汲取生长所必需的养分与能量。知识生产的自组织方式也告诉我们，社会环境中涌现出来的实践难题、知识需求是启动学科知识生产活动的一道驱动程序，而学科知识对重大社会问题的回应与解决则是社会愿意支持学科知识生产活动的缘由。所以，要增强知识的生产力，学科建设者必须建好两条通道，一条是学科知识参与社会生产生活实践的进路，一条是社会回馈学科知识的回路。一方面，知识生产只有瞄准社会重大需求问题进发，开展课题攻关，学科知识才可能在社会进化中派上用场、彰显价值、找到用武之地；另一方面，学科建设者只有善于利用各种学科评估、学科社会效能监测、学科社会认可度测评等活动，社会才可能更有力地回馈学科建设事业，为其发展提供更好的市场环境与成果转化机会。两条道路建设双向推进，让学科知识生产与社会、国家、民族发展"同呼吸、共命运"，积极构建学科发展与社会发展的"命运共同体"。

4. 建立助推内生的学科知识服务体系

如前所言，知识生长具有较强的自在性、自生性、自主性，是一个自我组织、自我更新、自我进化的过程。相对而言，学科是一个人造物，学科建设是一项人为事业，学科自觉是学科自我反省的主观产物，助推知识生长的学科建设实践一定是一项知识优先、知识为本、顺应生长的工程。进而言之，决定学科生命延续的关键不是学科建设工程的完美程度，而是学科建设事业与知识生长要求间的吻合度，与知识生命体构架间的契合度。在这一意义上，建立助推知识内生的学科知识服务体系至关重要，它理应成为学科建设工作的真正关切与终极追求。学科知识服务体系至少包括四项基本服务：一是按照知识体系划分学者归属的服务，它能保证学者圈层与知识类型间的一致性；二是按照知识生长要求配置学科资源的服务，它能保证知识研发成本与资源需求间的一致性；三是按照知识跨界生长态势组建复合型学科科研团队的服务，它能保证知识综合化发展的顺利推进；四是按照知识生长要求构建学科平台的服务，它能保证知识生长所需要的必需硬件环境支持。应该说，上述学科服务是培育一流学科的基本入手点，是社会、国家、高校利用外部学科环境孕育优势学科的一般策略，理应成为学科建设工作的关注焦点。

三、服务知识生产力提升的一流学科培育路径

当前，一流学科建设是我国经济社会发展的枢纽链环，如何顺应知识生长规律开展一流学科建设工作，持续提升知识生产力，成为我国学者面临的一道难题。知识是学科的本体，知识生长是学科工作的内线，一流学科建设必须瞄准知识生产的重点环节强力出击，才有可能理出一条科学、先进、有力的学科建设思路来。在一流学科建设背景下，我国学科建设工作已经走上一条基于"重点论"的轨道，学科建设必须坚持一个模式——"互动模式"，抓住四条行动路径——建设平台、完善组织、重塑文化、改造评估，平稳有力地推进各项建设工作。

（一）坚守一流学科建设的"正偏态互动模式"

目前，在一流学科建设中存在两极化建设模式，即依循生命体模式与自主建设模式，前者将学科视为一个准生命体，将符合知识生长视为学科建设的唯一理据，极力推行一条基于知识自生论的学科生长路径，强调一切学科建设工作都必须符合知识生长要求，由此导致一种"消极学科建设"思维的形成；后者将学科建设视为管理者自主构建制度、体制与学科体的人为活动，轻视知识生长的规律与要求，将学科知识视为任意揉搓的对象，与之相伴生的是一种"积极学科建设"思维。这两种思维构成了我国学科建设思维的两极。其实，在学科建设中历来就存在四种模式之争，即组织模式、内生模式、吸附模式、

互动模式等。其中组织模式、吸附模式强调学科组织建设的重要性与优先性，而内生模式过于强调知识生长的本位性，只有互动模式要求重视学科本体与学科环境间的交互共生性，动态平衡学科内外部关系，因此是一种较为合理的学科建设思路。有学者指出，"学科合法性的两个维度：一是内在合法性，一是外在合法性"①，其中，前者是学术性标准，后者是实践性标准，两个标准同时兼顾与协同一致才是学科建设的理想模型。从这一角度看，任何过分强调知识生长或学科自觉中某一单极的学科建设理念都是有缺陷的。

当然，互动模式也并非毫无瑕疵，其缺陷在于将知识生长与学科组织建设放在同等重要的地位上来，从而不利于知识的强势增长。笔者认为，互动模式是一流学科建设的主体模式，但在该模式中知识生长与学科建设间绝非绝对平等关系，而是有主次、强弱之分的。显然，在两者的关系中，知识生长的重要性应当被置于优先级的地位，由此，二者间构成了一种正偏态式互动模式。正如学者所言，"一流学科是基于知识和权力自发演化而来的，具有自组织的生长特性"②。在自组织框架中理解知识生长与学科建设间的关系较为合理一些。

在正偏态互动模式的指导下，科学的学科建设之路是"学科培育"，而非人为色彩超强的"学科建设"。在此，笔者更希望使用"学科培育"这一术语，尽可能回避"学科建设"这一表述，因为前者更能表达本人倡导的基于学科内力自觉提升的学科建设思路。在一流学科培育中，知识是本体，学科是主体，组织是附体，社会是受体，明确"四体"的关系与位置是将学科培育思维贯彻始终的观念支点。

---

① 周光礼、武建鑫：《什么是世界一流学科》，《中国高教研究》2016年第1期。
② 武建鑫：《走向自组织：世界一流学科建设模式的反思与重构》，《湖北社会科学》2016年第11期。

（二）坚持四轮并驱的一流学科培育路径

学科体的四大核心构建要件是平台、组织、文化与评估，四者合为一体构成了学科事业的闭路循环，形成了自我更新、自我完善的学科进化机制，有利于知识发育及其生产力提升的学科建设服务体系的构筑。为此，一流学科培育中要重点推进"四个转变"：

1. 平台建设优先，实现从核心建设向外围建设的转变

平台是学科存在发展的物质空间，是促成学科知识生长的外部条件、硬件设施与微观环境，一流学科培育离不开一流学科平台的培育。有学者指出，"一流学科建设的'供给链'是由政府政策链、高校服务链、社会支持链以及供给端的关系链共同构成的"[①]，关联这些"供给链"的关节点就是学科平台。在一流学科的培育中，平台建设将被置于核心环节予以重点关注，甚至其重要程度要高于学术产能建设。在过去，学科建设工作过于强调学科知识生产环节，强调学术活动本身的干预与激励，这种做法反本为末、干预越界，犯下了战术性错误。其实，知识生产是学者自己的事情，具有其自身进化轨道与更新机制，只要有了优质、公正、完善的学科平台的支持，学者生产知识的内能自然会被调动，无须深入到知识生产的内部环节中去。学科建设的四大核心内容是平台建设、氛围营造、梯队搭建、制度建设，其首要内容当属平台建设。学科平台是学者与知识相汇合的重要场域，好平台对学科知识生产发挥着组织、集成、催生、助推等重要功能。对一流学科建设而言，其所需要的平台主要是学位点、实验室、研究中心、学术期刊和学会组织，其中，学位点、学会、研究中心是将本学科专业学者聚合起来的学术组织，而实验室与学术期刊则是学术成果的"生产车间"与成果发布平台。有了公共学科平台，知识就有了专门的

[①] 武毅英、童顺平：《供给侧改革视域下的一流学科建设》，《大学教育科学》2017年第4期。

生产场所，有了聚合知识产能的公共舞台，在学科平台上开展专门化、集中化的知识生产活动无疑是提高知识生产效率的科学路径。在一流学科培育中，知识生产所需要的是优质、专业、集成的学科平台，其主要特点是硬件设备先进、平台运转科学、学术组织内聚力与吸容力强、学位点优势明显、学术成果的发布追求品位，等等。努力建设优质学术平台，不断提升学术平台的综合水准与学术品质，是一流学科平台建设的奋斗目标与培育重点。

2. 优化学术组织，实现从单主体治理向多主体共治的转变

学术组织是学者群体的社会组织形式，是学术力量的汇合场所，其常见形式是大学学院或大学基层学术组织，如研究室、研究所、研究中心等，科学的组织结构有利于知识的充分共享与深度交流，有利于知识原生力、整合力的全面提升。当前，大学学术组织存在共同缺陷：其一是学术权力中心明显，许多学位点负责人"双肩挑"行政领导控制了学科的话语权，导致了一种单主体学术治理格局，不利于学科能级最底层学术能量的释放，抑制着知识多极化生长局面的形成；其二是学术力量分散，学者对优势学术研究方向的向心力较弱，学术组织对学术力量的整合能力与自治能力脆弱，制约着高端学术成果的凝聚与高性能知识的孕育。为此，推崇基于多元化主体的"参与式治理"，提振底层学术力量，降低学术治理重心，理应成为优化学术基层组织、增强知识生产力的改革出路。笔者认为，落实每位学者的学术主体地位，建立多主体共治的学术自治组织，弱化学院、学校行政力量对学术研究方向的过度干预，形成以学术问题为中心的动态学术权力配置机制，是实现参与式学术组织治理的行动路线。学者是学科建设的主体，学问是学科建设的中心，这理应是一流学科建设的基本宗旨。因此，多主体共治的学术自治机制的核心内容是：在"学问面前人人平等"原则指导下，构建动态的学术权力自然配置机制，搭建以学问为轴心的学者研究团队，让学科治理真正服务于知识、学问衍生

的自然要求。

3. 纯化学科文化，实现由显性控制向隐性约束的转变

一流学科的真正标志不是支离破碎的指标得分，而是卓异、坚实、富有生命力的学科文化，优质学科文化是一流学科的存在实体，是幕后撑起一流学科的软制度、潜规则与不成文的隐性制度。学科文化是学科体内占主流的学术传统、学术风气、学术精神和研究氛围，它是"学科建设的思想基础、精神动力、智力支撑、行为和道德规范"[①]，其内核是学术自由精神、学术自治精神、学术使命意识。学科文化有两种基本类型——纯粹型文化与功利型文化。前者强调学术研究的本体地位，倡导相对纯粹的超功利学术精神，将服务社会、贡献国家、市场应用视为学术研究的附带责任与衍生效应；后者强调学术研究的实践应用及其社会价值，将学科知识的市场力、社会贡献力与社会地位看得高于一切，学术研究则处于工具性地位。显然，只有保持适度的学术自由精神，知识的生产才不容易落入敷衍社会、就范市场、自我迷失的误区，知识生产的自由度与原生力才有保证。为此，倡导相对纯化的学科文化与学科价值观，让知识生产相对独立于社会体制，为高新知识生产提供具有一定纯度的社会环境支持，是我国大学学科文化建设的当下选择。在当前，我国一流学科培育的明显弊端之一就是"资源依赖"，"地方配置资源、高校争取资源"已成为一流学科建设的固定格式，导致功利化学科建设思维随处可见，不利于学科知识的自由生产。无疑，一定存量与质量的知识库存永远是学科知识生产力提升的基石，助推学科知识健康持续增长始终是学科的繁荣之根。因此，培育有坚守、有纯度、有梦想的学科文化，回归知识创造的主业、正途与初心，是我国一流学科文化培育的不二选择。

---

① 陆根书、胡文静：《一流学科建设应重视培育学科文化》，《江苏高教》2017年第3期。

4. 化解评估软暴力，实现从刚性评估向柔性评估的转变

评估是学科建设闭路循环形成的关键链环，用评估指标设定引领学科发展是一流学科培育的基本手段。目前，发布学科排行榜，授予"一流学科"称号，对我国大学学科建设的实质性影响力持续发酵，评估的巨大能量正在悄然释放，学科评估的权威性及其对学科发展的驱动力日益彰显。在正面评价学科评估的同时，我们必须清楚学科评估的"基因性缺陷"，这就是：它评选不出真正的"一流学科"，也评选不出我们期待的"一流学科"，在看似公平的刚性评估指标控制下，学科评估的初衷会被扭曲、变异。正如学者所言，"一流学科评估的真正价值可能就在于使评估出来的'一流'尽可能接近真实的一流"[①]，而非要用支离破碎的数量化指标来挟持学科、控制学科、肢解学科，诱使学科发展走上一条背离知识生产本意的歪门邪道。任何刚性的量化评估对学科发展都是一种软暴力，都可能弱化知识的生产力，迫使其走上一条"指标化建设线路"，致使学科评估沦为"削足适履"的一把剃刀。刚性评估对学科发展造成的直接恶果是，"评估结果仅仅是一种外延式的体量考核，而非学科真实状态的反映。"[②] 如若任由这种形势恣意蔓延，学科评估的初心将会被遗忘，学科建设"助推知识生产"的正道会被颠覆。其实，学科评估既有刚性的量化指标，又有柔性的业内共识指标，后一指标可能更具可信度与公信力。柔性指标的最大特点是模糊性、伸缩性与公众性，是最能令学界信服的一项一流指标。在学者心目中，北京大学的哲学、清华大学的工学、中国人民大学的经济学、北京师范大学的教育学等，都是响当当的一流学科，这些被历史、被业界公众认定的一流学科具有至高无上的权威性。在学科评

---

① 王建华：《一流学科评估的理论探讨》，《大学教育科学》2012年第3期。
② 武建鑫：《走向自组织：世界一流学科建设模式的反思与重构》，《湖北社会科学》2016年第11期。

估优化中,首先是要做好高纯度的同行评价,而非持续强化算计性的刚性量化评价。进而言之,要克服刚性评估的暴力性,学科评估中必须加大"学界公认"这一指标的权重,甚至将量化评估视为这一指标的补充、佐证与校正器,这才是一种更具科学性的评估思路。也只有这样,学科评估才可能真正回归理性,避免指标体系对学科综合实力的"肢解现象"发生。

第四节 中国特色一流学科发展模式

学科是大学组织的单元与心脏,一流大学建设的内核是一流学科建设,探索出一条最适合国情的一流学科建设之路是中国高校学科治理成功的标志。其实,学科建设事业是条条大路通"一流"的,只要是合乎学科成长成熟四条规律——"扎根环境、自主成长、互动共生、协调发展"的道路都是合理之路、可行之路。我国学科建设者肩负的时代担当是:从多样化学科建设路线中遴选出一条合身之路、最优之路,借此构筑中国学科事业发展的高速公路。这就是学科建设中国化的实质与使命。在当前,我国对西方名校一流学科建设还存在一定程度的"路径依赖",仰望西方名流、膜拜"世界标准"、学科自信不足成为阻碍我国高校一流学科建设进程的绊脚石。在这一形势下,探索一流学科建设的中国经验、中国思维、中国道路、中国标准就成为导正一流学科建设航向,坚持"中国本位"学科建设原则,培育一流学科建设中国特色的迫切要求。本节将对中国一流学科建设问题予以剖析,以期为我国高校学科建设实践提供路径参考。

一、彰显中国特色:我国一流学科建设的"三化"旨归

一流学科是"养"出来的还是"造"出来?是自然"成长"起来的还是自觉"建设"起来的?是被市场、政客"逼"出来的还是被学术、

学者"育"出来的？对这些问题的回答差异是导致不同国家、高校学科发展中发生"路径分叉"的节点所在。在实践中，不同国家、高校、学科面临的具体境遇不同，致使其选择的学科培育路径与建设模式会有差异，这是自然现象，确实不足为奇。应该说，中国语境是我国高校学科建设模式选择中的首要参考变量，善于照应中国传统、中国社会、中国需要的一流学科建设路径才可能获致强劲的生命力与发展力，为此，坚持走中国特色学科建设之路是当代我国高校一流学科建设的正道，也是助推我国一流学科步入世界前列的超车道。所谓"中国特色一流学科建设"，是指我国高校在学科自主、自信、自强理念的指引下，紧密结合中国学科成长的传统、环境、要求开展学科建设活动，奋力实现用中国特色"一流"观念来引领世界一流学科建设的学科建设目标、理念与道路。"中国特色"一流学科建设的核心内涵是立足中国具体国情、谋求学科自主自强、心系国家命运的学科立场、学科道路、学科追求的三维一体，与之相应，中国特色一流学科建设道路是：从自主自信的学科立场出发，积极探索适应本土的学科道路，筑就引领域外、走向世界的学科品质，直指我国建设"三化"目标——自主化、本土化与世界化的实现。

（一）彰显中国特色是自主建设一流学科的要求

从学科立场上分析，"中国特色"意味着一流学科建设必须坚守学科自主的立场。"一流学科"概念诞生的原语境是各类学科间同质化比较，将比较结果加以量化之后得出关于某一学科品质的判断就是"一流"的概念之源。无疑，这一"同质化"的参照系正是西方世界名校，如哈佛大学、剑桥大学、牛津大学等的学科建设标准。当代世界一流学科评价是西方一流学科话语体系、指标体系、价值系统、质量文化的折射或翻版，从这一角度看，我国学科在世界三大高校评价系统——英国高等教育调查公司评价（QS）、泰晤士高等教育评价（THE）和美国新闻与世界报道评价（U.S.News）中不占优势并被边缘化具有其必然性。在西方主导的格局中，中国学科"只能是处于由他人去解释的边缘位置"[①]，这就是我国学科被边缘化、被世界挤压的真实写照。其实，各国"一流学科"间既有量的差异，更有质的差异，把一堆脱离学科生长环境的抽象指标拿出来作同质化比较的做法是危险的，它极有可能导致具体学科的发展悬空于社会文化环境之上，异化为与本土社会发展失去营养脐带关联的"怪胎"。在这种情况下，中国学者对我国学科产生"边缘危机意识"实属必然，而消解这一意识的学科拯救行动就是捍卫中国本土学科的尊严，重树"中国学科主体意识"，坚持学科自主、自信、自强的建设理念，真正将凸显中国精神、中国气质、中国特色视为提振我国学者学科信念的有力举措。所谓学科主体意识，就是学科建设中体现出来的"反省—批判意识、责任意识、竞争发展意识等"[②]，强化学科主体意识、学科自立精神、学科自主立场是中国特色学科建设的首要内涵。中国高校的学科是在中华大地上土生土长出来的，天然携带着中国传统文化、中国发展环境的基因与痕迹，并存活在反哺中国优秀传统与经济文化的链条上，它绝不可能和西方高校学科"长成一个模样"。正是如此，评判中国高校一流学科的首要标准是其对中国经济社会发展的适应性与贡献率，而在这一点上，中国高校学科发展在世界上是引以为傲的：当代中国文化博大精深，中国社会凝聚力飙升，中国高新科技发展一日千里等等，这无疑得益于中国高校学科建设的成就与贡献。换个角度看，当前西方一流学科建设与评价中尤为重视诺奖获得者、国际声誉、核心刊物论文发表引用等所谓的"硬"指标，其实也是不可取的，因为这些指标不可避免地带有一定的价值倾向性，它无法体现每个学科

[①] 陈文江、寇星亮：《"学科本土论"与西部社会学的本土化实践》，《甘肃社会科学》2016年第5期。

[②] 郑杭生：《中国社会的巨大变化与中国社会学的坚实进展——以社会运行论、社会转型论、学科本土论和社会互构论为例》，《江苏社会科学》2004年第5期。

对本地域发展做出的特殊贡献。甚至可以说，此类评价是对异域文化中生长出来的高校学科的无形封杀或抑制，是对我国学科自主发展道路的一种挟制，如若过分笃信其效力，必定会误导我国学科发展走上一条吉登斯（Anthony Giddens）所言的"脱域"之路。中国高校在一流学科建设中的首要任务应该是重树学科自信精神，坚守学科主体意识，自觉应对西方学科评价的侵蚀与遏制，努力建设出具有中国豪气、中国气质、中国底气的一流学科。为此，中国特色一流学科建设一定要坚守学科自信与学科主体意识，致力探索出一条立足中国学科环境、守护中国学科尊严、坚持中国学科标准的独特建设道路。

（二）彰显中国特色是一流学科建设扎根本土的要求

从学科建设路径上看，"中国特色"意味着要走"中国式"的学科建设之路。一流学科是"高水平学科"的代名词，但"高水平"一词在不同国家、不同文化中的表达方式与公认标准是不一样的，中国高水平学科一定有中国式的表达、中国式的内容、中国式的标准。中国一流学科是根植于中国本土文化中生长起来的高水平学科，是在应对中国经济社会发展问题中成长起来的高品质学科，其内蕴的中国精神、中国文化、中国智慧是无法从国外学科建设成果与经验中"进口"的。中国一流学科是栖息在中国本土经济、文化、社会生态之中的，它只有继续从中摄取营养、汲取智慧才能让"一流学科之花"开得更艳，并为世界一流学科建设贡献特殊智慧与独特方案。否则，在建设路径上完全符合国际标准，追随哈佛大学、牛津大学学科轨迹，照搬照抄英美建设方案，中国学科与世界的差距只会越拉越大，最终陷入"自我迷失""离经叛道"的泥潭。应该说，每一个具体学科都具有"国家+"的学科内涵，国家的精神、气质与希求融渗在整个学科机体与发展细节之中，并从深层决定着该学科发展的轨迹与命运。与之相适应，中国一流学科一定是"中国式"的"一流"。"中国式"是"中国本土化""中国境遇化""中国特色化"的代名词，中国式一流学科一定是嫁接在中国文化系统之中并与中国大学发展史无缝对接的学科，一定是与中国本土化学科发展要求唇齿相依的学科，一定是与中国国家命运同频共振的学科，一定是能够赢得中国人认可与信赖的学科。有学者指出，在"双一流"建设中，"中国特色"的四点基本含义是坚持党的领导与社会主义方向，坚持立德树人的根本任务，坚持扎根中国大地，坚持面向国家重大目标和重大战略等[①]。这四个特色含义规定了中国一流学科的建设路径与行进主道。换个角度来看，尽管学科是学问、学术、学者的构成体，具有国际通约、人类共享、世界公认的共同属性，但个体性、学校性、国家性同样是学科事物的根本属性。就其二者关系来看，共性是个性的抽象，个性是共性的表现，体现在一流学科建设上便是，每一个一流学科都是共性与个性的统一，每一门学科的"一流"都有其特质与表现，它们构成了一流学科量化等级式评价的禁区与极限。在当前一流学科建设中，我国如若笃信国际上流行的知名学科评价系统及其排行榜，势必导致学科建设忽略国情特色，隔断本土营养输送，逐步走上同质化、西方化、去本国化的歧路，最终沦为西方学科"潜规则"[②]的牺牲品。与此同时，我国学科建设也会忘掉初心与根本，迷失自我发展的方向，造成学科研究资源隐性流失，成为国人拒斥的对象。所以，从学科建设路径上看，一流中国特色学科建设的内涵是：用中国本土智慧解决中国学科难题，用中国本土方式展示中国顶尖学科发展水平，用中国本土经验开拓中国学科发展的新疆界。

（三）彰显中国特色是引领世界一流学科建设的要求

从学科建设目标上看，中国特色意味着用独特模式引领世界一流学科的主流与走向，让中国一流学科走向世界学科舞台的中央，逐步

---

① 许宁生：《把握好"中国特色、世界一流"的核心要求》，《中国高等教育》2015年第22期。

② 德里克·博克：《走出象牙塔——现代大学的社会责任》，徐小洲、陈军译，浙江教育出版社，2001，第110页。

主宰世界一流学科的话语体系与规则体系。与世界学科群落互联互通是中国本土学科发展的生命力之源,是中国一流学科在世界学科阵营中占有一席之地的基本条件,中国特色一流学科建设的价值与意义在于,用中国化的学科建设思路、方式与理念达到了世界上一般学科建设所难以达到的高度与境界,成为世界各国学者瞩目、效仿的对象。从某种意义上看,中国一流学科建设经验是否可靠、有效、先进,需要世界学科建设实践的佐证,其效力最终取决于它对世界一流学科建设的影响力、贡献力与领航力。真正的"特色"一定是有世界性影响的,而非孤芳自赏的玩物。与此同理,本土化的一流学科建设之路一定是"'建构本土特色'与'超越本土特色'的道路,即从本土化到国际化、最终到全球化的过程"①,是"本土化"与"国际化"、"中国化"与"世界化"、"特色化"与"通用化"之间的互变互化、持续升级之路。如若把学科建设视野一味局限在中国学科域内,而不考虑其对世界其他国家的辐射力,中国特色一流学科建设必定死路一条,毫无国际生存空间;如若用国际学科建设思路来置换本土学科建设思路,只会落得被他国学科建设所殖民、所抹杀的败局。只有把中国学科建设水平提升到可以置换欧美所谓"国际标准"的境地,才算中国特色在世界范围内取得了真正的成功。其实,西方少数国家,如英美一流学科建设的国别经验之所以会成为世界经验、世界范本、世界权威,其原因在于它已经初步完成了由本土化向国际化的升级之路。在一流学科建设探索中,我国高校也应该主动借鉴这一升级路径,坚持走"立足现实、开发传统和借鉴外国"的"创造特色"②之路,全力将中国本土一流学科建设模式升级为世界性的学科建设范本。只有怀揣这样的

---

① 陈文江、寇星亮:《"学科本土论"与西部社会学的本土化实践》,《甘肃社会科学》2016年第5期。

② 郑杭生:《中国社会的巨大变化与中国社会学的坚实进展——以社会运行论、社会转型论、学科本土论和社会互构论为例》,《江苏社会科学》2004年第5期。

勇气与韬略，中国一流学科建设实践才可能悄然转变世界一流学科的话语系统与权力布局，为中国一流学科建设赢得更多的国际话语权、"一流"定义权、学科建设领导权与世界生存空间，让中国学科建设事业彻底实现从"被解释者"向"解释者"、"被执法者"向"立法者"的地位翻转，真正发生"从跟踪追赶向跨越引领的转变"。所以，我国一流学科建设要追求的一个至高目标是"构建中国特色的概念、范式、理论框架和话语体系"①。任何有效解决了一个具体中国学科发展问题的学科建设经验表面上看是地地道道本土化的，但就其内蕴的学科思维方式、学科发展理念、学科实践智慧而言，则具有较强的共通性、世界性，每一份成功的中国学科方案、每一个成功的中国学科建设案例背后都涌动着世界性学科发展贡献。一旦这些独创性的方案经验持续涌现、积累壮大、引发质变，中国特色一流学科建设实践极有可能撼动世界一流学科建设的大厦，引发世界一流学科建设中心东方化、中国化的剧变。

二、中国特色一流学科建设的道路

所谓特色，就是"人无我有"的特质属性，是事物存在的独特性以及其与相似事物相比而言的差异性，特色源自事物的存在使命与生存处境。我国一流学科建设中呈现出的一系列具有鲜明国情特点、文化特色的建设立场、思维与内容就是中国特色，发掘、坚守、弘扬这些"特色"是我国一流学科永葆本色、走出低谷、走向巅峰的国家方略。从宏观角度看，任何学科建设实践都离不开三个基本要素——国家、高校与市场，三者间动态关联的方式就成为学科建设道路的另一种表达，评判该道路的效能标准是学科实力，即是否有利于学科实力

---

① 许宁生：《把握好"中国特色、世界一流"的核心要求》，《中国高等教育》2015年第22期。

持续、快速、正向地提升。就其内容而言，中国特色一流学科建设道路的核心内容是：以学科实力提升为核心，以国家统领、育人优先、产学融合、整体推进为关键特征与基本要素，共促中国高校学科综合实力，即生产力、市场力与竞争力的持续提升（图3-6）。

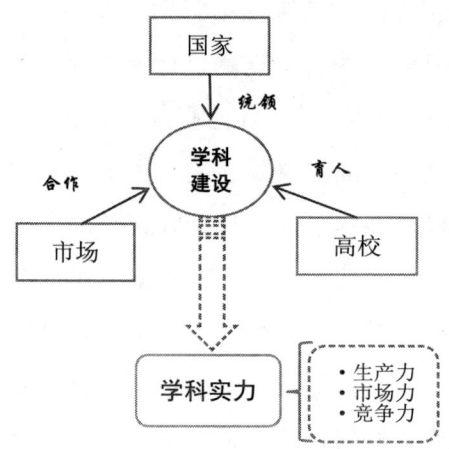

图3-6　中国特色一流学科建设道路的理论框架

中国特色一流学科建设道路的独特性在于：坚持国家统领，高扬学科自觉，服务国家的主旋律；坚持育人优先，全面释放学科的育人功能；坚持产学融合，推进学科实力向核心科技转化；坚持全面建设，确保学科在内部组织与外部关联中协调推进。

（一）国家统领，走内生自主建设之路

在西方国家，尤其是美国，学科建设被认为是高校自己的事情，具有"灵活性的柔性"，教育部教育统计中心只负责编制学科专业分类目录（The Classification of Instructional Programs，CIP），其意图仅仅是"宏观调控、政策导向与信息服务"[①]，学科建设几乎处在自在调控、自由生长状态。而在我国，政府高度重视，直接颁布《统筹推进

---

① 雷环、钟周、乔伟峰：《"双一流"建设背景下中美研究型大学"学科"发展模式比较研究》，《清华大学教育研究》2018年第6期。

世界一流大学和一流学科建设总体方案》(以下简称《方案》),制定国家学科战略,主动出击学科高峰,开展国家学科评估,强力注资强势学科,引导"四新"学科(新工科、新农科、新医科、新文科)建设,这是国家在学科发展上高度自觉的体现,堪称中国特色一流学科建设的催化剂。作为一个后发型现代化国家,上述做法无疑是及时而又合理的,是助推学科制度强制性变迁、加速高品质一流学科形成、促使学科建设事业在国际上后来居上的必要之举。国家统领的优势不仅在此,还在于它强化了一流学科建设的内生之路、特色之路与中国之路,有利于契合我国国情、传统、文化、需要的一流学科形成。有学者研究指出,学科治理是"培育作为学术原生力与整合力的学科群实现自我生长与交往共生的一种精神信仰"[1],我国一流学科建设秉承的正是这一学科内生精神。《方案》明确指出,要"加强系统谋划,加大改革力度,完善推进机制,坚持久久为功""坚持以中国特色、世界一流为核心"。再从具体模式来看,当代世界一流学科建设有三大基本模式:金字塔模式,即行政驱动式,其做法是把全部学科分为三六九等,如学科高峰、学科高原、普通学科等[2],按照塔尖学科标准来引领整个国家学科群落的发展;自组织模式,认为学科是"典型的自组织系统"[3],完全依靠学科与学科、环境间的自然互动机制来发展,体现为市场驱动式与学者驱动式,前者主要指学科与外部环境间形成的自组织系统,后者特指学科内部环境中形成的自组织系统;花园模式[4],即系统整合行政系统的学科设计力量、市场系统的学科选择力量与学

---

[1] 陈亮:《学科治理能力现代化:"双一流"建设的逻辑旨归》,《高校教育管理》2019年第6期。

[2] 张德祥:《高校一流学科建设的关系审视》,《教书育人(高教论坛)》2017年第2期。

[3] 武建鑫:《走向自组织:世界一流学科建设模式的反思与重构》,《湖北社会科学》2016年第11期。

[4] 张胤、温媛媛:《行政推动、学术内生与市场引领——一流大学学科建设理论模型及其现实模式研究》,《高教探索》2016年第7期。

者主体的自主发展力量，使之在相互制衡与互动关联中推进学科发展。显然，西方大都采用的是第二种模式，而目前我国一流学科建设则倾向于第一种模式，这是由当前我国高校正处于学科发展期、突破期的特殊形势决定的，其内在妥当性毋庸置疑。在新时代，如何综合利用好国家的学科助推力、高校的学科协调力与学者的学科自治力，促使中国特色一流学科建设理论日益清晰、成熟、坚挺，是考验学科生产者与守护者——中国学者的一道难题。

（二）育人优先，走人才强学的长效之路

从西方主流学科评价标准可以看出，西方一流学科建设中器重的是杰出人才、成功学者、高端成果、核心科技等硬指标的产出，器重的是学科建设的标志性业绩，这一点无可厚非，但其内在缺陷是上述硬指标的设计也出自西方学者之手，无法适应中国文化这一异质生态系统，这就决定了我国一流学科建设必须另选思路、另辟蹊径。从《方案》可以看出，我国一流学科建设的优先考虑是育人，即"坚持立德树人，突出人才培养的核心地位"。中国特色一流学科建设的行动路径是，培养出具有真才实学的高素质社会主义建设人才，使其肩负起创新科技、振兴产业、复兴民族的伟业。所以，筑就中国魂、培育爱国人才，是我国一流学科建设的首要考虑，而在西方一流学科建设中则较少考虑学科人才的价值观与综合素养培养问题。人才，尤其是青年学者、青年大学生是民族的希望，是学科建设的潜力股，强调育人优先意味着我国学科建设追求的是长效性，走上的是一条长远之路。在一流学科建设中，"中国特色"在学科育人实践中有三点体现：其一，优秀教师培养先于拔尖人才，《方案》中将"建设一流师资队伍"视为一流学科建设的首要任务，位居"培养拔尖创新人才"之前，其潜在意图一目了然。优秀教师是培养创新人才的"种子"，是学科育人的中坚，无疑应该置于首位。其二，品德培养重于才学培养，我国一流学科要培养的创新人才必须是"具有历史使命感和社会责任心，富有创新精神和实践能力的各类创新型、应用型、复合型优秀人才",故学科建设中要"用价值观引领知识教育",更加重视"中国人"的身份认同教育。其三,文化自信教育先于创新创业文化培育,我国一流学科育人的关键内容是优秀传统文化教育、社会主义核心价值观教育,目的是让每一个学科建设的参与者都具有一颗"中国心"。人心是一流学科建设的导航仪、聚能环与激发器,人心培育优先是中国模式的显著特征与优势所在。中国模式的学科建设之路始终强调育人先于育才,育德先于育知,育心先于育能,其优势在于能够凝聚中国人的学科建设热情,激发中国人的学科建设原创力,落实"中国人"为本的学科建设原则,彰显育人在学科建设中的战略地位与长远意义。

(三)产学融合,走创新创业的学科知识激活之路

我国一流学科成果的两大应用方向是:一个是育人,即学科建设与"双创"教育相结合,培育拔尖人才与高水平学习者;一个是产业,即学科建设参与国家经济社会建设,以"四新"学科建设为抓手,发挥学科作为产业发展的引擎功能,利用学科成果孵化核心科技与高端技术企业,这就是产学融合。当代世界经济竞争的焦点是高科技企业产业间的竞争,其实质是技术创新、行业创造的比拼,为此,学科建设只有转变成为国家创新创造的比较竞争力方能彰显其重要价值,中国一流学科建设也只有在聚焦新工科、新农科、新医科、新文科建设中,在催生"中国创造""中国话语""健康中国""中国新农村"中,才能找到自己不可替代的位置。具体而言,在新工科建设中,强调传统工业的智能化升级,构筑领跑全球工程教育的中国模式;在新农科建设中,强调面向"新农业、新乡村、新农民、新生态"建设,助力中国乡村振兴与文明重建,提升农村生态成长力;在新医科建设中,积极构建"生命健康全周期医学",让医学行业成为高科技集成性行业;在新文科建设中,推进哲学社会科学与新一轮科技革命、产业变革交叉融合,支撑社会主义先进文化建设,培育中国特色、中国风格、

中国气派的哲学社会科学学派。综而观之，一流学科建设中国特色集中体现在两个方面：一是将一流学科建设与科技创业、产业链建设、新文化建设相结合，打通学科成果向产业、文化转化的壁垒，构筑学科建设成果转化的高速公路；二是将一流学科建设与国家创新驱动战略、产业技术升级相结合，用学科创新带动企业创造、学者创业，与"双创"并驾齐驱，构筑产学深度融合、共生共赢的良性循环。在美国，斯坦福大学与硅谷间的合作开启了产学研合作的崭新模式；在泰晤士高等教育评价（THE）中，"产业收入"被作为专项评价指标，以评判学科建设与产业发展间的融合度。显然，这些产学互动模式具有明显的市场驱动性与自然合作性。相对而言，我国一流学科建设强调产学合作的自觉性、主动性，强调学科建设要"主动服务国家战略和区域社会经济发展需求"，主动融入国家经济文化建设的主战场中去，大力提高学科创新对中国社会转型、关键技术突破的贡献率，其国家民族色彩、社会责任意识、学科强国精神体现得尤其明显。应该说，从民族振兴、国家富强、人民幸福的角度来审视学科建设与产业升级、文化更新间的关系，来定位一流学科建设的功能使命，是中国特色学科建设思路的独特蕴含。正如学者所言，建设中国特色、世界一流学科的落脚点就是"服务国家重大战略和区域社会经济发展的核心需求，为全面建成小康社会、实现中国梦做出贡献"[1]。

（四）整体推进，走综合、协调、可持续的学科系统建设之路

尽管当前中国高校学科实力相对薄弱，但面向未来释放学科建设潜能的条件——全面协调发展的布局已经具备，这是中国特色一流学科建设道路的又一优势所在。学科是一个多维构成体、多功能综合体，而不单单是学科知识的聚合体、加工厂与学者集结点，"学科基本功能

---

[1] 杨清华、孙耀斌、许仪：《建立中国特色的世界一流大学评价体系》，《中国高等教育》2017年第19期。

的履行依靠自身内部不同要素的协同和整合"①，确保学科多维度、多功能协调发展是学科建设整体实力提升的必由之路。从《方案》可以看出，我国一流学科建设非常强调四个学科要素，即学科结构、学科水平、学科治理、学科环境的全面统筹与协调发展。在学科结构上，强调国家宏观引导、学校自主优化、突出学科重点、凝练学科方向，有助于国家学科布局、学校学科规划的科学推进；在学科水平上，强调瞄准世界一流、打造高峰学科、培育特色优势，有助于国家学科实力持续攀升；在学科治理上，强调学术基层组织建设与学术委员会制度建设，有利于学者为本、民主开放、多元治理、依章运行的学术治理机制形成；在学科环境建设上，强调学风建设、氛围营造、有序竞争，要求"保护创新、宽容失败"，有利于良好学术环境、学科生态的形成。因此，将一流学科发展视为一个"内部运动、内外互动、外部推动"的自主生命体，视为一个多要素网络化联动的学科有机体，是中国特色一流学科建设道路的鲜亮特征。学科是"知识发现和科技创新的重要力量、先进思想和优秀文化的重要源泉、培养各类高素质优秀人才的重要基地"（《方案》）。所以，中国特色一流学科建设必须按照"国家—高校—社会—行业"联动协作、全方位支持的思路来推进，进而在一流学科建设这一"立交桥"上有效整合国家复兴战略、高校发展规划、社会进化要求与行业振兴计划，实现学科建设功能的最优化整合。

三、中国特色一流学科建设的行动方略

随着《方案》的颁布与实施，一流学科建设的中国特色日渐清晰，我国学科建设事业步入了中国化的快车道。值得警惕的是，当前我国学科建设事业还身陷西方化主导的一流学科建设话语系统重围之

---

① 杨兴林：《"世界一流学科"建设须预防四大误区》，《现代教育管理》2016年第8期。

中，要披荆斩棘、冲破围剿，达成独占鳌头的目标谈何容易。在新时代，培育中国特色的一流学科建设将是未来一段时期我国高校学科建设的时代主题与历史使命。可以预见，扎扎实实地转变学科建设立场，融通中西方学科建设经验，推进世界一流学科核心评价指标的中国化，将是现阶段巩固中国特色、力创"中国一流"的现实行动方略。

（一）守中望西的学科建设立场

在《方案》出台之前，我国高校身陷种种世界一流学科国际标准的阴霾之中，悄然沦为西方主导的世界一流学科话语体系、评价体系的边缘，学科建设的中国立场、主体意识、本土关怀精神被弱化，一流学科建设陷入不自信、不自主、不自强的怪圈，甚至出现了试图通过国际大师引进、国际论文发表、国际学科宣传等简单手段来解决中国学科发展问题的冲动，着实令人担忧。在国家统领、中国学者主导的一流学科建设中，我国高校必须坚守"中国特色"信念，深层矫治仰望西方、追随哈佛、膜拜牛津的异化学科立场，真正走向去西化、自主化的学科建设新立场——"守中望西"的立场。我国要建设的"一流学科"首先是中国式、中国本土的一流学科，是在中国经济社会发展中地位显赫、贡献非凡、特色鲜明的一流学科，其次才是走向世界、誉满全球的一流学科，没有国内学科声誉、学科绩效、学科贡献做内核，所谓的"一流学科"都只是徒具虚名或世界空名。只有扎根中华大地，面向民族复兴与"两个一百年"奋斗目标的中国一流学科才有资格跻身"世界一流"的行列。否则，这些学科都只不过是欧美一流学科的中国翻版而已，在中国特色社会主义建设中看似华丽却不中用。在这一学科立场的指引下，我国应该逐步树立用自己的特色评价标准、学科价值观、学科话语系统来审视、评判、言说西方一流学科的自信与立场，即所谓的"望西"。《方案》指出，高校要"积极参与国际教育规则制定、国际教育教学评估和认证，切实提高我国高等教育的国际竞争力和话语权，树立中国大学的良好品牌和形象"。为此，在中国特色评价标准与西方通用评价标准关系处置上,我国一流学科建设评价应该坚持三条原则:固本原则,即巩固中国学界公认评价指标的根本地位,如学科的育人价值、国家贡献等指标应予以强化;中国化原则,即在引进国际评价指标时应该予以本土化调适,将那些西方独有的评价指标予以弱化或删除,将那些适合引进的评价标准予以中国化改造,如对"学术论文发表"标准的改进可以考虑突出"学科代表性学术论文"的评价;中国基点原则,即在学科国际化评价中强调站在中国学科发展基点上来设定指标,重点评价中国学科对国际优质学科辅助资源,如拔尖人才、学术平台、青年学者等的吸引力。上述三原则的确立就为"守中望西""服务中国"的学科建设思维提供了可操作性的原则。其实,眺望、欣赏、借鉴西方一流学科建设的成功经验而不被西方学科建设的价值标准、行动轨迹、思维方式所迷惑、所禁锢,正是保持我国高校学科建设的中国化定力、中国心内核、中国本体思维的直接体现。基于这一立场,我国高校在一流学科建设中必须强化中国特色,突出中国文化历史优势,厚植中国学科建设历史,深掘中国学科建设经验,创新中国学科分类方式,凝练中国特色学科方向,逐步确立"以中统西""以中释西"的学科自主意志、自信傲骨与自强精神。

(二)中体西用的学科建设方案设计

在一流学科建设中,中国特色的培育要求我国高校积极研发学科建设的中国方案,突出学科建设的中国经验,在此原则下学习西方学科建设方案之长,汲取西方学科建设的优质经验,致力形成"中体西用、中西合璧"的本土化学科建设方案。我国出台的《方案》是学科建设中国方案的一个范本。在落实该《方案》中,各地区、各高校要善于汲取该方案的精髓,真正将中体西用精神落实在一流学科建设的细节中去。对《方案》做深入剖析可以发现,一份成功的学科建设中国方案一定由三部分构成:一是中国本土的学科建设内容与境遇诉求,包括价值观念、建设背景、建设意图等；二是世界学科建设的共同经验，如学术研究、成果转化、学科治理、资源配置、制度安排等；三是中西融通的节点设计，如参与国际学术交流，参加国际学术合作组织，在国际舞台上表达本土的学科立场，影响世界一流学科建设的方向等。为此，基于"中体西用"精神的一流学科建设中国方案应该从上述三个角度综合考虑，全力研发出符合本地区、本学校的具体建设方案，以积极响应国家学科建设要求，形成与本地区、本机构实情高度契合的一流学科建设方案。为了确保该方案顺利诞生，我国一流学科建设者应该从三方面着手：一是开展学科环境的"SWOT分析"，探明自身的学科基础、学科价值、外围形势、可能突破点，努力研制脚踩本国大地的建设方案；二是世界范围内探察顶端学科发展状况，析取出学科核心指标提升方面的成功经验，将之融入自身建设方案之中；三是瞄准中西学科建设经验的交汇点，如学科国际交流平台利用、学科组织框架内的中西人才交流、学术研究思想方面的中西观点交流、实验研究中的中西研究设备交流等，为中西方优质学科建设经验的交汇与共生提供平台、创造条件。

（三）公共核心指标的特化

如果说一流学科评价指标有两类，一类是公共核心指标，如高水平学科团队、高层次科研成果、高科技产品等，另一类是区域性特色指标，如特色学科研究方向、特殊区域发展贡献、独特地区科研难题攻关等，那么对第一类指标的特化或具体化，使之获得中国式的表达就成为中国特色一流学科建设的重要内容。在过去，许多学者误以为学科评价的公共核心指标完全是客观、中性、同质的，是跨国界、跨文化、跨时代的指标类型，照搬照抄即可，这一想法是极端错误的，完全脱离本土土壤的超级学科评价指标是不存在的。所以，在我国一流学科建设境遇中，西方一流学科公共核心指标在学科评估适用中也应该考虑中国化的调适，将之转变成为"中国特色"的内在构成后方可使用，这就是学科公共核心指标的特化环节。其道理很简单，在不同国家与语境中，人们对"高水平"的理解是不一样的，西方所言的"高水平学者""顶尖级成果"在中国语境中不一定具有与西方相当的地位与一致的指涉。在拿来主义取向的误导下，我国学者经常会犯下搬用西方学科评估"空壳概念"的错误，而没有对其背后的文化意蕴予以深究。诚如学者所言，"后发国家在学习先发国家经验时，往往容易照搬外显指标，对蕴藏其中的价值伦理、文化追求等往往不闻不问，以至于仅仅搬来现代化的'躯壳'，却没有学到现代化的真谛"[①]。所谓公共核心指标特化，就是把西方一流学科话语中的公共核心评价指标，如拔尖创新人才培养指标、产学合作项目指标、重要论文引用指标、学科产出绩效指标等重置于中国学科环境中予以再定义、再赋值、再充实，使之获得大致对等且本土味浓郁的境遇化内涵与所指。例如，在西方一流学科评价中，学科领衔者可以是不承担任何教学工作的专业研究者，而在我国立德树人、育人优先的中国特色学科建设框架中则可以转换为：一流学科的领衔者须具有立德树人精神且承担着年轻学者或大学生的指导培养任务。再如，在全面协调推进一流学科建设的格局中，我国对一流学科的评估绝不能像西方那样过分重视学术声誉、毕业生声誉、论文引用率等硬性学科水平指标，而要将学科水平评价与学科结构、学科治理、学科环境等因素综合起来判断，尤其是将学科团队建设、学科生态培育、学科长效发展机制建设等置于重要地位上，以全面评判每个学科的实力、潜力、内生力与影响力等。因此，放在中国特色一流学科建设的大系统中去重新定义、灵活运用西方学科评价指标的指涉与内涵，让抽象评价指标在中国境脉中意义重生、内涵再构，是从根本上防治一流学科建设西方化的一剂良药。

---

① 杨兴林：《"世界一流学科"建设须预防四大误区》，《现代教育管理》2016年第8期。

第五节　面向"双一流"的学院治理

当下,"双一流"院校的建设如火如荼地进行着,标志着新时代中国高等教育正迈入又一发展高峰期。毋庸置疑,"双一流"建设的着眼点是学科,而其着手点却应是学院,毕竟学院才是当代中国大学核心竞争力、学科骨干力量的聚力点与生发源。在学院制日益流行的当代,作为"小大学"式学院,其实体化、专业化发展的态势日益迅猛,"院办校"随之成为一种时尚。在这种形势下,激活学院的学术生产力、组织聚合力与自主内生力日渐成为我国"双一流"建设的关节点与发力点。在学院建设中,变"管理"为"治理",变"控制"为"自治",真正攻克当代中国大学发展面临的三大难题——底端活力不足、学术权力虚化、院校关系扭曲,是新时代中国高等教育腾飞的精准切入点。从世界范围看,高等教育界达成的一个共识是,学院不应是一个官僚组织,而是具有自我适应力、发展力、控制力的自组织,治理是助推学院实力提升的应然选项。著名学者詹姆斯·罗西瑙(J.N. Rosenau)指出:"治理是一种机制的作用"①,学院内部治理的关键是利用制度安排为学院发展嵌入一种自我成长、自我进化的有效机制。为此,探明学院内部治理机制,为学院搭建科学的组织架构,持续提升学院治理能力,是当代中国高等教育改革的核心链环。

一、一流学院治理:撬动"双一流"建设的力臂

"双一流"建设不仅需要先进的顶层设计,更需要坚实的底层建筑,这一"建筑"就是学院。在巨型大学时代,大学治理重心下移,一流学院治理成为"双一流"建设的发力点与压舱石,成为撬动"一

---

① 詹姆斯·罗西瑙:《没有政府的治理》,张胜军、刘小林等译,江西人民出版社,2001,第5页。

流大学"大船的得力力臂与杠杆。有学者指出,"二级学院既是学科与事业的矩阵组织结构的交汇点,也是学术权力和行政权力二元权力结构的交汇点"[①]。可以说,没有一流学院的治理水平,"双一流"建设就是痴人说梦,就失去了最关键的梁柱支撑。正视学院在一流大学、一流学科建设中的地位,借助治理理念持续优化二级学院治理的架构,夯实学院的核心发展力,是"双一流"建设的一条正途与捷径。

(一)学院是"双一流"建设的核心引擎

大学首先是一个学术机构,其次才有资格被称之为育人场所,因为育人是嫁接在学术研究机体上的,缺失学术研究支持的大学教育活动只能说是高中教育的延伸或职业技术教育的翻版。与之相对应,归属大学组织的学院也应具有这一属性,回归学院的学术本性是大学复兴的基点。在"双一流"建设中,无论从哪个角度来看,学院都处在中流砥柱的中坚位置:从大学科层架构来看,其管理链条是"学校—学院—基层学术组织(系科)",学院处在心脏位置,成为大学落实其发展规划、目标梦想的枢纽链环;从"双一流"建设的思维来看,一流大学的核心支柱是一流学科,而一流学科建设的主体是学院,二级学院能否留住一流学者、汇聚一流资源、提供一流服务等直接决定着学科个体的发展水平,一流学院就是一流学科发"家"之所。从这一角度来看,学院是"双一流"建设的核心引擎,是大学核心竞争力、学科核心发展力的原发地。

为什么一流大学、一流学科必须根植于一流学院建设?其实还有另外三个重要原因:其一,学院是巨型大学、底部超重组织的坚实依托,是一流学者、一流学术的卧虎藏龙之地,可谓"高手在民间",夯实学院的底盘是"双一流"建设的打底工程。

[①] 张德祥、李洋帆:《二级学院治理:大学治理的重要课题》,《中国高教研究》2017年第3期。

其二，与纯粹的企事业组织相比，学院具有混合性，是"科层制与松散结构的混合体"①。其中"科层制"需要外在行政权力来推动，"松散"性需要内生的学术权力来整合。如果学院空间中两种权力配合默契、协调运转，就会形成一种"行政服务于高水平学术发生"的格局，一流学科建设所需要的学术生态小环境便会形成。

其三，学院具有合体性，即育人单位与研究单位合一性，是教学组织与科研组织复合而成的一个矩阵组织。具体学院组织架构是解决大学功能定位中的"教学与科研关系"问题的基点，探索形成一种教学与科研相融共生的缠结式学院组织是一流大学组织建设的先锋与前沿。所以，二级学院是大学功能的实体化，是一流学科建设的重镇，一流学院建设就是"双一流"建设的关键部位。

（二）治理是学院职能最大化的有力手段

"大学院、小学校"是大学治理的科学思路，做强学院、推高大学是一流大学建设的科学理念。显然，基于垂直权力运作的学院管理模式是难以实现这一大学发展目标的，毕竟管理难以将学院机体的每一根神经都激活，其实践效能是极为有限的。相对而言，治理思维具有无与伦比的优势，具体体现在学院管理是单极权力驱动、利益分派、线性控制，而学院治理是多极权力共驱、协商自治、网状互动；学院管理是目标管控、集权统治、人治优先，而学院治理则是共识催生、主体博弈、民主参与，等等。有学者指出，治理是"将多元社会利益转化为统一行动"，或"关于不同公民的偏好意愿转化为有效政策选择的方法手段"，其实质是"利益得以调和并采取联合行动"②。可见，治理的实质是在承认并尊重不同主体利益、价值的基础上，借助

---

① 张德祥、李洋帆：《二级学院治理：大学治理的重要课题》，《中国高教研究》2017年第3期。

② Beate Kohler-Koch, Rainer Eising: *The Transformation of Governance in the European Union*, London: Routledge, 1999, p.14.

一种公共互动装置来促成彼此间的最大公共利益，以此调动所有组织成员的参与热情。治理的根本特点是，利益主体多元化、决策权力分散化、互动作用网络化、公共利益最大化、权力形成内生化，对学院发展而言，其最大优势是能够照顾到每一个学院利益相关者的个体诉求，能将每一个学院主体，如教师、学生、管理者等的能动性发挥到极致，实现"学院组织内部院系之间、系科之间进行权力与其他资源的优化配置"[1]，以此将学院职能，如人才培养、科学研究、社会服务、文化传承等职能最大化。所以说"治理的目标是为了达成善治，而善治被视为使公共利益最大化的社会管理过程"[2]，学院治理的核心价值正是实现学院善治，促使学院公共职能的充分发挥。因此，借助利益"承认—激发—整合"的方式，学院能将每一个构成主体整合进学院共同体的麾下，将治理行动渗透进每一个学院细胞中去，以此推动学院职能的充分实现。如果说学院组织有两种极端管理方式，即集权管理、分权管理，那么，学院治理就位于两者构成的谱系链条中间点上，它是借助分权方式来达成集权管理目标且效果更优的一种理想学院发展模型。换个角度来看，在体力密集型组织中，行政管理可能是最佳手段；在智力密集型组织中，民主管理可能是最佳手段。显然，大学二级学院主要属于智力密集型的学术性组织，借助基层民主的治理模型更有助于学者共同体——学院的公共发展目标实现。据此，我们相信，在"双一流"建设中，没有成熟学院治理形态的成形，就不可能达成"一流"的学校、学科建设目标。

（三）一流学院治理的目标是彰显学院主体性

一流学院治理是"双一流"建设的基础工程，落实学院在大学发展中的主体地位，让学院摆脱对大学的依附地位，是大学迸发活力、

---

[1] 郭书剑、王建华：《论学院的治理及其意义》，《江苏高教》2016年第5期。
[2] 俞可平：《治理与善治》，社会科学文献出版社，2000，第8页。

彰显气质、释放潜能的大势所趋。所谓学院主体性，是指学院在招生、教学、考核、内部管理、学术研究、对外交流、社会服务等方面体现出来的自主性、能动性、自治性，是学院专属的自我决定权、自我经营权与自我发展权等构成的权利集合体。在自主发展中，二级学院必须拥有的核心权利是"自主理财权、自主用人权、自主配置资源权"[①]，借助大学授权与分权，让学院拥有这些权力是其独立自主发展的前提。当然，即便拥有了这些权力，学院主体性也不一定全面彰显，只有借助学院治理实践，把这些权力配给到位，它们才可能成为驱动学院办学活力彰显的神器。在内部治理中，学院要根据做事的要求把这些权利配置给相应学院主体，为其自主开展研究、教学与服务活动创造条件，并督查其落实相应责任，成为学院事务的积极参与者。可以预见，学院一旦拥有并用好了自主经营权，它就必须科学设计自己的组织架构，构建有序的权力格局，将之培育成为一个具有自适应、自运转、自成长功能的自组织，以彰显自己在大学发展中的主体地位。由此，学院将不再是大学的"生产车间"或附属机构，而是具有生产力、适应力、成长力的育人与学术组织，是一个可以掌控自身发展命运的办学主体与生命体。在这一意义上，一流学院治理追求的不只是学院自身权力的回归，更是学院自主使权、自我治理能力的获致，治理能力的持续提升才是学院主体性趋于成熟的标志。

二、内生共治：一流学院内部治理的应然机制

二级学院内部治理的实质是借助权力共享机制来调动学院师生的参与热情，推动学院内部人事、资源、事务的最优化组合，实现学院管理效能的最大化，它包括三个关键要素：治理主体、治理结构和治理手段。其中，治理主体包括利益相关者及其联合而成的治理共同体

---

① 宣勇：《治理视野中的我国大学校长管理专业化》，《中国高教研究》2015年第1期。

或议事机构;治理结构的内核是多样化权力的配置,体现为治理组织的构成方式、组织架构与配套制度;治理手段是指治理过程中使用的工具或杠杆,如绩效评价、奖惩举措、职称晋升规则等。表面上看,三者是相对独立的,但在具体运行中,三大要素是融为一体的关系,链接三个要素的内线正是治理机制。所谓机制,就是指有机体各要素之间构成的结构关系及其运行方式,其根本特点是:自运转,即一旦构成要素之间被联通,组织会自动运转,成为一个动态存在的有机体;内发性,即机制运行借助的是事物内部要素之间的矛盾与互动而非外力的推动,组织发展中面临的外部问题会成为机制被启动的诱因,并不直接参与组织的自我更新;自调性,即一旦某一要素超出了自己的职能域限,组织内部会自生出一种抑制性力量,及时扼制其不良发展倾向,促使其回归本位。在学院发展中,治理机制是学院组织自运转所凭借的特殊机理及其功能实现方式,它包括四个核心内容,即自我启动机制、自我组织机制、自我运行机制与自我调节机制。与之对应,学院治理机制由四个子机制构成,即权力下沉的动力机制、民主决策的耦合机制、权责配位的运行机制与灵敏精准的自调机制。这四个机制在学院治理过程中有机配合、协同联合,共同推动学院治理机制的平稳运转,促使"治理主体多元参与、治理方式分权制衡、治理程序民主有效"[1]的理想治理格局形成。

(一)权力下沉的动力机制

没有权力下沉就没有学院治理,利用底层赋权"把员工培养成为他们各自工作范围内的领导者"[2],是学院治理的前提条件与标志性特征。在传统学院管理体制中,权力为顶层管理者所垄断,院长及其主

---

[1] 肖国芳、彭术连:《治理视阈下高校二级学院分权治理研究》,《江苏高教》2017年第2期。

[2] 冯大鸣:《美、英、澳教育管理前沿图景》,教育科学出版社,2004,第66页。

导的院务委员会成为权力中心，与之相适应，基层组织、系科、师生与管理者的权力均来自学院首脑机构的授予，成为学院权力磁场控制中的小磁针，失去了主动行动的意识与能力。作为学术性组织，学院一旦为官僚系统所控制，教师的科研与教学积极性受挫是在所难免的事情。在学院治理格局中，必须打破这种集权局面，用一种新型分权局面取而代之：在尊重教师学术自由权利、教学专业权利与学生自主学习权利的基础上，充分满足每一位学院发展利益相关者的诉求，把学院顶层权力归还给每一个学院主体，借此激起最底层的教学与科研行动热情，是学院治理实践改进的方向。在集权管理体制中，底层厚重是学院发展的拖累，是学院权力神经的末梢，而在分权管理体制中，"底层厚重"翻转为"底层优势"，成为学院教学科研的活性之源。学院顶层权力下沉的"三步走"线路是，强化师生作为学院异质主体的角色意识，将之组织进不同领域的共同体中，打通这些共同体与学院决策机构的通道。

首先是学院异质主体角色意识的激活。学院是"组成人员多元化、价值追求多元化、利益诉求多元化"①的复杂组织，所有学院成员大致可以区分为五类，即政工人员、教学人员、科研人员、管理人员与服务人员，彼此之间具有异质性，都承担着性质差异悬殊的工作，并对学院发展担负着不可替代的职责。学院权力下沉的目的是把同质的行政权肢解为不同工作岗位所独具的异质权力，如人事组织权、学术自由权、教学专业权、资源配置权等，让抽象同质的权利回归到具体的学院工作者。

其次是学院多样共同体的培育。学院治理实践中，学院与个体间的沟通媒介是各个工作领域的共同体，如政党共同体、教学共同体、

---

① 肖国芳、彭术连：《治理视阈下高校二级学院分权治理研究》，《江苏高教》，2017年第2期。

科研共同体、管理共同体、学生共同体等，它们是重要的"中间组织"，学院单一主体必须通过参与相应领域的共同体来形成或分享学院公权力。在学院治理中，培育健康有序的共同体是有效整合零碎的个体权力诉求，促成强大学院发展合力形成的重要行动。

最后是打通基层共同体与学院治理共同体的通道。学院治理共同体是学院权力合成的最高机构，如学院治理委员会、学院理事会、学院决策委员会等，它们是学院基层共同体权力集成的公共平台，打通基层共同体与学院治理共同体的通道是学院权力下沉的最后一环。

所以，权力下沉是学院借助权力回归底层主体、共同体主体的方式来实现全面放权，真正实现从"授权思维""集权思维"向"放权思维""分权思维"的转变，让每一个学院工作者、各类共同体成为学院公权力的真正持有者，为"构建多维协调互动、多方利益主体的院系内部治理体系"[①] 提供底层权力配置。

（二）民主决策的耦合机制

权力下沉的结果是学院底层主体的权力获致与能动性激活，它为学院治理提供了最基础、最广泛的能量之源。一旦这种能量失去了方向聚合点，它将不再是学院发展的矢量，而是一种导致学院解体与公共治理系统崩塌的破坏性力量。所以，能否将权力下沉诱发出来的参与热情与发展能量在学院发展目标麾下聚合起来是决定学院治理效能的重要链环，这就是民主决策的耦合机制。所谓"民主决策"，就是学院层面决策的做出必须广泛征询意见并覆盖最大多数学院成员的价值立场，尽可能满足最多数学院主体的利益诉求，确保学院做出的每一个公共决策是符合多数人意向的好决策；所谓"耦合机制"，就是学院必须借助公共理事组织，如学院理事会、专门委员会、常设议事机构等来开展学院主体间的利益博弈、观点汇合、价值协商、求同存异、

---

① 张宇华：《高校二级学院从管理到治理的转变》，《教育理论与实践》，2018 年第 15 期。

诉求整合等活动，借此寻求符合学院发展整体利益的"重叠共识""一致行动"与最大公约数，不断逼近学院科学发展的目标。

在学院治理实践中，学院公共决策耦合机制的品质评判要看四个维度，即民主性、专业性、引领性与平衡性。

首先是民主性。民主与集中、分权与联合是民主决策的核心机制，其意图是在学院成员的利益碰撞、立场互动中找到所有参与主体间的公共项，如公共利益诉求、公共价值立场、公共行动思路等。民主决策是逼近学院所有主体间公共利益诉求的一种努力，而利益互尊、互动、互来则是实现这一目标的具体路径。

其次是专业性。学院是一个公共社会空间，是围绕学院的中心工作——教学、科研与服务组织起来的人群集合体。在学院发展中，所有学院成员都是受益者，但其受益的内容是不一样的，科研型教师收获的是优越的科研环境、科研平台、科研成果、科研津贴，教学型教师收获的是骄人的教学业绩、教学能力、教学口碑、教学成果，管理人员收获的是引以为傲的管理效益、管理能力、管理声誉，等等。这就决定了学院必须借助专门的工作委员会，如教学委员会、学术委员会、行政委员会等把各类学院人员分类聚合起来开展民主决策，实现专业化治理。也只有这样，才能实现"让行政事务回归行政，学术事务回归学术"，达到各种权力"不越位，也不缺位，更不错位"[①]的治理目标状态。

再次是引领性。学院绝非是与世隔绝的，而是存活在学校、行业、社会环境中的学术组织，它必须在大学、行业、社会中赢得更大发展空间与比较优势才可能更坚挺地生存下去。为此，学院民主决策的合理性不仅取决于其对每个学院主体利益的兼顾度，还取决于这一决策

---

① 陶应军：《现代大学治理视野下地方高校二级学院治理模式创新研究》，《中国成人教育》，2015年第23期。

对学院发展，尤其是其应对外部环境压力的有效性。学院主体利益的耦合机制是在学院个体利益与学院整体发展利益间形成的，其实质是借助二者间平衡点的寻求来谋求学院管理的最优化与发展利益的最大化，以期实现引领学院后续发展的功能。

最后是平衡性。为了取得更好的民主决策效果，学院治理必须充分考虑两种决策方式，即精英决策与大众决策的利弊，并尽可能实现学院公共决策的特适性与科学性，确保学院公共决策定位始终处在学院事业的最近发展区内。相对而言，大众决策能获得学院最广大群众的满意，但不利于学院更高业绩的取得，极易降低学院充分满足每个成员利益的能力；精英决策能够保证学院发展中高贡献群体的利益，但容易忽略每个学院主体的基本生存发展利益。因此，优化学院决策委员会的成员结构，把控好学术与权术的疆界，实现精英决策与大众决策间的平衡，是提高学院民主决策品质的现实要求。在学院专业共同体决策中，科研领域中的决策强调教授治学，教学领域中的决策强调名师治教，行政领域中的决策强调专业治院，适度增加知名教授、教学名师与管理专家在各领域决策委员会中的比重，是提高学院治理水平的行动方向。

（三）权责配位的运行机制

公共决策的作出是学院治理的核心链环，它最能体现学院治理的本质特征，是学院最高权力的形成方式，但对学院治理而言，这只是一个起点，只有当这一科学决策落实到学院相关工作环节中去时，学院正向快速发展的治理目标才能达成。所以，构建以院长为首脑的权责配位的执行系统，形成自上而下的决策执行链条，打通学院公权力的下行通道，公共决策才可能付诸实践、化为行动，转变成为每个学院主体最富有爆发力、创造力、生命力的工作行为。在这一意义上，运行机制是打通"决策—执行—监督"这一行政链条的关节链环。

在学院治理中，"权责配位"的要义是，赋予行动者以足够的权利与匹配性责任，确保每一项事务的承担者都能获得足够的权利、资源、人事与服务的支持。与传统管理体制不同，学院治理赋权的主要对象是具体事务的行动者，即赋予其自主行动的权能，而学院管理赋权对象是行政者，即赋予其役使专业工作人员定向而行的指令与外力。具体而言，学院公权力的运行需要三方面的"权责配位"：

一是确保院长具有最高的行政权与执行权，全面提高院长的执行力。在学院治理中，决策权与执行权是相对分离的，科学的决策系统与强有力的执行力是实现学院高速运转的两大保障，赋予院长以足够的人事调配权、资源处置权与组织管理权是提高学院运转效力的要求。

二是确保基层学术组织的学术权。学院是一个教学与研究组织，基层学术组织是实现学院基本职能的功能实体，院系的能动性取决于其底层学术组织的自由度与活动空间。在当代大学理念中，教学活动附属于学术活动，与之相应，教学权是学术权的重要构成，学术权就是由教学学术权与科研学术权构成的，保障师生的学术自由权是增强学院活力与发展力的关键。为此，学院治理的核心机制之一就是形成以保障学术权为中心，以教学权、管理权及其他权利为支撑的权力结构，努力凸显学院作为学术共同体的本性。

三是确保每个学院个体的自由行动空间与相应权利配置。学院的创造力与竞争力发端于每个个体的自由度与创造性，学院个体权利配置到位是深度激活每个师生主体性的条件。在学院中，各个主体由于其岗位角色不同，所拥有的权力能级与权利内容也不相同，学院应该保障每个成员的基本岗位权利，例如，强化教师的教学权、学术权、专业权，强化学生的学习权、参管权、自治权，强化管理者的组织权、协调权等。充分配置这些权利是学院开展岗位考核、深度追责的前提。

任何一项权利的背面都镌刻着责任，权与责始终都是合体式存在，二者统一存在的实体正是特定个体在学院中所处的特殊职位。正如学者所言,"权责明确是权力分配的根本性原则,没有无义务的权利,也没有无责任的权力,拥有权力就意味着承担责任"①。在学院治理中,"权责配位"意味着:为每一个学院个体设定一个或多个存在的"职位",如教师、学术委员、系主任等,并按照这个职位应该发挥的职能来配置系列权利、划定责任清单,真正实现"权、责、位"与具体"学院人"的有机统一。在权责配位体制下,学院中的所有组织与主体将享有足够的行动自由权利与学术创造权利,学院迈向"善治"的目标才有可能实现。

(四)灵敏精准的自调机制

作为一种机制,学院治理过程必须构成一个闭环,一个可持续的增循环,这一循环的尾环就是自调反馈机制。学院治理的目的是把学院变成一个自我调节、自我发展、自我强化的自组织,有无灵敏、有力、精准的自调机制决定着学院治理的效能。

学院自调机制启动的信息主要来自两方面,一方面,学院首先生存在竞争性大学环境之中,是在与其他学院竞争中实现生存的,学院治理的效果首先会在大学对学院的绩效评估中体现出来,对学院综合实力校内排名的敏感性是启动学院自调机制的第一个动因;另一方面,学院同时还生存在校外社会环境中,学院的教学、科研、服务等实力波动信息及其所引发的社会震动效应构成了启动学院自调机制的第二个动因。能否对这两个信息灵敏及时地反应,并撬动学院内部治理进程,是学院治理机制性能的体现。

治理效果反馈的信息收集也是学院自调机制的重要内容。学院收集自调信息的途径一般有两个,一是效能评估,二是问题涌现。前者是通过专门评估活动,包括内部评价与外部评价来反馈学院治理效果

---

① 肖国芳、彭术连:《治理视阈下高校二级学院分权治理研究》,《江苏高教》2017年第2期。

的一种方式，后者是沿着学院发展中涌现出的问题来反馈学院治理状况的一种方式。无论是哪一渠道，它们都是促使学院治理结构改进的方式。一个对自我发展状况反应灵敏的学院对外部治理状况信息的感应阈限较低，一些评估信息与细微发展问题都可能启动学院自调机制，而那些对外界评估信息与学院问题感知麻木的学院则不具备这一机能，导致其自调周期较长，自调动力微弱。

一旦自调机制被启动，学院随之进入结构调适阶段，那些不适应社会、市场、行业要求的治理环节将被迫完善与改进，学院治理流程进一步优化。学院治理结构自调的常见类型是公共决策目标升级、决策程序优化、学院权力结构调整、行政执行力强化、岗位权责配给方式改进等。借助这些内部调整，学院治理结构与发展环境间的适应性进一步增强，学院与外部环境间实现了再平衡，其发展空间进一步拓展，学院治理能力持续增强。

由上可见，学院治理机制是由四个具体机制构成的，即动力机制、决策机制、运行机制与自调机制，分别着生在学院治理进程中的首环、中环与尾环上。其中，动力机制是学院治理的发生器，是触发学院治理结构运转的原动力；决策机制与运行机制是学院治理的处理器，是学院治理结构的心脏；自调机制是学院治理的控制器，是引导学院治理结构自我完善的风向标与外驱力。

三、治理共生体：迈向一流学院治理的组织架构

学院治理是身处外部压力环境中的学院主体借助内部组织机制优化来实现公共资源发展目标的过程。在学院治理机制中，每一个学院成员都是治理主体，治理主体间形成的权责配置关系构成了学院治理结构，即治理共同体结构。从某种意义上说，最佳治理共同体的表达应该是"治理共生体"，即所有治理主体在交互作用、互促共生中形成的发展性共同体，相对而言，"治理共同体"概念只看到了治理主体间

利益共赢、荣辱同舟、命运与共、求同存异的静止性或存在性特征。学院治理共同体存在的根本使命不仅仅是学院公共组织的存在，它更为关注的是学院共同体的发展，故离开了学院治理主体间的共振、共生、共创这一环节，学院治理的意义会被打折，难以实现助推学院更高发展目标、更优发展方式的实现。一流学院治理离不开治理共生体的架构，它的四个构成节点是多元利益集成体、学院制度网点、公共互动空间和权力自律系统等，其具体架构如图3-7所示：

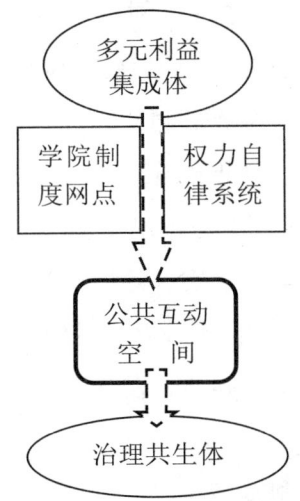

图 3-7 学院治理共生体的组织架构

图3-7表明，学院治理共生体的形成线路是以学院多元利益集成体为组织基础，在学院制度网点设计与权力自律系统约束支持下，推动学院公共互动空间的顺利形成与高效运转，最终促使学院实现从多元利益集成体向学院治理共生体的飞跃与转变。

（一）支点：多元利益集成体

在学院治理共生体中，"共生"的含义是学院主体间以平等身份、合作态度、共生目的参与学院治理活动，其根本前提是承认每个学院成员都是独特的利益主体、发展主体与治理主体，学院治理的目的不是将这些主体利益同质化、平等化，而是要在学院公共事务处置中最大化地兼顾各主体之间的利益，寻求学院成员利益的最大公约数，努力将学院组织转变成为一个多元利益集成体，使之成为学院治理的基本组织依托。多元利益集成体的根本特征有两个：一个是多元，即多样化的主体及其利益诉求，以及多样化的权利中心；一个是集成，即在个体利益优势互补、相互耦合中寻求多元利益主体间的公共地带，让公共利益成为多元主体利益的交合点、共通点与转换点，努力实现学院共享利益的最大化。所以，多元利益集成体是学院治理的组织起点，是将所有学院个体在不抑制主体活力的前提下聚合起来的组织设定。在一流学院治理的实践中，应该建立两个层级的多元利益集成体：一是二级利益相关者群体构成的利益集成体，如教学领域中的教学利益集成体、学术领域中的科研利益集成体、行政领域中的管理利益集成体等；二是学院公共利益的集成体，如各个二级学院利益集成体借助学院理事会、学院公共议事机构等组织聚合而成的利益集成体。多元利益集成体是确保每个学院个体在学院组织中生存发展的组织基础，它维护的是学院个体的生存利益，在学院公共互动空间中共同促进学院组织发展才是其发展方向。

（二）手段：学院制度网点

治理机制是学院运行的内核、内线，管理制度则是搭建这一机制的工具与节点。学院治理机制是在学院制度网络中存在的，制度网点与治理机制互为表里关系，二者之间是连点成线的关系，构建学院治理机制的行动方式正是制度网络搭建。学院治理机制的每个环节都需要相应核心制度的保障：在权力下沉环节，它需要建立学院个体的民主参与权利保障制度；在决策环节，它需要建立学院民主参与的议事制度；在运行环节，它需要建立学院行政管理制度；在自调环节，它需要建立学院工作质量监控制度等。每个环节一旦缺失了核心制度的支持，治理机制的搭建就无从下手、无以体现。

学院章程是所有学院制度之母，是学院治理的"宪法"。它既是学院主体民主协商的成果，也是表达学院公共核心利益与行动宗旨的元制度，编织学院制度网络的根本意图就是体现学院治理精神及其发展宗旨。从某种意义上看，每一条学院制度是学院公权力、公共价值、公共目标的实现方式，制度网络搭建的目的就是要限制学院个体诉求的恣意呈现，以强制的方式规约学院个体的非理性诉求，将之安置在学院公共发展利益的相应节点上去，将各种个体与组织权力引向学院公共生活期待的方向。

当然，制度网点的建立并不能保证学院治理机制的自然启动，只有在具体学院事务中，这些制度的潜在功能会被激活。学院主体会利用权力、依靠制度参与学院公共事务，在制度框架中以合法的方式满足自己的个体利益诉求与公共利益诉求。由此，学院公共空间中的互动才具有有序性与方向性，学院治理的机制才会自然显现。

（三）枢纽：公共互动空间

学院治理具有动态性、生成性与合成性等特征，这些特性均源自公共互动空间的存在，学院治理共生体的核心构成就是学院公共互动空间。所谓公共互动空间，就是学院的公共话语空间与公共参政平台，它是整合个体利益、形成公共价值、生成公共行动的枢纽组织。学院是由五大权力系统构成的一个有机体，分别是党组织主导的政治权力系统、精英教授主导的学术权力系统、学生组织主导的学术权力系统、行政班子主导的行政权力系统与工会组织主导的社群权力系统。每个组织都是某一领域权力的集成者，如何将之有效地接合到学院公共决策链条中去，是学院公共互动空间的根本职能。

不同于学院管理共同体，学院治理共生体有两个根本特征：其一，它与每一个基层组织、个体相连，每一个基层组织与个体的价值倾向变动都会波及学院公共决策过程及其结果；其二，它所作的每一个决策不仅仅是学院成员及其组织利益的集成者，更是学院更好发展方向、策略、路径的催生者。这些特征根植于学院公共互动空间之中，公共互动空间就是学院治理的心脏与内核。有学者指出："所谓一致行动，不是所有个体行动和作用的简单相加，而是个体行动有机配合并形成一种有益于组织的合力。"①学院治理共生体追求的最低治理目标是一致行动，最高目标则是集成所有学院主体的决策智慧，努力找到超越学院公共利益的共同发展性利益，为学院统整各方利益找到更好利益合生点，使之成为学院实现更高发展目标的有力支撑点。学院治理共生体的独特功能在于它能在各主体同心、同道、同命运的组织承诺基础上，主动寻求更优决策成果，创造性地生成共同认可的更高学院发展目标，提高"发展集体的智商"②，为学院告别平庸、走向卓越开辟新轨道。对学院治理共生体而言，公共互动空间的每一次决策都绝非机械地找到所有主体利益的交集，确切地说，这一"交集"常常是最底层的重合利益，而是要借助决策主体间的相互理解、相互激励、相互催发来生成更高学院发展愿景，让每一个公共决策成为学院蜕变新生的转机，成为学院成员自我升华的契机。

（四）保障：权力自律系统

学院治理的核心是运行良好的权力生成与配置体系，权力一旦失去规约，偏离了健康运行轨道，整个治理体系便会崩溃。换个角度看，"权力倾向于腐败，绝对的权力倾向于绝对的腐败"③，权力滑向腐败是内在的倾向，只有构建起权力运行的良性轨道与防腐工程，学院治理才会走上正轨、持续推进。

从全局来看，学院权力自律体系由三个板块组成：一是学院主体的自律机制，其依托是每个学院成员的职业素质与责任意识，其权力有效性原则是一个成员只有在其履行自身岗位职能职责时所获得的权

---

① 陈越：《基于分布式领导理念的二级学院治理》，《教育评论》2018年第9期。
② 冯大鸣：《美、英、澳教育管理前沿图景》，教育科学出版社，2004，第75页。
③ 阿克顿：《自由与权力》，侯健、范亚峰译，商务印书馆，2001，第56页。

力才是合法而又有效的，离开了履职实践，岗位权力自然失效；二是学院专业组织的自律机制，其依托是专业组织内部的民主治理与专业优先原则，其权力有效性原则是每一个组织决定都充分征询了每个成员的意见并获得了大多数人与权威专家的共同认可；三是学院治理组织的自律原则，其依托是学院决策机制的科学性，其有效性原则是学院决策程序的科学性与决策效果的实效性。

每个权力自律机制都需要相关公示制度、审查制度、监督制度、纪律制度等的支持，这些制度是搭建学院权力自律机制的关键节点。其中，公示制度能够保障每个学院主体的知情权，审查制度能够保障决策程序的严谨性，监督制度能够预防学院公权力的异化与僭越，纪律制度能够保证学院权力依规运行。权力在监督中回归本位，权力主体在自律中守护权力，学院治理必须借助自建的督查制度网络与高素质学院主体来延伸治理的效能，达成学院治理共生体的使命。

第四章 大学治理论

现代大学是自治、自律、自强的学术组织与教育机构，学术治理体系与学术治理能力现代化是大学治理的心脏与内核。在当前，教授治校、学者治学、"破五唯"学术评价、教师师德治理等大学改革实践日益受宠，大学治理中涌现的系列典型问题，考验着当代"大学人"的治理智慧与治理能力。基于这一思考，科学推进大学治理现代化进程，努力构建中国特色社会主义大学，是当代大学改革与治理实践的使命所系。

第一节 教授治校的理念审视

当前，"教授治校"在学术圈中已成为受人热议与追捧的话题，甚至学术界似已达成共识："现代大学制度的核心是大学自治、学术自由、教授治校。"[①] 然而，在欧美大学中，面对"学者在现代大学管理中的权力深度和广度都有所降低"[②] 的严酷事实，这一现代大学管理理念的深入推进正遭遇着"大学人"的多方质疑与无形拒斥。理想与现

[①] 孟韬：《高校治理的本质、机制与国际经验——高校治理及国际比较高层研讨会综述》，《教育研究》2011年第2期。

[②] 彭阳红：《"教授治校"的现代变革——以德、法、美为例》，《现代教育管理》2011年第4期。

实之间的反差常常是孕育学术问题、激发学术想象力与创造力的温床与诱因，是一种理论面临转变重生的契机。换个角度来看，截至目前，学者对教授治校问题的认识视野在拓宽，认识深度在增加，不同观点间产生相互抵牾的概率在攀升，与之相应，在兼容、反省、重整各种教育理论成果基础上产出科学认识论断的时机日益迫近。在此情势下，选择一条稳妥的学术认识线路就成为提升研究结论的科学性与解释力的关节点与切入点。

客观地讲，只要能最大限度地释放大学的人才培养力与学术创造力，任何一种内部治理与组织机构都是有效的、可用的。在高等教育市场日益成熟、社会参与型管理文化日趋风行的今天，大学作为"利益相关者共同体"和"多元力量争斗集结点"的特征越发明显，大学顶层治理结构设计问题显得更为棘手，成为考验当代大学人才生存智慧与潜能的实践难题。从世界高等教育改革与发展的大趋势来看，"从单一走向多样治理，从过度依赖政府转向市场取向，从外部影响转向内部自我控制，从权力集中走向分权分散，从学术自治走向学术问责"①是其主要特征，教授治校理念仍具有强大的生命力。作为一所大学核心竞争力的主要创造者，教授在大学顶层设计中的摆置问题尤为关键，是决定其核心治理结构的核心链环，教授治校问题就是这一关键链环中的关键。人们之所以会不断对教授治校的做法产生动摇，甚至不断弱化它、打击它，其根本症结在于对教授治校实践产生的两个原生问题认识深度不足，这就是——教授有必要治校吗？教授有条件治校吗？只有对这两个问题进行剖根究底式的探讨，我们才可能对教授治校现象形成科学的认识。

---

① 孟韬：《高校治理的本质、机制与国际经验——高校治理及国际比较高层研讨会综述》，《教育研究》2011年第2期。

一、教授治校的正当诉求与客观必要性

所谓"教授治校",是指为了推进大学管理的科学化、民主化、专业化,教授在大学章程与相关教育法规的指引下,借助一系列手段与途径,如政策咨询、决策参与、工作督导、核心领导、任期绩效评估等来促使大学实现自我治理、自觉提升、自主发展的一系列大学管理理念与制度。教授治校发端于欧美,在二十世纪初风行世界,成为颇受世界各国大学瞩目的一种先进管理理念。究其原因,主要有三个:

其一,大学是以学术研究为主业的领域,它天生属于"学术组织",学术研究的领头人——教授,自然直接决定着大学在社会领域中的生死与存亡,必然属于一个不容忽视的社会群体,一支不容轻视的管理力量。

其二,民主治校思潮风靡世界,直接危及大学的僵化管理模式,促使大学管理实现从计划控制式向民主对话式、从权力指令式向权力耦合式的转变,由此,大学里的基层组织成员——学生、教师,包括教授,在大学组织中的话语权与参管权不断增强。

其三,大学与国家、市场间的相对独立身份初步确立,它日益作为一个独立自主的社会实体、发展主体面貌现身于社会,具备了自主应对社会挑战、实现社会化生存的能力。

一句话,从计划指令型走向适应市场型、从一般管理走向专家管理、从行政管理走向自主治理成为教授治校思想产生的"大气候",教授在大学发展中的地位提升与大学自主发展格局的形成是教授治校制度诞生的两大主因。尤其是在当前,随着管理职能的日趋多样化,大学已经发展成为一个"复杂的巨型系统",一个"松散联合"的超级社会组织,成为一般行政管理者所难以驾驭的一种特殊组织。在此形势下,引导和鼓励大批专家介入学校关键决策的部门与环节,提高大学对外部教育环境的适应力与内部发展资源的集成与整合力,成为大学管理体制转变的历史性要求。在这种情况下,作为学术发展要求的主

要体现者，教授就成为大学管理层的关注焦点，如何科学定位教授阶层在大学机体的地位，进而充分适应学术事业发展的内在要求，被擢升为大学治理中的关键问题。

可见，教授治校问题的产生与发展具有其历史背景与现实合理性，但在对该问题的认识上，似乎大多数学者与管理者对这一做法的前提合理性关注不够。教授需要参与治校活动吗？高校离开教授就无法实现高水平治理吗？教授参与治校的目的到底是为了保护自己的管理权益还是要为自己的学术事业搭建一个良好的外围环境？这些才是真正决定我们对待教授治校态度选择的核心问题。显然，大学治理绝非简单的"权力配置"，实现各种管理权力间的"制衡"，而是要为大学学术事业提供良好的发展环境与策略。大学机构的独特品性在于其学术性，在于它为社会发展提供的学术贡献力。只有从权力配置是否有利于大学学术创造力的孕育与激发这一角度上来论证教授治校的合法性，来设计教授治校的实践框架，我们才可能真正从认识论上推进对该问题的深化认识。综合当代大学的生存环境，我们断定，教授的确有必要参与治校，其理由如下：

（一）教授只有参与治校才能保证大学学术力量的牢靠存在与持续发展

大学的发展源自其对自身存在使命的坚守，源自其为社会所提供的专业服务与独特贡献。大学的组织构架是否合适，大学的权力配置与能级设置是否科学，都与这一使命的坚守与兑现直接相关。显然，大学为社会所提供的两种特殊产品就是学术成果与学术人才。相比而言，学术成果生产比学术人才造就更为根本，因为大学的一切人才培养活动都是建立在学术生产活动之上的，或者说，后者只是前者的延伸与直接应用而已。对一所大学而言，其生存发展的命脉在于其为社会所创造的学术成果，学术力量的存在与增长是一所大学安身立命之本，学术成果的源源产出铸就着一所大学的内涵与风骨。如果说一所大学的发展是由三股力量推动的,即学术力量、行政力量与市场力量,那么,这三股力量间的动态平衡是一所大学健康、持续、强劲发展的核心构架。在大学中,这三股力量追求的目标是不一样的:学术力量追求的是大学的学术品位与学术成果的生产力,行政力量追求的是大学的工作效率与组织内部的整合力,市场力量则追求的是大学的社会适应性与比较竞争力。在三股力量共同治校的框架内,各利益群体分享着自己的"势力范围"[①]。在这三股力量中,最根本的力量就是学术力量。相对而言,大学行政力量是为学术力量的体现服务的,大学市场力量是学术力量在教育竞争领域中的体现与运用;学术力量是大学行政力量的寄生点,市场力量是学术力量的竞技场。在这一力量结构中,学术力量的凸显与强化是一所大学赖以生存并日益强盛的根本。在大学治理实践中,学术力量的代言人是教授,行政力量的代言人是以校长为首的管理者,而市场力量的代言人就是以企事业单位与大学生为主体的大学教育服务的选择者与受益者。如果说三者之间的利益关系、权利关系与价值关系的处置是大学管理艺术的核心,那么,这三股力量的交结点就是大学权力机构。在大学管理中,科学的管理组织能够有效防止三种力量在各自专属空间内自由行使,能够有效防止彼此间的相互渗透与侵染,使之在既相对隔离又相互协调的权力空间中健康推进。在这一组织机制中,大学的各种力量以管理权力的形式体现出来,并在相互博弈中左右着大学发展的方向。换个角度来看,教授在大学中地位的升降,其所拥有的权力多寡,实际上就代表着学术力量在大学权力机构中的真实状况。一旦这股力量被弱化,教授参与决策的门径被堵死,大学就可能蜕变成为平庸的高等教育机构,其自身的独特品格以及为社会提供产品的独特性就会被削弱,大学的社会生存力就会随之下降。

---

① 彭阳红:《"教授治校"的现代变革——以德、法、美为例》,《现代教育管理》2011年第4期。

而在当前，由于行政化力量的日趋强大，制约着学术力量的自由生长：从外部来看，高校"行政级别分明、行政职能泛化、政府干预繁多"[①]；从内部来看，"学校层次的行政集权过多，教师的学术自由和自治难以实现"[②]，破坏了高校作为"松散联合"型机构的本然机制，成为我国现代大学制度建立的瓶颈。所以，大学组织结构必须是松散的，尤其是其底层结构，必须是能够有效扼制阶层官僚权力、促进学术无序发展的扁平式组织。教授参与治校的目的就是为了凸显大学为学术而生的这一专业品格，制约行政力量向学术组织的过度渗透，维系和强化学术力量在大学中的存在，防止大学退化为一般事务型机构。

（二）教授只有参与治校才能有效平衡专业权利与行政权利间的关系

走向治理是现代大学品质提升的必由之路，"多元利益主体嵌入的网络治理"[③]是大学治理的显著特征。大学治理不同于大学管理。管理是大学在大学范围内对各种权力进行分配与重组的活动，这种权力配置的目的是要服务于预定办学目标的实现，服务于理想大学组织形态的建立，而治理则是在引导各权力主体在充分表达其权力诉求的基础上，借助于权力间的动态制衡来推动大学办学实力的持续提升的过程。无论是管理还是治理，其根本目的都是为了增强大学的综合办学实力与比较竞争力，都是为了强化大学在社会环境中的生存力与创造力，二者之间只存在手段上的差异。相对而言，大学治理是一种对外部生存环境高度灵敏、反应能力较强的管理方式，它能够根据大学外部环

---

① 王伟、陈于后：《高校章程与高校治理结构的重塑》，《湖南科技大学学报（社会科学版）》2012年第2期。

② 陈何芳：《教授治校：高校"去行政化"的重要切入点》，《教育发展研究》2010年第13—14期。

③ 孟韬：《高校治理的本质、机制与国际经验——高校治理及国际比较高层研讨会综述》，《教育研究》2011年第2期。

境的变化迅速进行内部组织调整，形成一种对外界生存环境有特效的大学制度。在大学走向治理的背景下，教授治校的产生之所以有其必然性，是因为只有大学发展的中坚力量——教授——在充分表达、体现其权力诉求的基础上才可能催生出一种专业化的大学制度，才可能让大学这一社会组织的内在潜能发挥到最大化的水平。否则，如果大学行政管理者在追求"效率"的名义下抑制了教授的权力诉求，学者的专业权利被抹杀，则可能导致一种行政权利与专业权利错位现象的产生。

实际上，决定大学的发展健康与否的重要指标就是学术权利与行政权利间是否保持了一种各司其职、各归其位、协调配合的和谐状态，任何行政权利逾越专业权利的行径都会遭到教育规律的惩罚。因此，从遵循学术规律、尊重学术组织特性角度入手，赋予教授群体参与学校决策的正当权利，是加速推进高校"去行政化"，促使高校健康、持续发展的现实要求。权利的另一面是权力，对权利的诉求最终都体现为对某种权力的要求，表现为对他人、他物的控制权、决定权与处置权。正如赵汀阳所言，"权利必须实现为权力，才是被'充实了的'自由"，"权力是权利的实现方式，是权利的完成状态"[1]。在大学治理中，专业权利与行政权利间的关系实质是对大学最高管理权力的分割问题，权利权力化与权力权利化是实现这些权利与权力的渠道。权利是由权力机关授予的，而权力是争取来的。教授作为大学的专业工作者，如果他们不去谋求自己的专业权力，不为自己的专业发展争取生存的权力空间，那么，大学赋予他们的所有专业权利最终都会无人问津、无人代理、走向归零。其结果，大学的管理决策权力为政客所把持，大学的性质最终会被外行来决定，最终沦为行政化的重灾区。久而久之，大学极有可能蜕变成为一个"学术衙门"，一个行政层次森严的官僚

---

[1] 赵汀阳：《论可能生活（第2版）》，中国人民大学出版社，2010，第109页。

组织，学术事业需要的自由、民主、自主的"气候"就无从产生。正因如此，有学者指出："高校作为'学术组织'，应当比政府、企业、军队等非学术组织更加注重'内部专业人士'的权力，也就是教师权力。"[①] 在现代大学中，一切行政化的产生都源自行政管理者手中的权力膨胀与失控，教授群体只有用"权力制约权力、权利制约权力和社会制约权力"[②]，才能保证大学是永远属于学术的领地，而不会沦为其他。总之，教授不参与治校，就无法保证自身的专业权利与参管权力，就无法促进行政权利"服务学术事业发展"这一宗旨的实现。

（三）教授只有参与治校才能实现大学治理的真正专业化

专业化是当代大学治理的重要趋势之一。所谓专业化，就是按照大学内在的发展规律，在科学管理理论的指导下和专业人员的直接参与中开展各项校务管理活动的状态与过程。专业化的实质是"由专业的人员去做专业的事情"，以此促使大学的各项管理活动的进程走向最优化，管理效能走向最大化，进而充分发挥管理活动的功能与潜能。对大学治理而言，由于其所从事的活动本身也是一项专业活动，这就决定了大学治理专业化至少包括三项内容：组织管理活动的专业化、学术管理活动的专业化与教学管理活动的专业化。进而言之，大学治理专业化是三重专业化，即管理专业化、学术专业化与教学专业化的统一。其中，组织管理专业化应该由擅长科学管理理念与实务的管理专家来胜任，学术管理专业化应该由教授及其专业组织来实施，而教学活动的专业化应该由教学名师及其专业协会来完成。大学治理的专业化实际上是这三重专业化同步推进、互促共进的过程。当然，这三重专业化是有主次之分的：大学的本性首先是学术组织，其次才是一

---

① 陈何芳：《教授治校：高校"去行政化"的重要切入点》，《教育发展研究》2010年第13—14期。

② 王伟、陈于后：《高校章程与高校治理结构的重塑》，《湖南科技大学学报（社会科学版）》2012年第2期。

级教学组织与行政组织,这就决定了大学治理专业化具有一种"以学术专业化为主体,以教学专业化与管理专业化为两翼"的架构。在大学治理实践中,教授作为专业活动的实施者与亲历者,他们置身于学术研究事业的内部与底层,熟谙学术活动的发展规律,清楚学术事业发展的内在要求,明白学术管理活动的关键环节,故而能够提出较为科学的学术活动治理思路。相对而言,行政管理者生活在学术圈层之外,他们只能从一般管理的角度看待学术发展问题,其所提出的管理策略难以深入到学术圈层的内部,无法做出能够触及学术事业关键点、产生独特管理效能的决策,不能实质性地推动学术研究活动健康、快速、深入地发展。

陈至立指出:"高校教师队伍是国家知识创新的重要力量和高层次人才队伍的重要组成部分,是实施科教兴国战略和人才强国战略的强大生力军与动力源。"[①]对高校而言,能否为高层次、拔尖型创新人才的成长提供有力支撑,是否有助于科技人才增强自主创新能力、产出高新研究成果,是检验大学治理体系是否科学、是否专业的首要标准。作为高层次人才的摇篮,教授群体的一切专业发展需要都是启动大学治理活动的前导与起点,都是引发大学治理方式变革的内驱力。专业化的治理实质上就是一种以专业需求为导向的治理,一种以最充分、最优质、深层次地满足学术专业团队的专业发展需求为导向的大学管理思维。换个角度看,最专业的治理就是能够嵌入到管理对象的具体活动领域中去的治理,就是能够准确搜集各主体的各种发展要求,并对之进行科学整合、有机协调、全盘考虑,进而形成相应的管理决策与组织构架的治理。在这一意义上,行政管理永远是大学治理的仆从,学术管理才是大学治理的核心要义。为教授群体提供表达自己专业发

---

① 陈至立:《加强高校高层次人才队伍建设》,http://www.moe.gov.cn/s78/A04/s8343/moe_694/201001/t20100129_9812.html,2005年3月28日。

展要求的平台,为他们专业要求的实现提供政策通道,为他们实现自己的专业权利提供权力保障,确保这一高智慧群体的学术创造力与专业才智得到尽情释放,是大学治理走向真正专业化的现实路径。

可见,教授治校不是可有可无的,而是永葆大学的学术青春,坚挺大学的学术秉性,激扬大学的学术活力的必由之路。在大学治理的视野中,教授只有自觉、亲身参与到大学管理过程中来才可能促使大学治理活动朝着有利于专业发展的方向前进,才可能有力克服各种"非专业"式管理思路、管理行为的滋生。

二、教授参与治校的不可替代性优势

教授执掌学术活动、自主开展学术研究的学术权利的实现需要一定权力的支持与保证,而这种对权力的客观需求并不能为应该赋予他们相应治校权力提供充分的理由,而且教授客观上需要参与治校也不能为其参与治校活动的合法性提供充分的理论支持,毕竟必要性不等于可能性,可能性更不等于可行性。美国学者伯顿·克拉克指出,高等教育系统中存在着两种权力——学术权力、行政权力,由于高校担负着知识创新的重任,所以,在高校中应该强化学术权力,弱化行政权力,尤其是要赋予基层学术组织以最为充分的学术权力[①]。然而,在我国高校中教授的学术权力被代理的现象并不鲜见,大学行政管理者分不清学术权力与行政权力间的界限,对教授的学术权力越俎代庖,甚至在形形色色的"为了学校发展"的名义下,剥夺了教授参与大学内部专业管理的权力,致使其所拥有的许多专业权利名存实亡。实际上,行政管理与学术管理之间的差异与追求是明显的:行政管理追求的是效率,追求的是公正、公平,"一刀切"是行政管理的通常手法,学术管理追求的是卓越,是创造,是个性化,只要有助于学术创见生

---

① 赵蒙成:《"教授治校"与"教授治学"辨》,《江苏高教》2011年第6期。

产的一切做法都会被倡导、被尊重；在行政管理之先的预设是所有管理对象大众化，所有管理资源数量化，而在学术管理之先的预设是每一个管理对象都是独一无二的"这一个"，所有管理资源都被视为只对某些学者具有独特激励效能的优势资源。一言以蔽之，行政管理追求的始终是标准化、常规化、同质化，而学术管理追求的是最优化、个性化、异质化。正是如此，蔡元培在北大治校期间颁布了《国立北京大学现行章程》，明言设立两个相对独立的管理机构——教务会议和行政会议，由教务会议专事学校的学术管理事务，以此保证教授在学术事务决策上的合法权力[①]。实践证明：北大的这一改革非常奏效，它充分发挥了两个管理中心——教授委员会与校务委员会的双重优势，实现了大学的专业化运转。这一事实也表明：只要给教授提供了参与学校权力机构的舞台，他们完全有能力、有资格、有可能科学地行使自己手中的权力，发挥行政管理所难以企及的独特管理效能，为大学学术事务管理产生强大的促动力。

进而言之，教授凭什么参与治校，教授身上的哪些资质与品质决定了他们能够参与治校过程，是值得我们审视的问题。教授尽管不是专业的管理者，但在他们身上又有一些有助于大学治理高效化、科学化、专业化的品质，正是这些品质的存在为他们参与治校创造了得天独厚的优势。

（一）教授的"超利益型人格"为大学治理的科学化提供了人格条件

大学教授都是学者中的精英，是心系社群、富有良知、兼善天下、关注民族大计、奉献学术事业的优秀学者与知识分子，这是教授群体的特有人格特征。教授对不当权力具有天然的抗腐蚀力，有纯洁无私

---

① 蔡磊砢：《蔡元培时代的北大"教授治校"制度：困境与变迁》，《高等教育研究》2007年第2期。

的事业心向，他们对学术研究的执着信仰与在真理面前表现出的坚贞不屈，能够保证大学治理的健康方向。教授所从事的学术事业都是服务于公众社会并具有明显社会公益性的，其所创造的研究成果一旦用诸社会，就会很快转化成为公共产品，推动整个社会的跨越式发展。因此，教授所从事的学术事业的社会收益常常与个人直接利益之间是不平衡的，一般而言，社会利益大于亲身利益、公众利益大于个体利益是学术研究活动的共同特点。在大学中，教授在从事学术研究这一公众事业的同时，也将这种心系共利的品性沉积在他们的深层人格中，并将之扩散到教授所参与的社会活动中。

正因如此，在各种治校活动中，教授群体一般代表的不仅仅是本阶层的利益，更代表着基于社会良知与大学自然发展逻辑的治校立场，而且，这种立场也不会轻易受到主流社会中存在的各种俗见、俗识的侵染与干扰。在教授群体的人格中，我们既能找到朴实无华、有血有肉的"真人"人格，又能找到志存高远、造福天下的"超人"人格，这正是教授作为大学治理者的"超利益型人格"和独有优势，是他们不会轻易蜕变为权力追逐狂、政治野心家的人格磐石。相对而言，一般行政管理者在治校中关注多的是如何使管理活动尽可能地兼顾各方面的利益，如何在各种复杂关系中寻求管理活动的平衡点，其结果是，他们都成了身不由己的"体制中人"，容易偏离大学的理想与信念，疏远了大学的本真追求。在大学治校实践中，教授群体的参与能够有效遏制职业管理者的利益平衡思维，能促使大学去做大学该做的事情，努力创建一种脚踏实地、目光长远的大学典范。

（二）教授的专业资质为大学治理提供了专业条件

隔行如隔山。在当代，随着社会专业化分工的加深，各个社会行业的专业化特征日趋明显，这就决定了一般管理者很难胜任各个行业的管理工作，决定了不可能存在一种各行业通吃的"万能管理专家"。在这种情况下，那些双专业型、复合型管理者，如既熟谙教育规律又精通管理科学的教育管理者,那些既懂工程又懂现代管理的工程管理者等最适合从事某一专门行业的管理工作。然而,在当代大学中,这种复合型管理者被选聘到领导职位上的机会很小。在现实的大学组织运转中,我们常见的解决方式是借助于一系列管理组织,如教代会、校委会等来吸收、耦合来自管理方面与专业方面的工作建议,据此形成一种中和性的管理决策。由此,教授能否从专业角度提出切实可行的治校建议,据此影响大学的决策方向、提升治校决策的科学化水平,是事关现代大学健康发展的大计。

教授的优势是专业优势,是对专业发展的状况、要求、规律、走势非常知悉的优势,这种优势根源于教授扎根于学术生活的土壤之中。显然,任何一项科学管理决策的做出都不仅需要管理学知识,更需要专业理论的支撑。在大学中,对工科专业的管理不同于对文科专业的管理,对生物工程专业的管理不同于对法学医学专业的管理,每个行业中都存在一些独特的管理方式与思路,这一最好的管理方式只有深谙这个行业的教授最为清楚。高技能行业需要厚实的临床经验的支持,高科技行业需要缜密的逻辑推理能力的支持;知识密集型行业需要的主要是知识管理,艺术行业需要的主要是创造力激发,等等。不同行业对其管理活动提出了独特的品质要求,这些要求不可能被通用。在这种情势下,只有位于每一行业能级顶峰的精英人才可能通晓这些独特管理要求,在大学治理中教授自然就属于这类人才。从这一角度来看,只有教授才懂大学的管理,才知道大学该管什么,该怎样管。正如莫迪(Moodie)曾经所言:在大学内部,"知识即权力"[1]。可以说,大学的管理就是知识的管理,只有知识的集大成者——教授——才可能胜任这一管理要求。在大学治理中,如果不善于利用教

---

[1] 陈何芳:《教授治校:高校"去行政化"的重要切入点》,《教育发展研究》2010年第13—14期。

授的专业力量来开展学校治理工作，大学的领导力与政策的执行力就难以深入到各个专业的"毛细血管"中去，高效、精细、有力的管理模式就难以形成。

（三）教授的日常决策模型决定了他们不会把权力当成把玩的对象

在大学中，教授在治校中之所以常常被誉为正义、正气、正派的代言人，其重要原因之一就在于他们天天忙大事（科研事业）、务正业（学术事业），周旋于实验室、教室与资料室之间，没有多余的精力与闲暇来把玩手中的权力，不容易蜕变为专门玩弄权术的政客。不止于此，教授工作的对象——学术研究事业——决定了其做人与做事、学品与人品间的高度统一性，实践证明，只有二者一致才可能铸就学者的辉煌业绩，创造卓异的研究成果。在大学治理中存在着两种截然不同的管理风范：一是建立在人治基础上的政客型治理，其主导思路是利用权力来遏制那些不当、过度的权力需求和权力欲望，以此来实现校内各个层级领导者之间的权力相互制衡，使之各安其位、各司其职；二是建立在治事基础上的专业型管理，其主导思想是从学校事务发展的内在需要出发，按照责、权、利相统一的方式来配置各级管理能级的权力，努力构建一种有利于学校主业良性发展的大学治理形态。

可见，在大学权力机构中如若有了教授的参政议政，顶层权力的运用就可能在一定程度上受到有效的制约与限制。教授的决策模型与政客的决策有显著差异。一方面由于事务缠身，另一方面由于教授纯洁的决策意图，他们参与学校大政决策的一般模式是趋于简单化，即在特定形势下，有利于大学发展是唯一决策标准，一件事情该怎么处置就怎么处置。一切决策的做出只关注两个方面，一个是良知，一个是理性，无须在乎决策所带来的管理对象间的利益结构变动。只要是有利于学校的发展，决策就通过；如果有悖于学校发展，决策就不通过，这就是教授的简单化决策模型。在教授的决策中，他们对决策的责任是以其学者人格为担保的,决策始终保持着高度的纯洁性与简捷性。在他们看来,如果把一个简单的决策搞得复杂化,对他而言,这是一项高成本的决策,一个需要付出更多精力与时间的决策,这种决策最终只会影响他们的专业与研究工作,最终得不偿失。换个角度来看,最简单的决策是最为理智的决策,是低耗高效的决策。在大学治理中,良知距离简单化更近一些,曲折复杂的决策只会给利益追逐者带来更多的藏身之所。

两种决策相比之下,我们不难看到,教授在参与治校决策中至上的追求是关注专业持续发展的专业利益,而政客在决策中至上的追求是自身权力最大化的权力利益,追求的是权力主体间的和谐与平衡,两种决策的立场具有明显差异。说得更极端一些,在教授的眼中,权力为专业发展、学术探究服务,政客对管理权力的集权、对权力能级的细化只会给学术发展制造更多的障碍。故此,没有教授的参政,大学就无法保证朝着张扬其本性,有利于学者、学术的利益最大化的方向发展。

第二节　高校学术论文评价治理

从本性上讲,大学是一个学术共生体,是多种学术活动形态——探究学术、整合学术、教学学术、应用学术等互融共生的学术场域。对这一特殊场域而言,学术生命是事关大学生死存亡的"命门",学术治理现代化是驱动大学学术生命进化升级的行动。学者研究认为,学术治理的实质是构筑多主体共治、权责共享共担的学术活动格局[①],旨在搭建一种学术主体、学术权力与学术资源间的最佳联结方式,而其"联

---

① 许晓东、阎峻、卞良:《共治视角下的学术治理体系构建》,《高等教育研究》2016年第9期。

结点"正是以论文评价为基础的各种学术评价制度。长期以来，学者热衷于谈论国家学术治理体制机制建设、大学内部学术环境治理，而忽视了对其关节点——学术论文评价治理的深究，致使种种宏观学术治理理念面临落地困局。无疑，论文发表是大学学术活动的一枚基石，整个学术大厦、学术体制都建基于这一基石之上，论文评价治理构成了大学学术治理实践的原点。正是基于此，2018年教育部启动了"破五唯"评价改革专项整治行动，首先改革的便是"唯论文"评价，宣示我国大学面向治理现代化的改革悄然步入深水区。当下，我国大学深陷"学术GDP"评价误区，学术论文评价中"表现主义"盛行①，诱发了学术发展内卷化、学术领域"异治"（heteronomy）等迹象，学术论文数量剧增而国家原始创新力、核心技术产出量明显不足正是其集中表现。在这种形势下，唯有从大学学术生命体的基因与细胞——论文评价入手，方能为我国大学迈向学术治理现代化找到一条根本之道。

一、论文评价是大学学术治理现代化的心脏

从系统管理走向学术自治、从部门统领走向学者自律，是当代我国大学学术治理的一般路径，诚如学者所言，学术治理的实质是在行政权力与学术权力助推下重构大学"学术场域中的游戏规则"②，是为学术组织构筑一套科学有效的"联结模式和运行机制"③，是"形塑高质量的学术治理结构关系，营造和谐规范的制度环境，以及创生多元主体参与共治的秩序空间"④，等等。简而言之，大学学术治理的核心

---

① 陈斌：《从"表现主义"到"本质主义"——大学学术评价指标化的支配及其超越》，《高等教育研究》2021年第5期。

② 王建华：《重思大学的治理》，《高等教育研究》2015年第10期。

③ 汪洋、李珣、龚怡祖：《大学学术治理体系的权力重心定位问题研究》，《教育发展研究》2015年第Z1期。

④ 陈亮：《论大学学术治理能力现代化》，《华东师范大学学报（教育科学版）》2021年第2期。

内蕴是让学者成为学术活动的真正主体,让学术活动沿着自主、内生、共治的轨道前行,让学术制度、学术组织建设适应学术生命体高质量生长的要求。大学学术治理的最佳状态是迈向"基于承认的权力共意表达来实现民主公共价值认同的学术合作善治"①,这就是学术治理现代化的至高目标。如何借助学术治理的最内核环节——学术论文治理——来实现这一学术治理愿景,正是我国大学学者梦寐以求的对象。

(一)学术治理现代化:搭建学术主体、制度与目标间的最佳链接

"治理现代化"概念源自国家治理研究领域,是继我国"四个现代化"之后的"第五个现代化","是更高层次的现代化"②,其基本内涵是"在社会多元化和市场经济的基础上,以制度的现代化为具体依托,以服务社会的进步和经济的发展为指向的国家治理"③。作为国家治理现代化的下位领域——"大学学术治理现代化"的原意来自上位概念的创造性延伸与领域化演绎。就"国家治理现代化"而言,其蕴含的三个关键要素是多元主体参与、制度规则建立与实质发展目标实现,三要素之间的最佳互动动态是"善治"。与之相对应,"学术治理现代化"的内涵理应是充分尊重、激发、利用学术活动多元主体的积极能动性,鼓励其在共同学术规则允许的空间内与期待的线路上自主参与学术研究活动,最终达成学术生产力最大化的学术总体目标,借此实现学术治理的"善治"状态。从这一角度看,大学学术治理现代化的关键要素是学者及其共同体、学术制度与学术生产力,三者有序联结,

---

① 陈亮:《论大学学术治理能力现代化》,《华东师范大学学报(教育科学版)》2021年第2期。

② 施芝鸿:《国家治理体系现代化是"第五个现代化"》,《经济日报》2013年12月2日。

③ 包心鉴:《国家治理现代化对执政党建设的新要求》,《中国浦东干部学院学报》2014年第5期。

由此构成一个有利于最优质学术成果产出的治理链接。在这一链条上，其首端是学者主体及其共同体，他们是学术成果的生产者；其中端是各种学术制度，如学术资源分配制度、学术机构运转制度、学术论文成果评价制度等，是将学者有机关联起来的制度媒介，它以其独特内部结构决定着大学学术生产力的水平；其末端是学术生产力，它包括学术成果的创造力、影响力与衍生力，依次体现为原创性学术贡献、社会发展绩效贡献、学术事业持续发展贡献等。客观地看，学术生产力进步状况具有潜在性、滞后性和复杂性。所谓完整意义上的"学术成果绩效"只是一种假想存在物而已，现实实行的各种学术绩效评价都只是针对其中的一个侧面或要素而已。从这一角度看，一切学术论文评价活动都服务于学术制度、组织、机制的建构，都是基于一定价值倾向与主观意图展开，并服务于特定学术发展意图的实现，故都应归属于学术制度规则建设之列。因此，学术治理现代化的实质是搭建治理主体、治理制度、治理目标间的最佳链接，它由三个重要要素，即治理主体现代化、治理制度现代化和治理目标现代化构成，论文评价制度的改进与优化有利于全面提升大学学术活动的原始创造力、社会变革力与持续发展力。

（二）论文评价现代化：大学学术治理现代化的枢纽链环

学术治理现代化的目标是构筑良性运转、健康有效的学术生态或运行新机制，为大学学术要素——学者、资源、成果等构造一种最佳联结方式，实现"把学术资源托付给具备相关知识能力而又缺乏学术资源的大学或学术团队"[①]的匹配目的。这一目的的实现必须经由科学学术评价制度的中转来落地，因为评价制度是学术资源配置的方向标与导航仪，是用公平方式把学术人联结起来的手段，科学学术治理实

[①] 向东春：《问责与信任：大学学术治理的逻辑与路径》，《教育发展研究》2020年第19期。

践必然发端于学术评价制度的重启重建。在这一意义上，学术评价现代化是学术治理现代化的母体与根基。

在学术评价制度群落中，论文评价是"根基的根基"，其原因就在于，一般学术评价都会诉诸"产出导向"原则，将学术产出、学术成果视为首要评价客体，而学术论文则是大学学者最根本、最基础、最硬核的学术成果产出。一方面，学术论文是大学学术成果的基础构成，其他物化学术产出形态，如技术、发明、专利、报告、方案、量表等都以一定学术论文成果为铺垫、为奠基，甚至那些非实体性学术成果，如学术思想、意识观念、文化创造等，它们也都发端于学术论文观点的最底层创新。如果说学者是学术共同体的构成单位，论文创作是学者参与学术研究的基层形态，那么，每一项重大学术创新、技术发明的取得都与本领域中一篇或数篇拥有独立知识产权的学术论文相关。另一方面，学术论文是学者学术创造的智慧结晶，是某一领域学术思想迭代发生的原发点，是最具思想衍生力与社会增值力的学术产出或成果。一篇优质学术论文可以衍生出一部学术著作、一个创造发明、一项技术革新、一次社会变革，一篇优质学术论文很可能成为一项重大工程、科研项目、创新计划的开路先锋。从这一角度看，学术论文评价好似一根能够撬动整个学术界运转、决定学术研究潮头指向的杠杆，它能对大学学术实践全局发挥着"牵一发而动全身"的评价效应。因此，学术论文评价就是一所大学实施学术治理、刺激学术生产力的原点依托。

换个角度看，大学学术治理的一般意图是"激发学术创作主体的创新活力，充分发挥学术共同体的集体智慧，并引领学术创新的方向，为持续的学术创新提供思想源泉、人才保证和平台基础"[①]。这一意图

[①] 王牧华、宋莉：《高校学术治理的生态逻辑：制度保障与环境建设》，《吉首大学学报（社会科学版）》2018年第2期。

的实现必须建基于论文评价制度之上，学术治理现代化的应有之意是论文评价治理现代化，论文评价参与大学学术治理的内循环机理如图4-1所示。

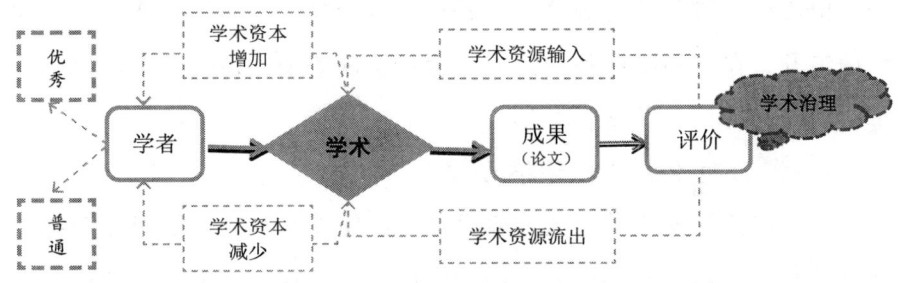

图 4-1　学术论文评价参与大学学术治理的内循环机理

图 4-1 表明，论文评价本身是一场微观学术治理实践，其内部机理是，大学借助学术论文成果价值评价这一手段来掌控学术资源流向，影响学者学术资本的积累，最终决定着学者学术生命生长的轨迹。可以说，学术治理现代化的内核之一就是学术评价现代化，即借助学术成果，尤其是学术论文的评价，来构筑学者主体平等参与、学术资源公平争夺、学术生产力持续增长的学术共治格局，努力实现学者学术积极性与学术生产力的同步增长。在这一过程中，政府、学术组织、学术成果市场等都只是搭建这一微观学术治理机制的工具或手段而已，相对学术论文评价而言，都处于边缘、外围、辅助的位置。

二、学术论文评价治理的一般思路

显然，破除"唯论文"评价并非取缔论文评价，而是要重建科学的学术论文评价制度，彻底改变大学学术治理的内在瓶颈，让论文评价在学术治理现代化中发挥内核驱动功能。这就是学术论文评价治理的实质所在。换言之，如果学术界缺乏对不良论文评价影响的免疫力、阻抗力，任由论文数量崇拜、单一评价方式霸权现象滋蔓，学术生产力的发展将严重受阻。为了规避这一风险，我国大学启动论文评价为基础的学术治理现代化改革，在政府、高校、学者合力推动下创造大学论文评价新模态，对于提振当代我国大学学术事业而言意义重大。基于这一考虑，学术论文评价治理的一般思路理应是立足论文作为一个"价值综合体"的客观事实，始终围绕论文学术价值原点——本体价值展开，在主动防控各种论文评价异位现象中促使大学学术论文评价活动守护初心、回归正道。

（一）面向论文"价值综合体"

论文评价的本意是论文价值评价，促使论文本真价值彰显是论文评价的核心关切之一。作为一种知识形态存在物，论文思想观点一般会与多个主体、对象、领域发生关联，进而衍生出一系列论文价值类型，论文学术价值系指这些价值类链接一体的"价值综合体"，其基本构成是本体价值、社会价值与衍生价值。

首先是本体价值与社会价值。前者源自论文中蕴含的原创知识与方法思想贡献，后者源自论文成果给学术实践、社会生产、人类文明带来的积极促进与影响。从价值发生角度来看，论文的价值生成有两个，即学者的知识生产环节和成果的行业应用环节，它们构成了论文学术价值的两大根源。与之相对应，论文价值评价会涉及两类基本价值类型：其一是论文自身的原创价值、知识价值、本体性价值，即论文成果中凝聚的学术创意、学术劳动、学术精神、学术态度，这是学术论文内蕴的"干货"与知识创新元素；其二是知识成果应用中显现出来的再生价值、应用价值、副产品价值，即论文知识成果中可转化的技术原形或潜在的社会卖点，有无促进生产、变革社会、促进文明的潜在能源。基于此，论文成果评价必须考虑两个关键指标，即学术研究内容与社会转化潜质，将二者兼顾起来评价一篇论文的学术价值，就可能让论文评价成为维系学术生态、滋养学术生命、提升学术潜能的"加油站"。

其次是衍生价值。学术论文不仅有本体价值、社会价值，更有衍生价值，这是与其作为知识产品的独特属性——可共享性——直接相关的。在大学组织环境中，论文发表行为还参与大学基本功能，如教学、科研、社会服务等的实现，进而衍生出一系列其他价值形态：其一是论文直接使用价值，属于论文的"边缘价值"，体现为论文在学术圈内被其他学者引用、参考、购买中产生的价值；其二是论文育人价值，属于论文的"中间价值"，体现为论文在大学教育教学应用中所产生的思维训练、人才培养、文明教化等价值；其三是作者学术实力的显示价值，属于论文的"次生价值"，体现为学术论文发表对学者本人学术资本增值的价值。如若将这些价值中的任何一类类型过度放大、片面理解、超限误用，都可能招致学术生态受损、学术方向偏差的后果，因而也是大学学术治理的对象之列。譬如，在当代论文评价中，许多大学将论文引用价值视为学术实力水平的标志，一味追求论文的实力显示价值，将论文育人价值弃至一边，致使学术评价被边缘价值、次生价值所误导，导致论文价值综合体面临失衡、偏倾、崩塌的危机。

从这一角度看，论文评价治理的思路之一是，破除论文边缘价值、次生价值至上的评价思维，树立面向"价值综合体"开展论文评价的意识。为此，在当前，大学论文评价环节要把握好论文价值生成的三个关键——知识生产、教书育人与社会应用，严格将原创知识含量、育人贡献率、生产力提升度等作为学术论文价值评价的基本点，为大学学术治理现代化提供有力支持。

（二）坚守论文本体价值

论文是学术的载体，学术性是论文的本性。论文评价其实就是鉴别论文中蕴含的学术价值，发掘学术创新点才是学术论文评价的价值原点与生存之基。韦伯指出，科学的本心是"通向真实存在之路""通向艺术的真实道路""通向真正的自然之路""通向真正的幸福之路"[①]，

[①] 马克斯·韦伯：《学术与政治》，钱永祥等译，上海三联书店，2019，第112页。

与之相应,学者自由学术实践的生成物——学术创新点——构成了学术成果的本体,坚守学术论文的本体价值是呵护学术研究自由本性的客观要求。当前,"唯论文"评价现象产生的直接原因之一就是学者遗忘了"学术创造"这一学术本体、学术本心。学者是学术的主体,论文发表是学者的行为,唤醒学者的学术价值意识,守护学术实践的创新本质,才是诊治"唯论文"评价症候的起点。

如果说大学学术实践是以学术本体价值为轴心,学者学术行为围绕这条轴心线上下波动,二者构成了一条类似于价值与价格关系的波浪线,那么,学者学术行为一旦偏离了学术本体价值的牵引,超出了其所允许的波动区间,引入行政干预、机制调整、生态重建等强制复原举措就成为情理之中的事情。换个角度看,学术活动由三个重要变量——意图、行为与成果构成,其中,学术意图、学术本意建构着学术本体价值,学术行为是围绕学术价值实现的曲折实践,而包括学术论文在内的学术成果则是学术产出的物化形态。从理论意义上讲,相对学术活动而言,学术成果更容易偏离学术活动的初心与原意,因为任何学术成果一旦发生、定型、发布,其诠释具有了多意性,其应用对象、方向、领域便具有了不可控性,由此形成了一条距离学术本意最远的波浪线(图4-2)。

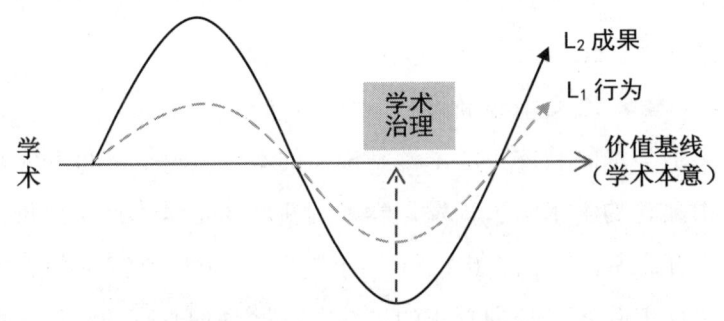

图4-2 学术意图、学术行为与学术成果间的波动关系

图4-2表明,学术活动的价值基线是学者开展学术活动的原本意

图与创价目的等，真实学术行为、最终学术成果一定程度上会偏离这一意图与初心，形成一条偏离学术初心意图的波浪线，论文评价治理的使命就是要让学术研究活动、学术成果凝练回归学术原初意图与本体价值。从这一角度看，论文评价治理的根本理念是确保学者的学术论文发表动机、行为不偏离学术实践的根本价值，即知识创新、产业催生、文明进化的原本价值诉求，确保学者的学术研究始终处在清纯学术价值取向的导航之下。学者认为，学术论文的根本价值是"论文的原创性与对社会的实际价值"[1]，是一篇论文中的"干货"所在，诸如论文提出了什么、发现了什么、创造了什么、预见了什么、证明了什么、同行认同了什么、对社会影响了什么等内容[2]，这七个"什么"是学术论文价值的本体构成与本质蕴含。需要指出的是，在论文学术评价中，对这一类价值维度的评判必须诉诸学术操守高尚、学术水平高端、学术站位高远的内行学者做评委才能实现。而在现实中，由于每个学者都身处复杂学术利益网格与学缘亲缘关系网络中，完全游离出这些关系网络的纯粹评价专家根本不存在，高纯度、高准度的学术性评价难以实现。由此可以理解，二十一世纪初我国学术界热衷于用引用转摘数量、发表刊物等级等外部影响指标评价取而代之有其合理之处。学者指出，科学的学术论文评价是"在洞察科学论文创（写）作动机的前提下，在界定论文内在价值基础上，鉴定论文质量的观点和理念"[3]，是将论文内在价值与学者发表行为相互参照中得出一个中肯结论的过程。所以，坚守本体价值是科学论文评价活动的首要法则，是决定论文评价品质的首要参量，任何偏离这一本位与基准的论文评价行为都可能成为孕育极端化、"唯一"式评价的温床。

---

[1] 孙雷、何玉龙：《治理"唯论文"需打"组合拳"》，《中国科学报》2020 年 11 月 24 日。
[2] 李睿明：《基于动机、价值、质量的科学论文评价观》，《科学学研究》2008 年第 5 期。
[3] 李睿明：《基于动机、价值、质量的科学论文评价观》，《科学学研究》2008 年第 5 期。

（三）防控论文价值评价发生异位

其实，学术论文评价治理必须"两翼作战"，一翼是守正固本，一翼是防控异变，齐头并进才是科学的评价治理之道。其中，防控异变的目的是守住学术价值评价的合理阈限，防止其异化为破坏学术生态、误导学术创新活动的病变部位。从理论上看，学术论文价值具有存在形态复杂性、表现方式多样性与有限可评性的特征，选定任何一个维度或侧面的评价工具都难以反映一篇学术论文的价值总体。换个角度看，学术论文评价系统是论文本身评价、影响评价、反身评价的三位一体与良性循环（图4-3），每一评价链环的缺失、缺陷、误用与过度使用都可能导致学术价值评价异位现象的发生。

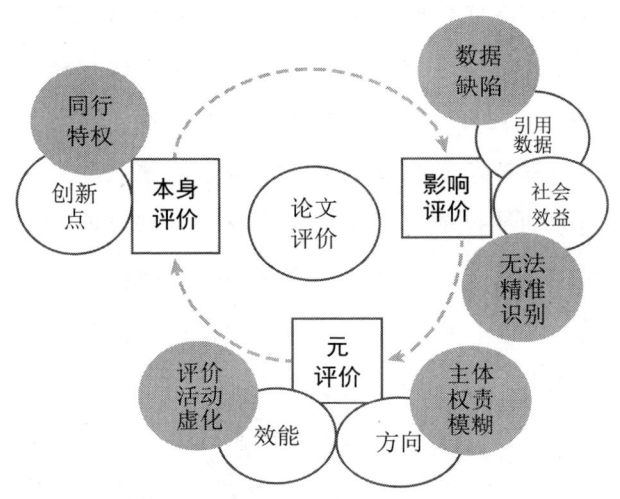

图4-3　学术论文评价系统的内循环

图4-3表明，学术论文评价是一个"本身评价—影响评价—元评价（返回评价）"环环紧扣、层次递进、形成链条的循环过程，其中论文本身评价，即学术原创点评价是基石；论文影响评价，即社会效益评价、引用数据评价等是辅助；元评价是对前两种评价活动的返回校正，是持续提升学术论文评价质量的坚强后盾。同时，其中的每一评价链环都是在与对立面博弈中曲折前进的：论文本身创新点评价受制

于评价主体——同行学者——特权的影响，论文引用评价受数据质量及其评价效度缺陷的影响，社会效益评价受制于评价对象难以精准识别这一因素的影响，论文元评价受约于评价主体权责模糊、评价活动长期虚化等因素的限制，等等。

当前，大学论文评价面临的最大困境就是长期缺乏元评价制度，致使种种学术评价霸权，如专家霸权、数字霸权泛滥，成为防控论文价值评价异位的重要部位。其实，论文评价是学者、行业、学术三者间的重要接口，其职能是基于学术逻辑、行业逻辑的要求来导航大学学者的学术生产活动，实现学术生产与行业发展间的无缝对接与共生发展，最终达成学术生产驱动行业高质量发展的目的。从这一角度看，大学论文评价所扮演的角色更像是中间人、协调者、信息传达者，而非学术权力的生产者、学术资源的分配者。但在我国论文评价实践中，由于长期缺失元评价，缺乏对已有论文评价体制机制、方式方法性能的反馈与回调机制，致使许多论文评价结果无端与某些权力部门、资源分配机构相勾连，造就出了一批学术特权代理人、学阀门派团体，"挟天子以令诸侯"的论文评价霸权与异化现象在学界时隐时现。尤其在当代社会，"绩效问责已经成了一种意识形态，绩效评价已经成为外部利益相关者的一种权力、成为了一种单纯的技术手段"[①]，论文评价特权更是搭上了绩效问责的便车而使自己扶摇直上，论文价值评价异位现象日趋严重。在这一形势下，推行学术元评价，弱化或斩断论文评价特权的生产链条，大力抑制评价特权、评价集权、评价越权等现象的发生，是将学术论文评价拉回正道的选择。为此，论文元评价参与学术论文治理的入手点有三个：一是确保学术论文评价系统的完整性，修补元评价缺失造成的断链；二是回避某一评

---

① 张应强、苏永建：《高等教育质量保障：反思、批判与变革》，《教育研究》2014年第5期。

价方式滥用，克服"一评多用"的缺陷，防范评价特权现象滋生；三是消除论文评价领域的学术权力寻租、学术特权代理人，培育风清气正的论文评价文化。

三、面向学术治理现代化的论文评价制度改进

论文评价制度是大学学术治理的纽结之一，论文评价制度改革是冲破"唯论文"评价阴霾的先锋，是我国大学学术治理迈向现代化的关键抓手。2020年国务院颁布的《深化新时代教育评价改革总体方案》(以下简称《方案》) 指出：在高校学科评估上，要"强化人才培养中心地位，淡化论文收录数、引用率、奖项数等数量指标，突出学科特色、质量和贡献，纠正片面以学术头衔评价学术水平的做法"；在高校教师科研评价上，要"突出质量导向，重点评价学术贡献、社会贡献以及支撑人才培养情况，不得将论文数、项目数、课题经费等科研量化指标与绩效工资分配、奖励挂钩"，要"推行代表性成果评价，探索长周期评价，完善同行专家评议机制，注重个人评价与团队评价相结合"。对学术论文评价制度建设而言，它明确了三个重要改进方向：一是学术论文评价要突出学术研究的三项基本功能——学术创新贡献、学术社会影响、学术育人价值，即本体价值、社会价值与衍生价值；二是学术评价方式上突出同行评价、团队评价、学科整体评价，将单篇论文评价与学术整体发展捆绑起来；三是学术评价异位防控上，要做好"三防"，一防学术权威特权影响，克服学术头衔的晕轮影响，二防过度量化评价影响，反对将论文数量与资源分配直接挂钩，三防同质化评价影响，倡导基于学科特点的论文评价方式。无疑，《方案》中提出的论文评价改革举措其实就是大学学术治理现代化在论文评价治理领域的具体行动方案。基于上述分析，我们认为，我国大学学术论文评价制度的未来改进方向是构建立体论文价值评价系统，聚焦知识创新元评价，加快建立元评价制度，全力构筑大学学术论文评价的新模态。

(一)构建立体评价系统,开展多参数、互参式评价

基于上述分析可知,论文价值综合体才是学术论文评价的真正对象,与之相适应,我国大学论文评价制度改革中必须坚持"以本体价值为本,以社会价值为基,以衍生价值为辅"的评价思路,体现《方案》所要求的突出"学术贡献、社会贡献以及支撑人才培养情况"评价,努力建成立体论文评价系统。首先,论文的学术性、创造性、知识增值性一定是论文评价的第一关注点,是不可辩驳的首位价值,捕捉论文中的学术原创点、新生点、突破性,透视其中蕴含的知识创新元,是学术论文评价的根本立意与行动始发点;其次,论文的可转化性、潜在应用性是论文评价的第二关注点,缺乏社会关怀意识的人文研究、缺失市场意识的科学研究注定是被社会淘汰的对象,毋庸置疑,让行业、社会来评价学术论文具有一定的合理性;再次,论文的引用价值、育才价值、学术实力展示价值等是论文评价中的重要衍生价值,应在评价中给予合理的位置安顿。

在大学学术环境中,学术贡献、社会影响、育人效能是学术论文的三重主要价值来源,必须选择不同评价主体来对之进行精准评价:本体价值需要学术专家同行来评价,社会价值需要企业专家来评价,育人价值需要教育专家来评价。故理想的论文评价主体是上述三类专家构成的评价主体共同体,基于论文外部效应的普适量化评价仅具有有限的参考意义。从评价手段来划分,上述评价方式可以分为两类:一是基于各类业内专家的内行评价,其评价工具是专业判断;二是基于数理统计工具的外行评价,其评价工具是量化分析。客观地讲,内行学术评价特指基于学术共同体或业界专家群落的评价,其根本特点是本体性与主观性相统一,本体性评价意味着学术同行能够清楚挑明一篇论文成果中蕴含的具体性、实质性、学术性创新点,其缺陷则是主观性,即容易受学缘关系、业缘关系、亲疏关系、利益关系等影响,由此增加学术评价结论中的人为性因素,导致学术评价结论的失真失

准。大学外部学术评价特指依靠学术成果的外部效应数据，如转摘率、引用率、下载量等，借助量化分析的方式来评判学术论文优劣，其根本特点是异体性与客观性的统一。异体性意味着学术评价对象不是学术成果本身、本体，而是针对其指代物、替换物或对应量数指标进行的评价，是对论文本身衍生数据进行的评判，其优点是客观性较强，几乎可以过滤掉评价结果中全部的人为性因素。其缺点是这属于一种捕风捉影式评价，容易陷入"指标化陷阱"，即陷入"功利主义、简化主义、行政逻辑"①的误区，误导学者按照单项量化学术指标来开展学术活动，机械追求"学术GDP"，而非聚焦学术本身的创新性与实质性的产出量。应该说，当前"唯论文""唯帽子""唯刊物"等学术评价正是过度量化评价的负效应。在大学论文评价制度建设中，要规约"学术野马"的行轨，就必须构建一种量化与质性、主观与客观、本体与异体均衡互参的评价系统，强化论文成果内外行评价间的互参性。为此，学术论文评价治理中，要开展面向论文价值综合体的评价，就要实施三项制度改革行动：

一是反对单一论文评价形态霸权，大力倡导多参数评价。从理论上看，引入一种内外关联性评价，即坚持内部评价的基础性、根本性，同时参照外部评价数据，借助对外部评价数据的科学解释来评判内部评价的真伪性。具体来看，在评判论文原创性真伪与效度基础上用有效外部评价数据来印证或补充内部评价结论，或给内部评价"乘上"一个外部评价的"系数"，实现两种论文评价结论的科学合成，这才是高校论文评价治理的科学之路。

二是对当前薄弱论文评价类型进行强化与改进。当前我国论文评价制度的短板是同行评价，大学要尽可能消除其主观性因素，如引入

---

① 李立国、赵阔等：《超越"五唯"：新时代高等教育评价的忧思与展望（笔谈）》，《大学教育科学》2020年第6期。

双盲评价、利益相关者回避制度，建立评审专家的定级制度、荣誉制度与公信力评价制度，推动学术评价过程的公开制度、答辩制度、问责制度、追溯制度，促进学术评价行业的专业化建设，等等。有了这些举措，评价者才可能基于学术事业的公心、良心、初心进行评价，由此来增加内部同行评价的"硬度"与公信力。

三是构建"创新为本、贡献为基、数据为辅"的新型学术评价体系，提升三大论文评价依据间的融通性。学术论文评价的三大依据——学术成果的知识创新度、重大技术升级（或社会进化）中的学术贡献度、学术成果的学界关注度等之间是互依共存的关系。在量化评价霸权的时代，前两者被淡化了，导致论文评价远离初心本心，最终陷入孤芳自赏、数据崇拜的险滩，内部评价与外部评价间出现了"断链"与"鸿沟"，成为学术论文评价的功能异化之源。所以，打通学界评价与业界评价、学界内部评价与外部评价的关联通道，构筑"成果、贡献、数量"三位一体、三方兼顾的论文评价制度，才是最终弥合内外部评价裂痕的应然之道。

（二）严守学术正当逻辑，聚焦知识创新元评价

学术研究的本心是学术志业，是学者"对学术的内在志向"[①]，学术论文评价制度改革必须坚守学术正当逻辑，落实《方案》所期待的"突出质量导向"理念。学术论文是学者的学术品性，包括学术精神、学生态度、学术智慧、学术思维、学术理念等的外显外壳、物化载体，捕捉、确认、强化论文的学术性内涵始终是大学论文评价环节理应坚守的初心与基点。一切学术实践存在的立基点是真理发现、知识创新、改善实践，其标志性构成要素是知识创新，而知识创新的基本单元正是"知识创新元"。学者指出，"知识单元是粒子化了的科学概

[①] 马克斯·韦伯：《马克斯·韦伯全集（第17卷）》，吕叔君译，人民出版社，2012，第3页。

念，科学概念又是场化了的知识单元","创造过程乃是知识单元的重组过程"，与之相适应，学术实践的实质是"先把结晶的知识单元游离出来，然后在全新的思维势场上重新结晶的过程"①。故此，论文本体价值的本组成单位是"知识创新元"，学术活动与成果评价的关键是看其有无新知识的增量，有无知识创新元的涌现，有无全新知识元组织形态的产生。

在"唯论文"评价模态中，学者一味膜拜后果逻辑、量化思维，忽视了学术研究的正当逻辑、质性蕴含②，学术事业的本体被弃置一边，最终导致了一种表皮评价、空壳评价、肤浅瓶颈，让"唯论文"评价侵蚀了学术生态，带坏了学风研风，引发了一系列病态学术现象的滋生。为此，构筑基于知识创新元的学术论文评价制度，尽可能凸显论文评价中的学术内涵、学术特质、学术贡献评价，就成为彰显学术本位逻辑、坚守学术本体价值的内在要求。为此，在论文评价制度建设中，各类论文评价主体，包括大学、政府、专业机构等必须倡导"三原则"，即整体性原则、生命性原则、原创性原则。整体性原则要求在评价制度构建中要将论文的外部表现，如引用率、关注度、转摘率、获奖量等状况与整个学术生产链条，即"学术目标—学术实践—学术产出"流程关联起来，重点评价其对学术目标的忠诚度、与学术研究实践的契合度，杜绝无参照、无背景、无支撑的裸体式论文评价；生命性原则要求站在学术生命体的角度来设计评价制度，尽可能借助评价激活学术研究活动的生命力、市场力与变革力，激励学者持续投身学术志业的热情，让论文评价成为培育学术生命、学术生态、学术质量文化的助推器；原创性原则要求评价制度在建设中要重点考虑如

---

① 姜春林、张立伟、谷丽等：《知识单元视角下学术论文评价研究》，《情报杂志》2014年第4期。

② 李立国、赵阔等：《超越"五唯"：新时代高等教育评价的忧思与展望（笔谈）》，《大学教育科学》2020年第6期。

何凸显学术论文的本性——原创性，将原创性知识的产出量、贡献率、领先度等作为核心要素来强调，以此引导学者高度重视学术原创精神，提升学术原创力，重视其学术性蕴含、学术价值。学术实践是一项整体实践、生命实践、原创实践，学术论文发表行为的内涵与使命正系于此，健康、科学、本真的学术论文评价制度建设也必须服从学术实践的这三个特性。

（三）加快元评价制度建设，为论文价值评价保驾护航

所谓元评价，就是"对评价本身的评价"，其目的是要监测各种评价负面效应，返回校正评价实施方案，克服各种评价方式误用与异化现象，助推评价活动回归正循环。在学术论文评价这一治理实践中，元评价制度建设担负的基本职能一是消除学术特权代理人对论文价值评价的干扰，二是打破某一特定评价方式对论文价值评价的霸权，三是铲除论文评价自身特权。概而言之，遏止学术论文评价领域中的种种特权现象，净化学术论文评价的制度与环境，为学术论文评价建立防波堤、防火墙，是建立论文元评价制度的真正意图。

首先是排除学术特权代理人对论文价值评价的干扰。《方案》重点推进的论文评价方式是学术同行评价、团队评价，而最容易侵蚀这种评价方式的毒素就是学术特权，长期开展学术特权代理人打击行动是提升论文评价纯度，从根本上"纠正片面以学术头衔评价学术水平"（《方案》）的有效举措。学术特权是一种隐形存在，其代理人则是元评价重点打击的靶子，元评价制度建设的功能是增强对某一学术权威、学术利益集团操纵论文评价的防范意识，克服用学术特权代理人的"权威意见"代替论文评价结论的做法，努力逼近实事求是、客观务实的理想论文评价状态。为此，论文元评价要善于分析学术权力在论文评价中的运行状况，适当区分出合法学术权力与非法学术特权，做好种种评价特权僭越现象的监视工作，把学术特权关在学术规则的笼子里，为学术特权代理人的评价行为划定红线，从根源上遏止论文价值

评价中的异位现象发生。

其次是消除特定论文评价方式的特权。学术性是论文的本体性，学术论文间质的差异是学术观点、学术思维、学术创新的差异，这是不同论文成果间的比较不宜被过度同质化的原因所在。当然，由于学术领域的同属性、学术创新的层递性、学者学术实力的差异性等原因的客观存在，不同学术论文成果之间具有有限的可比性，且这种可比性仅仅在一定阈限范围之内有效，否则，将之无限放大或过度化都会导致学术评价合理性的丧失。正是从这一意义上看，数字化评价扼杀了论文间的质性差异，抹杀了论文内蕴的知识创新元差异，不利于彰显学者的学术创新贡献。当前"唯论文"评价现象的发生，就根源于种种论文量化评价方式的越界、过度使用。因此，加快元评价制度建设的目的就是要监视某一种、某一类论文评价方式的使用状况，客观评价其使用效果，瞄准评价异化的发生点，促使各种评价方式各安其位、有机配合、健康运行。在目前形势下，论文元评价的使用要引导论文评价新机制的建立，引入多元、多维、多路径评价，构建针对不同评价目标的个性化指标系统，确保各类评价方式对号入座、针对使用，彼此间保持适度的不可通约性，有效控制每一类评价结果的应用域限，预防万能评价结果与单一评价霸权现象再现。

最后是铲除论文评价自身特权带来的负面效应。在整个大学学术评价体系中，相对项目评审、人才评审等而言，论文评价享有至高的特权，在学术界最具权威性。从论文特权的生产方式来看，大致有两种：其一是高密度的评价，即短周期的评价，形成高压型评价氛围，迫使学者屈就评价逻辑而非学术逻辑、行业逻辑，毕竟论文、著作等是最便捷的学术生产方式；其二是高赋值的评价，即高层次论文负载着高额物质奖励、高级学术荣誉声誉的评价，诱使学者将学术关注点由学术创新及其社会贡献本身转向直接的论文成果奖励，"迫使教师将学术视为一种'稻粱谋',而非一项光荣的事业和使命"[1]。在这"双重扭曲"之下,学术论文评价迅速僭越了学术本身与行业需要,获致了评价学者学术水平的特权。因此,要抑制论文评价特权的滋生,就必须大力推进元评价制度建设,重点审视论文评价制度自身缺陷,让论文评价适度降温、回归理性。在这一点上,元评价要从两个角度入手来导航论文评价制度改革:一是监测各类论文评价活动的密度,善待学术生产的周期性与成果"迟滞承认"现象,为学者潜心学术事业,长期致力于某一专题研究创造条件,矫治学术创新与评价制度本末倒置的怪象,克服"为评价而创作论文"的畸形现象延续;二是监测论文评价中的功利性赋值现象,引导大学建立学术论文发表与物质性激励间的适度关联、间接关联、远距关联,服务于健康学术环境建设,强化学者的学术志业精神,真正培育出一批"学人"而非"学术经纪人"。

总之,学术论文评价在学术治理中扮演着纽结、根基、硬核的重要角色,认清学术论文在大学学术创新体系中的特殊地位是科学实施论文评价工作的前提保证。每一篇真正含有知识创新元的学术论文都是一个价值综合体,都是论文本体价值、社会价值、边缘价值、次生价值等价值形态凝聚而成的学术实体。科学的论文评价是防控学术评价异化、学术特权滋生、学术精神扭曲的一把利器,是导正大学学术实践的一枚指针,是开掘大学学术事业潜能的一把金凿。在学术论文评价中,只有坚持多元评价、多维评价、元评价制度,完善论文评价闭环,构建多参数、对话型论文评价系统,大学学术治理活动才可能有效防控论文评价异化,着力构筑健康、平稳、良性的大学学术生态。基于这一理解,我们相信,从"论文评价"这一学术评价原点出发,着力创建基于"正当逻辑、学术本心、价值融通"的大学学术评价制

---

[1] 李立国、赵阔等:《超越"五唯":新时代高等教育评价的忧思与展望(笔谈)》,《大学教育科学》2020年第6期。

度,就可能为大学学术治理现代化开辟出一条符合我国国情、彰显学术本色、释放学术潜能的科学之道。

第三节　青年教师师德建设

大学是国家学术事业的发祥地,是民族精神的"孵化器"。繁荣学术与复兴道德是当代高等学校肩负的两重重任。要实现高校的科学发展,大学人必须坚持学术与道德、研究与育人协调发展、平衡推进的发展战略,力促大学为国家各项建设事业做出更为显赫的贡献。在高校改革中,教师是学校发展的第一资源,是最具能动性、爆发力、生长力的资源,青年教师师德建设也是大学治理的重要环节之一。大学教师队伍中的每一份子都是学校活力的孕育者,尤其是青年教师,他们构成了大学发展中最活跃、最耀眼的一支力量。用良好的师德来导航这支力量的前进方向,将之有机整合在学校发展大计之中,是每一位大学决策者的睿智选择。加强高校青年教师师德建设,切实提高学校师德建设的水平和层次,是当代大学可持续发展、永葆青春活力、加速核心竞争力凝聚的战略性举措。

一、青年教师师德建设的特殊意义

一所大学的繁荣强盛之路是"条条大路通罗马"的。它既可以走学术积累、优秀传统沉淀的常规式发展道路,也可以走聚集核心发展资源、迅速实现结构化升级的跨越式发展道路。无论走的是哪条道路,万变不离其宗的是一致追求综合实力的凝聚、比较竞争力的培育。我们认为,如果说大学的名师是学校发展的现实核心资源,那么,青年教师是学校发展的未来核心资源,而青年教师师德建设工作正是大学凝聚未来核心竞争力的秘密武器。大学是学者组成的共同体,是一个由大学教师构成的特殊社区。与之相应,先进学术与优秀大学生是大学教师的劳动产品，而教师的学术精神与师品师德则构成了大学教师的两大"劳动手段"。因此，学术活动的创新性与教育活动的示范性决定了青年教师师德修养是现代大学发展的两大根本支撑点。

首先，从学术活动角度来讲，青年教师是大学学术发展的主力军和学术生命的延续者，其师德修养状况决定着高校能否在新一轮的综合实力较量中保持优势或脱颖而出。

从表面上看，在大学发展中校际竞争的实质是学术水平的较量，是综合科研实力排名的较量。实际上，这场竞争是名师的竞争。对一所高校而言，其当前的综合排名取决于资深老教授的学术贡献，而其未来的综合排名却取决于青年教师的学术贡献。当下的青年教师是数年后的资深名师，是大学未来排名的决定性因素。能够用纯洁、高尚的学术道德来引领青年教师的健康发展，延伸他们的学术生命力，是事关高校未来发展大计的关键环节，是高校学术事业可持续发展的关键链环。年轻是青年教师的最大资本和显著优势，青年时代是人一生中创造力勃发、事业心旺盛的一个年龄段，是精力充沛、创意满盈、勇于进取的一个人生阶段。能否用师德来引导这些创意、精力、雄心的释放方向，关涉着高校未来学术事业的成败与兴衰。然而，当代高校青年教师由于受诸多因素的影响，导致他们很容易在学术发展道路上遭遇挫折和精神困扰。市场经济挑战着青年教师的抗诱惑力，生活经验匮乏导致其驾驭人生能力较弱，在全球化境遇中受"西化"思潮影响较深，追求个人事业成功的愿望过于迫切，与名师大师间的待遇差距拉大影响着其对社会主流价值观的判断，师资来源多样化影响着其所受的平均教师教育年限的提高，等等，都造成了当代高校青年教师整体师德水平相对偏低的状况的出现。在这种情势下，能否用师德建设工作来弥补青年教师的这一缺陷，能否用师德教育来引领他们走上一条健康、纯洁的学术之路，是当代高校发展中面临的一大挑战。从某种意义上说，青年教师的当下师德水平就是一所高校未来的学术水平，就是一所高校未来的学术实力，青年教师师德建设是事关当代大学发展大计的战略性问题。

其次，从教学活动角度来看，青年教师是高校人才培养工程的奠基者，其师德水准决定着大学能否培养出"德艺双馨"的优秀人才。

在高校中，学校工作是分层次的，名师大师基本上承担着高层次人才培养及学术研究的重任，而青年教师则是本科生教学队伍的主力，他们承担着大学人才培养工程的绝大部分基础性工作。在高校中，青年教师基本上都承担着本科生导师的重任，他们是青年大学生的知心朋友和亲昵伙伴，是对青年学生道德发展影响最大的"重要人物"。加之，大学生正处在人生观、价值观、世界观的定型期，他们极易受到身边"重要人物"的影响。可以说，高教青年教师的师德修养就是本科生道德学习的"活教材"和人格模板。在教育活动中，示范性是教师工作的首要特征，"教师作为劳动的实施者，与劳动手段融为一体"①。青年教师的教风、学风、作风影响着大学生的班风、学风、作风，青年教师的师表、师德陶染着大学生的做事风范、做人品行。"没有教师生命质量的提升，就很难有学生素质的提高。"②青年教师不仅要教会大学生如何去学习，更要教会他们如何提高生命的价值和质量，创造有意义的人生。青年教师就是大学生身边最重要的一位人生导师。可以说，青年教师的师德修养是一代大学生素质状况的重要影响源。不重视青年教师的师德建设，大学的人才培养质量就无从保证；不关注青年教师的师德修养，高校就难以在学校群落中立足存身。

正是基于上述认识，我们认为，青年教师师德建设是学校发展的坚实依托，是大学凝聚核心竞争力的基础工程，是其未来发展的生命线和关节点。一个不重视青年教师师德建设的大学管理者是短视的，

---

① 杨春茂：《师德建设中几个关系的哲学思考》，《人民教育》2003年第10期。
② 廖文胜：《关于师德的再认识》，《人民教育》2004年第21期。

一份不重视青年教师师德发展的大学发展规划是残缺的。青年教师师德建设是现代大学两大工程——研究工程与育人工程——的一块基石。

二、青年教师师德建设的认识论基点：人本观

"只有在真实的经历中自己与自己对抗，'真的发展'才会出现。"① 当代德育理论研究证明，道德的发展是在真实道德冲突情境中实现的，道德的学习是在生活、工作、实践中完成的，相对而言，接受专门化的道德教育只是人的德性形成中的辅助性因素。因此，要提升青年教师的师德水平，我们只有诉诸其在学校工作中面临的自我道德冲突，只有将师德建设的动力建基于青年教师的道德需要之上，这一改变才有可能实现。坚持以人为本，以青年教师的道德发展规律为本，牢固地将青年教师师德建设工作融入、渗透、体现在其全部工作实践中，是当代高校师德建设的着力点。人是一个具体的存在物，人的多面性和生存状态决定的以人为本实际上就是以全人、全域、全程、全体的"人"为本。坚持全人、全域、全程、全体的青年教师师德建设理念，努力提高青年教师的道德感悟力和价值判断力，树立其在学生心目中的道德人格新形象，引导他们用道德的法则规约其工作热情的释放方向和释放方式，师德建设工作必将为高校的发展创造一个更美好的明天。

（一）全人观

道德是人生活的一个重要维度而非领域。"领域"是可被"条块"化的，而道德却是贯穿、渗透在人的所有生活实践中的，它无法被归入哪个独立的领域。无法从一个具体的人中独立出来是它的一个根本特征。青年教师的师德也是如此。师德是青年教师素质整体中的一个有机组成部分，它与其他素质，如专业知识、学术水平、情感品质、

---

① 廖文胜：《关于师德的再认识》，《人民教育》2004 年第 21 期。

社交能力、工作能力等密切结合在一起，并在与这些素质的协作互助中推动着青年教师的发展。单纯的师德教育是乏力的，它只能告诉青年教师如何理解道德规范，如何按照师德规范来行事，却难以将之转变为整合教师的其他素质，提高其整体素质的枢纽和动力。正如有人所说，"师德并不是孤立的、抽象的，而是教师整体素质中的一个重要的关键性的组成部分。"[①] 一般来看，工作能力强、学术水平高、对生活充满感情的青年教师更需要道德，他们不仅是良好师德的迫切需求者，还是其良好师德的受益者。因为假如没有师德的指引，教师就难以得到教育对象、领导同行、家长社会的真心鼓励和真诚支持，其教育工作、学术研究活动会因此而受阻，其工作业绩和研究水平就难以提高。换言之，只有那些各方面素质修养较高的青年教师才能深深理解师德的积极意义，才会严格践行师德规范，自觉积极地修养师德品性。师德修养和其他修养一样构成了青年教师的素质整体，共同表达着青年教师作为一个"人"的涵养与尺度。将青年教师视为一个有血、有肉、有德、有知、有情的"全人"，重视"德"在其素质结构中的核心地位和统领角色，克服"就德论德""只见树木，不见森林"的单面化德育理念，是人本型育德观的新意蕴。实际上，师德教育的最终目的就是为了帮助青年教师"拥有人的'精神力量'和'完整的人'"[②]。通过对青年教师的工作能力、研究能力的培养来激发其对师德的需要和追求，利用优秀的师德来激发青年教师的工作热情和学术责任，是以"全人"为本的师德建设观的必然要求。

（二）全域观

人生活在世界上，时刻要与外界的人、事、物打交道，这些人、事、物构成了人的生活世界。世界是丰富多彩的，是由许多领域构成

[①] 高亚东等：《"以德治教"与高校师德建设》，《江苏高教》2004年第3期。
[②] 廖文胜：《关于师德的再认识》，《人民教育》2004年第21期。

的，人的现实生活状态就是穿梭、游弋于各个生活领域之间。对青年教师而言，他不仅生活在职业领域、研究领域中，还生活在日常生活领域中。在每个领域中，他都被要求按照相应的道德原则来行事：在讲台上，他要按照职业道德来面对教育对象、教育工作；在学术圈，他要按照学术道德来面对研究活动、研究成果；在日常生活中，他要按照一般道德来面对公共生活和私人生活。显然，这三种道德——职业道德、学术道德、一般道德准则之间是密切关联的，一种道德的发展要受其他道德发展水平的制约，其他道德的发展又会反过来促进这种道德的发展。例如，在一般道德与职业道德之间就存在着这种互依、互动、互通的关系："一般道德是职业道德发展的基础，职业道德发展又会促进一般道德的发展"，职业道德则是"个人一般道德原则的自然延伸"，"师德修养的发展都与其一般道德修养的发展融合在一起"[①]。因此，师德不单单是职业道德，更包括学术道德和一般道德，师德是这三种道德相互交融而成的结晶体。当然，这三种道德类型绝非平分秋色的关系，而是以教师职业道德为核心的。毕竟"青年教师"首先是教师，然后才是一个科研工作者，一个普通人，教师在职场中表现出来的道德水准是师德的内核。为此，朱小蔓指出，"教师的每一种职业道德品质生长的土壤都在教育教学的生动、丰富而复杂的情境中"，"立足教育活动职场磨炼教师的德性"是师德教育的基本原则[②]。在师德建设中，我们必须将教师的职业生活、教书育人工作作为师德建设的焦点来关注，以此来带动教师生活整体的道德化转变。正是基于上述考虑，我们认为，师德建设首先必须是"全域"的，即全面统摄教师的教学实践、学术活动和日常生活；师德建设工作必须全面兼顾教师的三种道德发展水平并尽可能地将师德建设深入到教师的全部生活时空中去，最终实现三种师德形态的全面发展、平衡发展、互助发展。

[①] 傅维利：《简论师德修养》，《中国教育学刊》2001年第5期。
[②] 朱小蔓：《回归教育职场回归教师主体——新时期师德建设的思考》，《中国教育学刊》2007年第10期。

（三）全程观

人的道德成熟不是一蹴而就的，而是在漫长的工作、生活、学习中积淀而成的。教师师德的成熟过程亦是如此，它必须经历一个过程或数个阶段才能实现。故此，青年教师师德建设工作必须向教师专业成长的全程渗透，有条不紊、阶段性地开展各项相关工作，努力体现出对青年教师师德成长的全程呵护和关怀。青年教师从入职到成长，从成长到成熟一般要经过三个阶段：一是入职阶段，是青年教师从大学教师队伍圈外走进圈内的阶段。在该阶段，人事部门的选聘环节与入职培训是青年教师师德发展的契机，师德建设工作的重点是净化青年教师的从业动机，确立"净身立教"的师德操守。二是适应阶段，是青年教师进入大学教师角色后适应大学工作节律的阶段。该阶段是青年教师师德的定向期，是师德建设工作的关键期。充分发挥老一辈学者的道德示范功能，让师德品性在青年教师心目中扎根，是青年教师师德建设工作的阶段性使命。三是成熟阶段，是教师从把工作视为"职业"向将视之为"事业"的转变时期。该阶段是师德的升华期，是对青年教师学术操守、职业理想、人生信念进行提升的重要时机。青年教师师德的成长是沿着"入职—职业—事业"的顺序展开的，师德建设工作的策略是在每个阶段青年教师所面临的典型道德冲突或生活矛盾。青年教师在入职期对师德规范"了解与不了解"的矛盾，在适应期对师德要求"做好与做不到"的矛盾，在成熟期对师德体验"深刻与不深刻"的矛盾，依次推动着青年教师师德的发展。依据青年教师师德成长的阶段性特点，遵循其师德成熟的规律和逻辑，针对他们在师德发展不同阶段面临的核心矛盾来开展师德教育工作，是师德建设以人为本的现实诉求。

（四）全体观

在高校，青年教师生活在同辈群体中，同辈群体中盛行的主流价值观念对青年教师个体师德发展的影响是巨大的，甚至是难以抗拒的。青年教师之间具有共同的思维方式、共同的语言、共同关心的问题、共同的政治经济地位等，这些"共同点"将高校校园中的青年教师牢固地"粘连"在一起，这就使青年教师师德的发展难免表现出整体化的特点。"一荣俱荣，一损俱损"，青年教师群体成为其个体发展中不可忽视的一股力量。在校园中，青年教师以其群体特有的亚文化参与着青年教师个体师德的形成，建构着青年教师个体的师德面貌。青年教师的个体与群体之间互为鱼水关系。因此，青年教师师德修养的提高是其群体师德素养的提高，我们必须把青年教师全体作为师德教育的基本单位和主要对象，让个别青年教师在这个群体中受到感染、熏陶和教育是青年教师师德建设的重要思路。换个角度来看，不与青年教师群体的师德教育相配合，个体青年教师的师德修养水平也难以巩固。"常在河边走，怎能不湿鞋"。当那些具有较高师德修养的个别青年教师回到低俗的教师群体中时，其师德教育的成果迟早会被侵蚀、消磨掉。立足个体、面向群体，教育个体、辐射群体，是高校青年教师师德建设工作的应有视野。在师德建设中，以人为本就是以青年教师群体为本，坚持将个别青年教师放在教师群体及其文化中去教育，去培养，努力实现全体青年教师师德的共同发展和全部提高。

可见，在青年教师师德建设中，青年教师自身素质修养是其基点和根本。以人为本就是以青年教师自身在生活中所面临的真实道德冲突为本，以青年教师的"全人"和"全体"为本，以师德所涉的全部领域和师德的整个成长过程为本。将师德教育渗透在大学工作的所有方面、环节中去，渗透到所有青年教师的全部身心、生活领域、成长过程中去，是高校青年教师师德建设的科学理念。

三、青年教师师德建设的立体战略

面向全人、全域、全程、全体的青年教师师德建设理念需要的是一种立体的师德建设战略，从单纯强调用制度约束人，用规范要求人转变为"政治上信任人，工作中依靠人，生活中关心人，作风上感染人，政策上重视人，机制上激励人，制度上温暖人，环境上陶冶人"

的网络状、立体化师德建设战略，是以人为本的育德观的内在要求。青年教师师德建设的目的不是用"行为规范"来在教师身上再生出大量的"规范行为"，而是要求教师在道德自觉和道德体验的基础上发现其在工作、生活中承负的道德使命，树立"为生命增值而工作"①的价值观，强化教师的道德责任感，彰显教师的道德良知。青年教师师德建设的目的是用立体的建设战略来唤醒青年教师的职业良心和职业"生长力"②，不断提升青年教师的师德境界。为此，青年教师师德建设工作应该从以下五个方面来入手，致力于构建一种立体化、网络式的工作体系。

(一) 多向度并举的工作思路

人是主动与被动、感性与理性、内在与外在的统一体，两极性是一个"完整人"的本性。故此，师德建设的全人观要求我们把握人性的这一特点，对青年教师自觉采取宽严相济、内外兼顾、情理兼通的师德教育艺术。人性是复杂的，任何一种有效的师德建设策略都只可能符合人性的一个方面，而不可能兼顾"全人"的所有侧面。在人性中，最重要的一种维度就是德性，德性的复杂性与人性的二元性要求我们创新师德建设的艺术，追求一种多向度并举的师德建设思路。我们认为，在师德建设中起码应该考虑到五个维度：规约与关怀、严格与宽松、监督与慎独、德知与德情、底线教育与示范教育。在青年教师师德建设中，我们既要用严格的规范准则来规约教师，用严格的制度法纪来管束教师，用多样化的监督机制来提醒教师注意师德形象，用师德知识传递来提高教师的道德理解水平，用道德底线教育来教导青年教师坚守道德底线，又要用制度关怀、道德情感、楷模示范来感化青年教师，用宽松政策引导他们学会慎独等方式来开展道德的自律、直觉和自省。

---

① 廖文胜：《关于师德的再认识》，《人民教育》2004 年第 21 期。
② 张男星：《关于"师德建设"的四个追问》，《人民教育》2006 年第 5 期。

(二)生活、工作、科研全方位渗透

"师德教育必须表现生活的特性"①,它只有辐射到教师生活的各个角落中去才行。师德发展的全域观要求我们必须将青年教师师德建设工作融入其全部生活领域中去,嵌入到其一切工作、生活、研究实践中去。生活、工作、科研是青年教师的三大生活主题,引导其按照道德的原则来安排这三种生活方式,是师德教育的目的所在。在青年教师师德建设中,大学管理者应该考虑如何将此项工作渗透到青年教师的上述生活形态中,努力将师德建设和青年教师的工作生活融为一体、密切结合。在教学工作中教导青年教师为人师表、爱岗敬业,在研究工作中教导青年教师恪守学术操守、牢记学术责任,在生活中教导青年教师关心社会、追求幸福,是青年教师师德走向成熟的三部曲。一个有德性的青年教师必然是一个热爱生活、勤恳工作、执着探究的人,只有从三个方面"三管齐下"才可能培育出品性卓异的青年教师。无论是在生活中、工作中,还是在学习中、研究中,青年教师都可能遇到一些与道德规则相冲突的事情,是只顾自己安逸还是关心学生冷暖,是只顾个人快乐还是心系社会,是只顾暂时的学术效应还是关注一生的学术生命,等等。这些冲突缠结在青年教师工作、生活、研究的全程中。只有抓住这些道德矛盾的集结点,并将细节性的道德关怀送达每个青年教师的心灵深处,青年教师师德建设工作才有可能走向全面复兴。

(三)管、教、养、任一体化

师德建设的全程观提示我们,师德建设的现实举措理应是围绕教师专业成长的全程展开的,它需要一种"一条龙"式建设思路。同时,青年时期是一个易受蛊惑和冲动的时间段,青年教师是容易犯道德过错的一个群体。因此,青年教师师德建设需要引导、帮扶、监督、教育,需要一些更自觉的建设举措。我们将这些举措归结为四个方面——管、教、养、任。用制度化管理来约束青年教师,为其道德发

---

① 石学斌:《师德教育应关注教师生活》,《人民教育》2004年第6期。

展保驾护航；用师德教育来引导青年教师，深化其道德认知；在工作中培养青年教师，为其道德发展提供沃土；给青年教师委以重任，为其道德发展提供舞台。这是加速青年教师道德成长的重要举措。青年教师师德发展的关键是让其找到自己的事业，找到自己的人生价值，发现自己肩负的种种责任。管、教、养、任就是把青年教师放在工作和制度性环境中去，让其接受磨炼，受到教养，找到人生的方向和目标。管理与教育是对青年教师进行道德教育的外在约束和引导，而培养和任用则是激发其内在的道德责任感和道德使命感的途径与方式。外导与内导的统一，实现管、教、养、任一体化，是青年教师师德建设的有效方式，是全人德育观在师德建设工作上的体现。

（四）基于教风、研风、作风的整体化建设

师德建设的全体观告诉我们，青年教师师德建设工作必须关注青年教师群体的道德发展。在青年教师群体中，一种好的道德行为常常具有感染性和可传播性，它会像"风"一样传遍整个教师群体，转变为青年教师的群体人格和群体现象。所以，"三风"建设，即教风、研风、作风建设是青年教师师德建设的着手点。在青年教师师德建设中，决策者应该善于在青年教师的群众性活动中，如文体活动、学术沙龙、演讲活动等，向青年教师群体传递积极向上、奋发图强、团结协作、关心社会的价值观，力求用正向的舆论与风气来主宰青年教师群体的主流精神，用积极的道德精神来引导青年教师群体的教风、研风、作风的发展方向。把握青年教师的文化主流，引控青年教师的舆论走向，干预青年教师的价值倾向，是青年教师师德建设的方向盘。一旦健康、积极、向上的青年教师亚文化主调得以确立，青年教师的师德建设工作就变得轻而易举、水到渠成。因此，青年教师师德建设的主题应该是抓"风头"，领"风向"，而非琐碎的教育培训工作的简单集成。

（五）多"育"并举的师德教育方略

人的道德是在多种因素影响下不断生成的过程，基于人本观的师德建设理念要求我们创新和丰富师德教育的途径，促使青年教师师德的健康发展。在青年教师的成长中，影响其师德形成的因素是多样化的，其中既有大学校园文化、道德氛围，又有教师同事、研究伙伴，既有教师自己的道德理解感悟与"师德自证"[①]，又有优秀老教师的示范和引导，等等。可以说，影响青年教师师德发展的教育力量在大学校园中随处可见。在此，我们可以将之分为四类，即来自教师内心世界的、来自教师周围环境的、来自青年教师周围人的和来自专职师德教育者的。如果说每种教育力量对青年教师来说都构成了一种师德教育形态，那么，上述四方面教育力量分别构成了师德教育的四种形态，即自育、（教师间的）互育、（校园文化的）化育和（师德教育者的）教育。可见，师德教育的形态是多样化的，只有它们相互配合、共同作用于青年教师的师德发展过程，最终才可能产生最优化的教育效能。在当前时代背景下，我们需要的，不只是单纯的讲座式、课堂式、报告式的师德教育形态，而是灵活多样的以教师自育为基础的网络式师德教育体系。在上述四种德育形态中，教师自育是师德教育的基础，因为"'德'是一个人内心对自己的要求"[②]，师德教育的一般形式是引导教师在内心欲念冲突中实现德性的自觉升华。相对而言，互育、化育、教育是青年教师师德发展的外因和诱因，良好的互育、化育、教育能够加速青年教师师德品性的内化、转变和提升。总而言之，它们都是青年教师师德成长的辅助因素，其区别仅仅在于师德教育的自觉化程度不同而已。在这三种师德教育形态中，其自觉化程度依次递增，从而以不同的方式参与着青年教师师德的发展。应该说，对青年教师师德成长而言，这四种教育形态都是不可或缺的，其间存在着一种相得益彰的关系。

[①] 傅维利：《简论师德修养》，《中国教育学刊》2001年第5期。
[②] 廖文胜：《关于师德的再认识》，《人民教育》2004年第21期。

第五章　大学教育论

大学教育的心脏是本科教育，本科教育是大学教育的本心所寄、本体所依、本分所在。一流本科教育是提振新时代中国高等教育的加速器。从某种意义上说，"大学教育"就是"本科教育"，因为"在大学的各种使命中，只有一项任务不能被社会其他组织所取代，那就是本科教育[①]"。无论是从大学教育生长史来看，还是从大学教育生命体来看，本科教育都是其立命之本、安身之基。一所没有本科教育的大学顶多只是盗用了"大学"的名义与形貌，其实质是职业技能训练所或研究所；一所本科教育毫无底气或特色的大学是没有明天与希望的大学，是外强中干、潜质匮乏的大学。正是如此，一流本科教育是"一流大学的底色""一流大学的灵魂"[②]，"重视本科教学是一流大学成熟的标志"[③]。面向一流本科教育创建的目标，当代我国高校需要系统把脉"一流本科教育"的内涵与要素，深入推进"学生中心"的教育教学方式改革，积极构建"一流教师教育教学能力标准"，大力实施新文科、新工科、新医科、新农科建设，全方位推进一流本科教育体系建设。

[①] 邬大光：《重视本科教育：一流大学成熟的标志》，《中国高教研究》2016年第6期。
[②] 邱勇：《一流本科教育是一流大学的底色》，《光明日报》2016年6月21日，第13版。
[③] 邬大光：《重视本科教育：一流大学成熟的标志》，《中国高教研究》2016年第6期。

第一节　一流本科教育的核心要素与内涵建设

当前，随着"双一流"建设的深入推进，一流本科教育对"双一流"建设的重要性日渐凸显，准确认识一流本科教育在"双一流"建设中的独特功能尤为重要。如果说一流学科与一流大学间的关系是"以点带面、点面结合"的关系，那么，一流本科教育则介于其间，发挥着"连点成线、连线成面"的纽带作用，一流本科教育就是"将学科建设的优势转化为育人的资源优势"[①]与办学综合优势的重要节点。基于上述考虑，阐明一流本科教育的核心构成要素，理清其内涵建设的可能路径，是新时代中国大学本科教育回归梦想、回归初心、回归本分、回归常识的逻辑起点。

一、一流本科教育的功能性内涵

本科教育是在基础教育与研究生教育或职业领域之间发挥着承上启下作用的一个中间教育阶段。在大学从事的科学研究、社会服务、文化传承实践中，本科教育是发挥着基石作用的教育教学活动，承载着引导大学生学会独立做人、自由思想、自主创业、自我成长等多项重任，其在高等教育事业中的重要性毋庸置疑。在当代中国，受"学术GDP"、大学排行榜、科技理性等因素的干扰，大学本科教育深受科学研究、专利发明的挤压，最终处在被边缘化的困局：原本异常重要的教育工作，如人才培养、课程建设、教学改革、创业实践等，反而成了大学教育的副产品、大学教师的副业，当代中国大学教育正经历着"切肤之痛"的煎熬。本科教育是大学存身之本，是大学教育质量之本、研究生教育之本、大学一切其他社会功能之本，一流本科教育对一流大学存在的意义

---

① 郭东明：《一流本科教育要"软硬兼施"》，《中国教育报》2019年1月21日，第3版。

显而易见。在这种情况下，阐明"一流本科教育"的内涵，启动一流本科教育创建的行动正当其时。如果说概念定义有两种基本方式——内涵界定式与外延举例式，那么，在"一流本科教育"定义中，还有一种内涵描述方式更为适用，这就是"功能揭示式"，即描述其特有功能、核心功能、本体功能，这就是"一流本科教育"的功能性内涵。换个角度看，只有借助于这种"唯一、独特、不可替代的功能"揭示，我们才能说清楚"一流本科教育"到底指的是哪种本科教育，由此将那种形同虚设、徒具外观的"一流本科教育"排除在定义指涉范围之外。一流本科教育的功能性内涵可以从以下三个方面来表达：

（一）促进大学生核心发展力持续提升的大学教育

本科教育是促进大学生的理性、个性、社会性充分自由发展的教育，一流本科教育的独特功能蕴含于其促进大学生核心发展力持续提升方面所呈现出来的独特价值。所谓核心发展力，就是大学生在人生发展、事业成功中所必备的关键能力与重要品格的发展力度与发展态势，就是促进其个体发展、职业发展与社会发展的核心能力发展水平。大学生核心发展力主要包括价值导航力、知能学习力、自主成长力三个方面，每个方面都是大学生人生成长、事业成功的核心动力。在价值导航方面，大学生的公民担当精神、社会责任感、家国使命意识、事业成就欲、"三观"建构能力等都是决定大学生发展动力走向的核心因素；在知能学习方面，大学生的知识学习力、环境适应力、合作发展力、专业学习力、实践创造力、智力好奇心等都是决定大学生外向信息摄取能力强弱的重要参量；在自主成长方面，大学生的自主发展意识、人生规划意识、自我剖析能力、职业选择能力、独立创业精神、反思批判精神、社会沟通能力等都是衡量大学生自主成长、自立生存、自我成熟水平的重要指标。作为大学教育的主干部分，一流本科教育教给大学生的不仅仅是应对未来职业的知识、技能、态度，更是一种独立经营人生、掌控一生发展、赢取成功人生的关键素养、关键能力、关键价值观。

其实，"一流本科教育的逻辑出发点和归宿只能是本科生基本的、自由的、可持续的、充分的、创造性的发展"[①]。与之相对应，大学生在本科阶段的发展主要包括三大发展内容，即基本发展、自由发展、创造发展。其中，"基本发展"的内容是教给学生一般社会生活、职业领域都需要的通识通能、普适素养、文化观念；"自由发展"的内涵是教给学生展现自身个性、潜能与创意，且负责而又智慧地经营自己独立人生的能力与观念；"创造发展"指的是教给学生创造生活、创造事业、创造未来的精神与能力，让大学生在创造性实践中活出灿烂、非凡、卓越的人生。例如，斯坦福大学本科教育的目标定位是培养本科生的四项核心能力，即"拥有知识，磨砺技能和能力，培养个人和社会责任，自我适应学习"[②]。这些能力有一个共同特点，即力图让大学生在接受本科教育后提升自我核心发展力，培育人生发展的新增长极，彻底从高中教育的轨道上全面"转轨"，迈向价值独立、生活独立、发展独立的新人生。

（二）促进大学核心竞争力凝练的大学教育

一流本科教育的第二个独特功能蕴含着其对大学核心竞争力凝练方面所发挥的特有功能，即实质性地提升大学的核心竞争力。一所大学的核心竞争力主要源自四个方面——科技研发力、文化传播力、社会贡献力与资金吸纳力，这些力量的集中体现就是大学的持续发展力。从表面上看，本科教育与之无直接关联，其实，这种关联是渗透在上述力源之中的：优秀本科生是大学科研的后备军、生力军，没有一流本科教育支持的科研事业是根基浅薄、缺乏活力的；本科教学是最重要的文化传播力，一流本科教学本身就是新文化宣传队、播种机，它能将大学的研究文化、高尚文化、文化精品辐射到社会的角角落落，直接建构着整个社会的文化生产力与一所大学的社会"口碑"；一流

[①] 李硕豪：《论一流本科教育的基本特征》，《中国高教研究》2018 年第 7 期。

[②] 尚红娟：《美国一流本科教育的改革与发展趋势》，《现代大学教育》2018 年第 3 期。

本科教育能造就出一批有情怀、有才干、有思想的优秀大学生，它们必将成长为未来社会的变革者与重构者，其社会贡献力绝非普通公民所能及；一流本科教育培养出来的有母校感情的学子能够大大增强高校的未来资金募集能力，为高校赢得更为优越的办学条件，正所谓"放弃本科教育意味着丧失优秀的校友，学校未来发展将缺乏支持"[①]。一流本科教育是大学发展力提升的朝阳工程，其办学效能的显现具有长效性、隐效性与慢效性，需要一定办学周期才能发挥出来，理应是大学持续、长期、稳步提升其核心竞争力的着力点。

（三）促进大学本真使命达成的大学教育

一流本科教育的定语是"大学"，这就意味着它首先是一种纯正的"大学教育"，然后才是"一流本科教育"。纽曼认为，大学是传授高深学问的场址；弗莱克斯纳认为，大学是学者无拘无束地发展智力与精神的乐园；顾明远认为，大学的本质是求真育人；铃兰台认为，大学的真形是学术共同体[②]；马陆亭认为，大学是"培养具有创新精神、实践能力和社会责任感的高级专门人才"[③]的社会组织；等等。其共同观点是，大学是在学术研究活动中造就自由思想者与创造性实践者的专门社会机构。这既是大学的本质，更是大学的使命，能否履行好这一社会责任是一流本科教育的首要评量标准。在这一意义上，一流本科教育一定是助力"大学"本真使命实现的高等教育，这一功能蕴含表明，一流本科教育不仅仅是一般本科教育的升级版或量变，不单单是"优质本科教育"的代名词，更是指具备大学品位、怀揣大学梦想、坚守大学标准的正宗大学教育。一流本科教育的"大学品位"就体现在：它强调学术自由精神，而不是简单的知能授受；它强调自由

---

① 马陆亭：《"双一流"建设不能缺失本科教育》，《中国大学教学》2016年第5期。
② 铃兰台：《大学的本质》，http://bbs1.people.com.cn/post/2/1/1/159638456.html，2016年11月8日。
③ 马陆亭：《"双一流"建设不能缺失本科教育》，《中国大学教学》2016年第5期。

人的教育，而不是培养一般技术工作者；它强调卓越拔尖人才的培养，而不是普通领导者的造就；它强调开创精神的孕育，而不是一般生存技能的培养；等等。正是这些独特的办学品位与气质特征赋予"一流本科教育"以灵魂与精髓，使其真正成为大学精神统领下的"本科教育"。所以，一流本科教育的独特功能性为：它朝向社会精英人才的培育，重视学生自由思想意识的造就，关注大学生"自性"的培养，其终极追求就是让大学生成长为会生活、有思想、会创造、勇担当的优秀学者与卓越公民。

可见，一流本科教育是助推大学生核心发展力发育、核心竞争力提升与大学本性彰显的教育，一流本科教育建设绝非普通本科教育的指标升档、改头换面，而是面向本科教育本真使命与天赋功能的一次初心回溯与自我回归运动。换言之，"一流本科教育"中最难以把握的是"本科教育"的功能承载问题，而非"一流"的量化与测定问题，只有正本清源才能找到"一流本科教育"的真意所在与行动线路。

二、一流本科教育的核心要素

一流本科教育是由其关键要素互动交合而成的有机体，抓住其核心构成要素并予以分析是厘清一流本科教育的有效策略。就国外经验来看，一流大学本科教育的五个构件是精英高等教育理念、高质量的生源、课程体系博雅化、教学模式研究化、师资队伍精英化[①]；从国内经验来看，其核心构件主要涉及教育观念、人才培养模式、资源建设、制度安排与文化建设等。就其共同要素来看，一流本科教育离不开三个基本构件——教育观念、课程体系、教学活动，它们构成了一流本科教育品质的三个重要支点。其实，一流本科教育关注的是教育质量与品质，故

---

① 王强、周刚、朱启超、仲辉：《一流大学本科教育的基本特征》，《现代教育科学》2009年第5期。

从教育质量形成过程来分析其要素构成更具适切性。从这一角度来看，一流本科教育的核心构件是教育观念、课程体系、教学活动、大学体验与学院组织，它们分别从观念、活动与制度三个环节确保着一流本科教育的形成。因此，一流本科教育应该具有以下五个核心构成要素。

（一）服务学习的教育观念

当代教育制度变革的方向是走向终身学习制度、服务学习制度，为大学生提供全方位、个性化、精细化的学习服务是大学教育的根本职能。当前，我国大学中存在着两种基本教育制度，一种是知识教授制度，一种是服务学习制度。前者强调大学阶段系统知识技能的传授，后者则强调为大学生自由、充分、自主的学习活动提供有力的指导服务、咨询服务与资源服务。两种教育制度背后的根本差异正是教育观念的差异，即"以教为中心"的教育观与"以学为中心"的教育观之间的差异。对一流本科教育而言，大学是自主学习、共享学习、体验学习发生的时空，参与大学学习活动是本科生的职责与权利，因循大学生的学习要求而灵活调整教学制度、教学活动、课程体系是大学本科教育的常态。从这一角度看，当代我国本科教育观念必须发生哥白尼式的转变——由"教学活动系统设计观"向"学生学习要求回应观"的转变，服务学生、服务学习、资源供给、客户取向势必成为新型本科教育观的核心构成。换个角度来看，一流本科教育一定是学生学习愿望强烈、自主学习要求迫切、个性化学习方式主导的教育活动形态，它需要一切大学组织系统都围绕"服务学生发展"这一主旨展开。为大学生设计最优化的学习服务系统成为一流本科教育的首要特征与标志性构成要件。诚如美国研究型大学的改革那样，必须进行"以学生为中心的广泛而全面的改革"，以此"真正满足本科生学习的十大权利"[①]。所以，满足大学生的个性化学习权利与迈向卓越的成长要求是

---

① 尚红娟：《美国一流本科教育的改革与发展趋势》，《现代大学教育》2018年第3期。

一流本科教育的首要观念要素，是其赢得社会赞誉、学生尊重的内在条件。

（二）专博融通的课程体系

课程是本科教育的内核，一流课程体系是一流本科教育的鲜亮标识，构筑专博融通的课程体系是建设一流本科教育的关键链环。就目前来看，本科教育课程体系设计的三种经典思路是：一是专业决定式，即严格按照本科专业人才培养目标遴选课程、搭建体系，形成与专业培养目标定位高度吻合、逻辑通畅、紧密支撑的课程集合体，以我国传统大学课程体系架构最为典型；二是课程群落式或博雅教育式，即打破"专业决定课程"的思维，按照主导学科或共同学科基础来划分组建课程群落，形成相对宽广的课程集群与博雅课程模块，剑桥大学的课程体系便是典型；三是专博融通式，即科学设定通识教育课程与专业教育课程间的比例，按照"厚基础、强专业、重应用"的原则搭建"通识教育—专业教育—实践应用"的课程谱系，形成"专业教育和通识教育的纵深和横向联系"①，实现通识教育与专业教育间的有机融通。当前，世界各国大学在经历了学术漂移（academic drift）和职业漂移（vocation drift）的摇摆之后，次第走上了第三条课程体系设计道路，当代中国一流本科教育自然也走上了这条道路。专博融通的课程体系成为一流本科教育的核心构件，由此，实现通识教育课程与专业教育课程间的内在关联与精巧匹配成了一流本科教育建设的主流实践。在一流本科教育课程体系中，设立通识教育课程模板，把那些对大学生未来从业普遍适用、广泛迁移的原理知识、方法知识、文化知识、永恒知识、通用知识等整合进通识课程群落，是应对大学生未来专业变动，适应更宽广职业领域的现实要求。为此，世界一流大学目前都在思考通识教育课程模块的划分与组合问题。如斯坦福大学

---

① 邬大光：《重视本科教育：一流大学成熟的标志》，《中国高教研究》2016年第6期。

设定的通识教育课程模块是写作、口语交际、定量技能、批判性思维、信息素养等①，具有一定的科学性。同时，如何体现本科教育课程体系的专业性、行业性、独特性等特点，将专业课程与通识课程进行内在平衡与有机融合，是一流本科教育建设中面临的焦点问题。一方面，过强的专业教育会限制大学生的自由思想，使本科学习活动了无生机；另一方面，过于广博的通识教育会使大学生失去职业领域定向意识，致使本科教育退化为空泛的"后高中教育"。为了解决这一问题，剑桥大学的做法是按照"课程（Triposes）—领域（Parts）—模块（Options）"②的思路来设计本科教育课程体系，即大学开设广泛课程，将之划分为若干领域，每个领域下设立一系列可供大学生选择的模块。这一课程结构解决了课程体系设计中的专博融通问题，成为一流本科课程体系构建的典型代表与改革主流。

（三）研究性的教学活动

在世界一流大学中，"本科研究"正成为一个热词，研究性教学活动无疑是一流本科教育的核心构件之一。自洪堡提出"教学与科研相统一"的理念之后，研究性教学成了一流本科教育的理念导航，成为大学课程改革的方向。大学教育毕竟不同于高中教育：高中教育是以基本知识传承为主要任务的教育阶段，大学教育则是以知识创新为主要任务的教育阶段。相对而言，大学专业知识技能的习得服务于大学生的创新创业实践，具有明显的实践指向性与应用研究性，这是大学学习的显著特征之一。换个角度来看，大学的使命是教会学生学会研究、学会生存、学会思考，是把他们培养成为"研究高深学问"的

---

① 邬大光：《重视本科教育：一流大学成熟的标志》，《中国高教研究》2016年第6期。

② 黄维：《本科立人，本科立校——构建"中国特色世界一流"本科教育体系初探》，《中国高教研究》2016年第8期。

"知识分子"①，要达到这一目标，唯有在研究性学习实践中去完成。大学的最明显特点是：学习与研究之间是密切结合、相伴相生的关系，即教师科研的成果成了教学的内容，教师科研的活动也可能成为学生学习的过程，教师的教学本身就是一项实践性研究活动，实验室与教室之间的界限变得日益模糊。所以，研究性教学活动是一流本科教育的又一典型代表，在大学教学时空课程知识始终处在"裂变"的途中。在一流本科教育中，研究性教学起码包含四重含义，即研究性的学习态度、研究性的学习方法、研究性的学习内容、研究性的学习结果。在这种教学活动中，师生以理性、怀疑、批判、审视的态度参与教学活动；用实验、辩论、探究、创造的方法开展教学活动；用最新研究成果，甚至是授课教师本人的最新科研成果作教材来开展教学；课堂探究中生成的新成果成为本领域最新研究成果，即时转化为教学内容。可以说，大学教学就是一项模拟研究、仿真研究或团队研究活动。在整个教学过程中，一个时代的社会问题、生活问题、科学问题都会被卷入课堂之中，大学所教知识会围绕学术问题、社会问题组织起来，整个课堂教学与现实社会生活间的距离被无限缩短，与高新科技、与现实问题相关联，成为当代大学教学最诱人的因素。这就是大学的研究性教学，它决定了一流本科教育就是一种基于研究性教学的研究性教育。正是如此，世界一流大学普遍采取的课堂教学操作形态是："一流本科教育普遍注重团队教学，注重个性化教学，注重实践教学，注重服务性学习，尤其注重课堂上的理性对话能力培养。"②

（四）高品质的大学体验

过度重视理论知识学习而轻视实践体验、社会体验是传统大学

---

① 朱平：《学术自由和社会良心：大学的批判品格——布鲁贝克〈高等教育哲学〉读后》，《贵州师范大学学报（社会科学版）》2008年第4期。

② 王洪才：《一流本科教育的四重内涵》，《苏州大学学报（教育科学版）》2018年第4期。

的一大痼疾，成为一流本科教育建设中的一道障碍。为此，世界一流大学尤为重视大学体验环节，将之视为一条沟通大学理论学习与一线社会实践的通道。尤其是美国，受实用主义教育传统的影响，"知识—技能—应用"①已经成为美国本科教育的固定格式，丰富的大学体验是当代美国大学教育改革的主流趋势。无疑，缺乏优质大学体验的本科教育是纸上谈兵、不接地气的教育，丰富的社会体验、学术体验、行业体验、课程体验、学习体验是一流本科教育的必备要素。所谓大学体验，就是结合大学课程学习而开展的一些深入社区、行业、现场、情景的感知体验活动，其主要功能是缩短理论课程与现实生活间的心理距离与经验距离，为大学课程学习提供真实经验、体验、见识的支持，借此提高大学课程学习的效果。在美国，大学体验的主要形式是夏季桥梁课程、预科导向、过渡研讨会、学习社区、学术预警系统、服务学习、本科研究、高峰体验、全球讨论、域外教育体验、综合学术体验等②；在我国，大学体验的主要形式是大学生社会实践、公益活动、专业见习、社会调研等。相对而言，我国大学体验的主要缺陷是：学术体验少，社会体验多；体现形式单一，体验品质不高；集体形式的体验多，自发自主的体验少；等等。这些都是我国创建一流本科教育中亟待克服的现实问题。高品质大学体验具有三个明显特点：过渡性，即为大学课程学习提供重要的前期经验或延伸经验，实现理论学习与大学体验间的有效衔接；高关联性，即与大学课程学习内容高度相关，针对性较强；典型性，即所开展的体验活动具有较强的代表性、示范性、可迁移性，能够为大学课程学习提供经典范例支持。应该说，一流本科教育必

---

① AAC&U. *Recent Rrends in General Education Design, Learning Outcomes, and Teaching Approaches*, Washington DC: AAC&U, 2016.
② 邬大光：《重视本科教育：一流大学成熟的标志》，《中国高教研究》2016年第6期。

须具备符合这"三性"的大学体验活动，否则，本科教育极易陷入故步自封的窘境。

(五)学院本位的组织架构

一流本科教育的神经中枢是学院，一流的学院组织架构是一流本科教育的又一核心构件。在现代大学中，学院是介于学校与系、部之间的一级办学实体，其鲜明特征是具有较强的自主性、一定的综合性与浓烈的文化性。在现代大学组织中，一个学院就是一个独立办学主体、学术文化群落、学生生活社区与相近专业群落。作为一种现代教学管理制度，学院制是一种以学院为基本办学单元，在管理中强调学院自治、学院文化、导师制度与学科集群的大学管理制度。学院制的最大优势是：学院管理自主，师生交流深入，学生全人发展，利于打破学科界限，实现文化育人与学术育人的有机统一。我国学院制的典型代表就是书院制，其做法近似于英国的学院制。学院育人与传统大学育人之间有明显差异：前者是文化育人，后者则是知识育人；前者是品格教育、全人教育，后者则主要是知识授受、技能传递；前者是导师制、师徒制，后者则主要是班级制、系科制。如英国一流大学，其学院制的典型特征正是"学院的职能在于发展品格"，"学院的教学方式是导师式"[①]。一流本科教育应当以学院组织、学院文化、学院精神为轴心来构建，它有利于学生自由思想、全面发展、品格培育。在学院制统领下，一流本科教育建设中应该大力弘扬学院主体精神，促进相近学院整合，培育浓郁学院文化，引导师生参与学院自治，让学院成为本科教育的坚实组织依托。

一流本科教育的上述五个构成要素之间是相互支撑、相互依存的关系，它们共同作用，影响着本科教育质量的形成（图5-1）。

---

① 黄维：《本科立人，本科立校——构建"中国特色世界一流"本科教育体系初探》，《中国高教研究》2016年第8期。

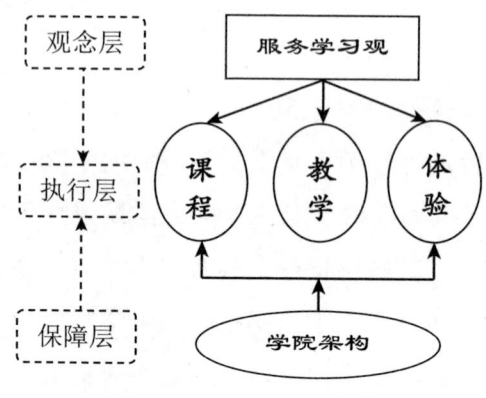

图 5-1 一流本科教育构成要素

图 5-1 表明，一流本科教育建设中需要关注三个层面：观念层、执行层与保障层，三者构成了一个以观念层为领航，以执行层为中心，以保障层为基石的功能集合体。执行层是一流本科教育的核心链环，其具体构成环节是课程、教学与大学体验，三者品质提升是一流本科教育建设的主体工作内容。

三、一流本科教育的内涵建设之道

厘清一流本科教育的核心要素是为了给一流本科教育建设找准实践突破口，明确后续行动之道。在建设实践中，瞄准上述构成要素准备策略、制定方案、展开行动，是推进一流本科教育建设的一般思路。我们认为，学习服务系统构建、课程群落设计、教学模态创造、学院治理机制搭建无疑是建设一流本科教育的四个重要着手点。

（一）构建弹性化、定制化、专业化的学习服务系统

对本科生而言，"一流本科教育"的代名词是"一流本科学习"，本科教育系统的实质是"本科生学习服务系统"，而非本科生教育的管理、控制、监督系统，构筑适合大学生学习需求、学习方式、学习风格的大学学习服务是一流本科教育的应有之义。当代大学生期待的新型学习方式是自主学习、合作学习、探究学习、情境学习、深度学习、

移动学习，而非整齐划一的班级学习、枯燥乏味的理论学习、按部就班的计划学习、被动静听的讲授学习。为此，打破死板、封闭、单一的大学教育系统，坚持"以生为本""以学为本"的宗旨，构建形形色色的大学生学习平台、学习中心、学习方案，努力设计出一套弹性化、定制化、专业化的大学生学习服务系统，是一流本科教育内涵建设的精神指南。不仅如此，大学还应该打破制约学生自主学习、合作学习、探究学习的壁垒，如专业选择设限制度、教室上课制度、固定学习年限制度，而应积极利用学分制、选课制、辅修制、弹性学年制等，为大学生自主学习、自定学习节奏打开方便之门。要实现这一目标，大学应该增加教育管理制度的弹性，善于从基于学生的学习要求来优化教学制度，真正实现本科教育管理制度的专业化、柔性化与定制化。2013年，美国斯坦福大学发布了《斯坦福大学2025计划》，其中明确指出，开展自定节奏的教育（Paced Education），把教育的选择权更多地交给学生，满足学生个性化学习要求[①]。这一改革举措表明，增加大学教育的选择性，满足大学生的个性化学习要求，持续优化学习服务系统，是一流本科教育内涵建设的良策之一。

（二）构建"'社会—学校—科研'三通型"课程群

一流本科教育的关键构成是课程体系，构建博专结合的一流课程群，即以某一职业领域为轴心的通识课程、主题课程与相关课程综合而成的课程集群正是构筑一流本科教育的中心工作。借鉴世界一流大学教改经验，一流本科教育课程群建设的原则是"超越学科界线、拓宽专业基础、优化知识结构"[②]，努力构建服务大学生职业发展、个性发展与社会发展的课程集群。理想本科教育课程群落理应具备四大特

---

① 邱勇：《一流本科教育是一流大学的底色》，《光明日报》2016年6月21日，第13版。
② 黄维：《本科立人，本科立校——构建"中国特色世界一流"本科教育体系初探》，《中国高教研究》2016年第8期。

点：先进性，即与先进社会生活、科技发展、科学研究保持同步互动的关系；广博性，即全面关注本科生宽口径发展、职业可变性与学科融通性的要求，使课程群保持适度的宽广度与普适性；谱系性，即所有课程能构成两个连续谱系，即"理论—技能—体验—实践"的谱系与"通识通能—职业领域—专业知能"的谱系，满足大学生职业建构的层次性、梯次性需要；特适性，即与大学生的自身学情、发展要求高度契合，且具有灵活组合性，便于个性化课程学习模块的组建。为此，一流本科教育建设必须构建"'社会—学校—科研'三通型"课程群落，努力实现学校课程与社会实践、科学研究、个体发展间的联通与共生，消除理论主导或技能主导式课程群的阴霾。

所谓"'社会—学校—科研'三通型"课程群，其实质是打通大学核心课程与社会生产生活、先进科学研究间的通道，努力提高大学课程建设的伸缩性、时代性与动态性。大学生最喜欢的课程是与当下社会生活实践高度相关且具有一定挑战性与智慧含量的课程，是"接天连地"的谱系式课程，即一头扎根社会背景，一头连接高端科技，形成一个课程连续体。要建立起这种"三通型"课程群，大学应该沿着三个维度来建构课程：一是本职业领域的核心课程，包括核心知识技能、核心职业素养等，使之成为大学生融入社会、吸纳先进科技、步入职业领域的基盘；二是从本职业领域出发扩展通识知识，掌握当代人文、科技、社会领域中的永恒知识与文化精髓，促进核心课程的整合，形成平行学科间、专业间的链接；三是参与本职业领域的高新科研活动，了解本职业领域高端研究关注的问题、使用的方法与主导的理念，促进核心课程的深化与拓展等。在本科课程体系改革中，通识教育与科研参与是大学课程群落衍生的两翼，是扩展大学核心课程、深化核心课程学习效果的两极。借助向社会背景与先进科技两个方向的延伸，大学核心课程就扩展为一个动态延伸、外围宽广、广深兼顾的课程群落，一流本科教育由此获得了坚实的课程体系支持。

（三）建立自主分享的高活性教学模态

高品质教学是一流本科教育的枢纽链环，一流大学的本科教育建设经验表明，一流本科教学可以"激发学生在学习和研究中的主动性、能动性，全面提升学生的创造性"[①]。一流本科教学的根本特征是：教学目标不仅仅是传授知识，更是将激发大学生对知识的渴求与探究欲置于更重要的位置；教学方法不是简单的授受传递，更加看重大学生的具身参与、研究揣摩；教学效果不满足于知识技能的积累与量增，更为关注大学生学术志趣、创业勇气、创新精神、自由人格的形成。正如学者所言，"一流本科教育是以创新能力培养为核心、以研究性教学为手段、以广博知识为媒介、以自由人格培养为理想、以学生自我价值实现为旨趣的教育。"[②] 换个角度来看，一流本科教学不是"死"的教学，即知识死记硬背、技能机械复制的教学，而是"活"的教学，即以学生自主参与、主动思考、自由思想为内核的教学；不是"守"的教学，即固守教学常识、模式、流程的教学，而是"变"的教学，即与当下时代、先进科技、社会变革保持联动的教学；不是"粗放"的教学，即局限于教学任务完成的教学，而是"精细"的教学，即对学生多样化、个性化学习方式与要求予以精准响应的教学。所以，一流本科教学一定是高活性的教学，是大学生活力奔放、灵活应变、活气洋溢的教学，这种教学一定是以自主、参与、合作、探究、体验、思考等活动为主体的教学。在此，我们将这种教学形态称之为"自主分享的高活性教学模态"，它是克服我国大学教学弊端，创建一流本科教学的有力切入点。

当前，世界本科教学正面临着来自大学生学习状态的双重挑战——

[①] 黄维：《本科立人，本科立校——构建"中国特色世界一流"本科教育体系初探》，《中国高教研究》2016年第8期。

[②] 王洪才：《一流本科教育的四重内涵》，《苏州大学学报（教育科学版）》2018年第4期。

"驯服的绵羊"和"精致的利己主义者"①。在大学教学系统中，大学生要么被驯服为考试指挥棒下"驯服的绵羊"，要么被教导成为就业市场规训下的"精致的利己主义者"，其原因之一，是大学教学的异化与失职，即大学教学没有把追求上进、责任抱负的情怀从大学生心灵中催发出来。一流大学教学必须借助高活性教学模态来唤醒大学生的自我意识、责任意识，必须借助自主分享的教学方式引导大学生学会学习，学会融入学习共同体，形成负责、共赢、求真的学习精神。为此，一流本科教育建设中，大学教学要做好双重转变：一是教学中心的转变，即真正实现由"教"中心向"学"中心、"师"中心向"生"中心的转变，让大学生成为课堂的主角，让共学互学成为大学课堂生活的新气象；二是学习方式的转变，即实现由"授受"为主向"研学"为主、"接受"为主向"对话"为主的转变，真正将教室转变成为研究室，将知识传递转变成为新知识生发，让课堂知识在质疑、批判、对话中实现意义的创生，让大学生在经历知识生成过程中学会形成思想、表达思想与分享思想。

（四）开拓学院治理的新格局

一流本科教育需要两大动力支持：一是强大的教育力，即大学教师队伍、教育资源、学科实力、学院文化等凝聚而成的综合教育力；二是强大的学习力，即源自学生的学习热情、学习精神、学习成就欲望等的内源性动力。在一流本科教育实力构成中，后者是基础，前者是辅助；前者服务于后者，为后者的激活与壮大彰显存在的意义。正如美国佛罗里达大学的本科教育，其直接目的是"通过对教学、研究和服务的支持，培养学生的智力好奇心、批判性思维、创造潜力和文化敏感性"②，最大化地增强大学生学习与发展的主动性。国内学者也指出，一流本科教育的显著特征之一就是"培养学生具有极强的发展

---

① 郭大光：《重视本科教育：一流大学成熟的标志》，《中国高教研究》2016年第6期。
② 尚红娟：《美国一流本科教育的改革与发展趋势》，《现代大学教育》2018年第3期。

性学力和创造力，构建研究性教育形态"①。应该说，大学生强大学习力的激发与培育有赖于学院治理格局的搭建与支撑，学院治理机制是将本科教育资源凝练成为学院强大教育力的操作间，开拓学院治理的新格局是一流本科教育建设的重要保障环节。一流本科教育要借助民主、平等、进取的学院氛围营造与大学生学习平台搭建、大学生自治组织培育来激发大学生的学习热情与求知动力。所谓治理，就是借助管理主体之间的主动合作、权力共享、共识达成、利益调和而实现管理目标的善治形态。不同于传统学院管理，学院治理依靠的是底层主体——师生——主体性、能动性的发挥，而学院管理依靠的是学院顶层组织设计与权力控制；学院治理关注的是最底层组织成员的民主参与，而学院管理关注的是学校官僚机构的高效运作；学院治理依托的是学院主体间协商而成的非正式制度，如承诺、约定、协约等，而学院管理依托的是正式规章制度，如学院组织规则、党政联席会议制度等的制定。正是如此，"治理是一种机制的作用"②，学院内部治理的实质是借助科学治理结构的搭建，向学院体内植入一种自我成长、自我进化的有效机制。显然，学院治理的优势在于能够增进普通师生的管理参与与学生学习力的激发，从而形成所有学院主体争相参与、百花齐放、协同共治的治理格局。无疑，仅仅依托学院领导集团的智慧是难以将学院内在潜能释放到极致水平的，只有依托学院治理机制的构建，学生学习力与学院发展力才能发挥到最大化水平。

为了构筑学院民主治理的格局，一流本科教育创建应该从三个角度来行动：一是吸引本科生参与学院变革蓝图设计，正如美国奥林工程学院（Olin College of Engineering）那样，"从学校创建时期就把学

---

① 李硕豪：《论一流本科教育的基本特征》，《中国高教研究》2018年第7期。
② 詹姆斯·罗西瑙：《没有政府的治理》，张胜军、刘小林等译，江西人民出版社，2001，第5页。

生当作共同设计师"①；二是完善学院师生自治组织，如学生自管会、教代会等组织，开展师生自我管理、民主决策与学院发展建言献策活动，让学院发展轨迹中留下普通教师、学生组织的痕迹；三是倡导自导式学习，引导学生借助网络课程、自主选课、导师制度与学习互助组织开展自主学习，强化大学生的学习责任与学习权利意识，建立真正的"生学师导"模式。借助这些途径，学院就可能建立起一种自下而上的学院权力共享机制，充分发挥大学生这一最基层管理主体在学院治理中的能动性与创造性，最大化地发动学院工作的内能。

第二节 一流大学教学实践探索

专业技能是新教师胜任教育行业的基本资质凭证，如何提高师范生专业技能、教学质量这一问题始终是制约师范大学卓越教师培养的瓶颈问题。随着"后师范教育"时代的到来，教师教育"重心后移"理念的深化，职前教师教育有限性②的暴露，许多学者误以为师范大学的教育使命只能止步于"半成品"教师的培养水平，也只能用专业的知识与花拳绣腿式的技能来为未来教师的专业发展提供任职奠基与专业潜能，因为最成熟的教师只能在工作实践磨砺中去缓慢地形成。这显然是一种推卸责任的托词，是对教师专业技能，尤其是成熟教学技能的培养"望洋兴叹""有心无力"的表现。从某种意义上说，当代师范教育尚未找到教师专业技能培育的良途。不深入教育实践的本然逻辑，而仅靠"理论+实践"的培养思路，仅靠"技能熟练"的培养范式，是难以真正破解教师专业技能培养难题的。我们认为，真正的教师技能完全可以在仿真的教育实践机体中被孕育，教育实践的创生性、情境性、立

---

① 尚红娟：《美国一流本科教育的改革与发展趋势》，《现代大学教育》2018年第3期。
② 刘涛、龙宝新：《论职前教师教育的有限性》，《教育学术月刊》2012年第4期。

体性决定了"仿真课堂实践"才是培养真正教师专业技能的坦途。仿真课堂是大学教师技能课与全实践浸入式技能训练课间的过渡带，它兼容了两种基本教师技能培养范式的优点。笔者相信，经由这一路径，师范大学才可能在师范生身上真正培养出用得上的"真技能"，才能最终造就一批在一线教学中"上手快""起点高"的成熟教师。

一、超越经典范式：师范生专业技能教学发展的迫切要求

在师范生专业技能训练中流行的两种典型范式是旁观式与浸入式。前者是"站在岸边学游泳"的训练方式，其典型范例是微格教学，即在大学课堂中向师范生"教技能"；后者是"下到河里学游泳"，其典型范例是教育实习，即师范生在实践中承担教师的角色与工作。这两种训练范式相差迥异：前一种范式只能在师范生身上培养出花拳绣腿式技能，一到真实实践，这些技能完全不听人使唤，许多师范生因此慨叹"师范教育对当教师没用"；后一种范式无疑能够培养出师范生在实践中真正用得着的各种技能，即便是师范生"无师"，当教师也可以"自通"。但遗憾的是，该方式尝试摸索成本较高，新教师专业成熟周期较长，大量时间被浪费，培养效率极低。其实，教师专业成长成熟的过程具有自然节律性，师范教育的唯一功能是加速这一节律，缩短新教师成熟的周期，抬升教师专业发展的制高点。那么，教师专业成长的基本节律是什么呢？笔者认为，这就是新教师在教育实践中面对种种问题情境与实践难题，逐渐学会熟练应对各个教育实践任务的自然过程。所以，提前在师范生的成长生涯中引入全部实践情境，帮助师范生体悟教育实践的真意，是顺利实现师范教育使命的不二选择。所谓实践，它从来都"不是抽象的、静态的，而是现实的人进行的有直接目的的、具体的、动态的、现实的活动"。广而言之，真正教育实践是教育工作者"不断在未知的教育情境中敏感机智地洞察、

审视、判断各种可能性，从而作出一种合理的选择、正确的判断"①的过程。基于此，我们不难发现，大学师范教育试图在"情境缺失、场外演练、表象临摹"的情境下"教会大学生教书"的企图是难以想象的。进而言之，基于真实实践境遇的教师技能训练（简称"真实技能训练"）与基于大学课堂情境的非真实教师技能训练（简称"非真实技能训练"）之间在效能、机制、深度上差异悬殊。

（一）真实技能训练范式的弊端

显然，要培养出一进入教育实践就能应变自如、得心应手的成熟教师只有一条路径，这就是浸入真实教育实践一段时期，接受教育实践的全面洗礼与深度磨砺。真实实践是以教学工作为主线的，它对教师提出的素质要求正是教师专业能力训练的目标，一旦教师自身素质发展与这一目标之间的差距缩小到近似为"0"，甚至达到教师自身素质引领教育教学实践的水平，我们就可以认为，一名真正成熟的教师形成了。在漫长的"前师范教育时代"，教师专业技能的训练就是通过这一"教师—实践"自适应、相磨合的方式进行的。

这一教师技能训练范式具有五个显著特点，即低成本、浅层次、不可控、可靠性与原始性。从训练成本角度来看，这一范式与实际教学工作合二为一，几乎不需要专项培训成本投入，可谓无本万利；从训练的程度来看，它只能停留在浅层次的水平，无法借助思考、思想、理念的深度来增强教师对教师技能背后问题的深入认知；从训练的方向来看，整个技能习得过程具有随波逐流、不可控制的特点，教师技能训练过程受教师工作实践制约，无法独立出来开展专业、专题、专程的训练；从训练的效能来看，具有绝对的可靠性，因为这种训练方式是完全依附在教师工作之上，全面为教师工作服务，教师工作的水平就是教师专业技能训练的效果，二者之间是无缝对接关系；从训练的方式来看，它具有

---

① 齐敏、任永泽：《实践论·教育实践·教师教育实践》，《教育导刊》2011年第4期。

原始性，是教师教育"前专业化"时代的一种基本形态，全部训练方式与目标都具有原生态、长周期、经验性的性质。可见，基于真实教育实践的教师技能训练方式贯穿于教师专业发展的始终，是最有效、最漫长、最廉价、最基础的一种教师专业技能训练方式。

（二）非真实技能教学范式的缺陷

与自然浸入式的实践训练范式相比，基于专门训练、脱离实践境遇的教师专业技能训练范式则是非真实的教师技能训练范式，它是在非实践环境——大学课堂中进行的一种专业技能专题训练活动，也是当代师范大学训练教师专业技能的主流范式。这一教师技能训练的一般途径是，把教师工作实践中需要的核心技能片段析取出来，并借助一定的理念将之系统化链接起来，再在大学课堂上以之为教材对师范生进行专项技术性教学训练。一般情况下，这些所谓的教师技能训练内容主要来自三个渠道——压缩实践、剪裁实践、蒸馏实践。所谓压缩实践，就是把鲜活的教育实践过程浓缩为一系列教师行为的简单链条，即"教师技能"，以为只要新教师掌握了这一技能链条，就能够在真实教育实践中有力应对；所谓剪裁实践，就是从教育实践所需要的各种融为一体的教师实践过程中析取出主要教学技能片段，以此对新教师进行零敲碎打式的专业训练；所谓蒸馏实践，就是将教育实践中的情境、氛围、体验等柔性因素、幕后因素统统剔除，只留下纯粹的教师课堂活动表演，即所谓的"教师技能"，以之作为教师专业训练的对象与内容。借助这三种方式，师范大学课堂上的教师技能课应运而生，成为师范生对这些琐碎技能进行模仿、运演、组合的培训场所。有学者指出，"教育实践的简缩是教育理论的僭妄和思之冷遇的必然结果，僭妄的教育理论支配着教育实践的开展方式，教育实践被简化为一种按部就班之事，按照某种理论所要求和规范的程式开展"[①]。这就

---

① 曹永国：《关于教育理论关注实践的思考》，《教育学报》2008年第5期。

是大学课堂上进行训练的教师专业技能的来源。

进而言之，非真实教师专业技能训练方式也有五个特点，即专门性、表面性、程式性、人为性、抽象性。从训练的形式来看，非真实技能教学范式具有相对独立性，它已经从教师的混沌教学工作实践中独立出来，成为专事训练新教师教学技能事宜的一项教师培训工作；从训练的程度来看，这一教师模式由于游离出了教师的实践场景、实践逻辑、工作全程，徒留教师工作的表面性动作方式组合，故随时可能陷入"花拳绣腿、学用错位"的误区；从训练的内容来看，非真实教师技能训练方式关注的只是教学工作中的一些技术性、程序性内容，这些技术、程序等只能"通过一种艺术介质被运用到具体事例中，这种艺术以一种有限形式存在于行动反映中"[①]，与真实教育实践的随机性、生成性特点相比，这种技能训练方式不太切合实际，它最多只能教会新教师在特定问题情境下的一些技术性反应方式；从训练的过程来看，它具有较强的人为性，因为在真实实践中根本不存在技能训练所假定的那种理想工作情境，教师也不可能预见到工作实践中所面临的各种实际问题，故这一训练具有人为虚构、一厢情愿的色彩；从训练的全程来看，非真实技能培训具有抽象性，其所训练的动作技能都是从教师的工作实践中抽取出来的一些典型动作形式，与鲜活的教育实践实态相差悬殊。其实，"实践课是个虚拟世界，相对来说没有压力、没有困惑，也无须承担真实世界里的风险"[②]。因此，在以非真实技能训练形态存在的大学里，实践课对教师实践技能的训练效能提升是很有限的。

可见，真实技能训练模式与非真实技能训练模式各有利弊，需要进行合理拼接与优势组合。在师范大学的教师技能培养中，尽管我们

[①] 唐纳德·A. 舍恩：《培养反映的实践者》，郝彩虹等译，教育科学出版社，2008，第31页。

[②] 唐纳德·A. 舍恩：《培养反映的实践者》，郝彩虹等译，教育科学出版社，2008，第33页。

采取了"技能教学+技能实践"的综合培训形式,对二者优势进行了最为原始的复合,但从最终教学效能来看,这种"复合"与卓越教师的培养目标还相距甚远,毕竟"我们无法教会另一个人如何教"[①]。为此,深入探究两种训练模式间的优势合成渠道与现实接合点,有力克服非真实教师技能教学的"中看不中用"与真实教师技能教学的"有效但却原始"的缺陷,还需要教师教育研究者加以进一步地探究。

二、仿真课堂实践的构架、策略与合理性分析

面对真实技能教学与非真实技能教学的各自缺陷,我们认为基于仿真课堂实践的教师技能教学是较为理想的一种师范生专业技能训练范式,是有机复合二者优势的"第三条路径"。所谓仿真课堂实践,就是借助三大模拟,即情境模拟、角色模拟与教学模拟来复制中小学课堂全景、全程,构建一种逼真的仿真课堂教学情境,让新教师在这一情境中自主应对随机生成的教学难题和问题的挑战,逐步形成应变性真实教学技艺的一种教师专业技能训练模式。仿真课堂实践具有三个明显构成要素,即仿真教学情境、仿真教学难题(不同于教师假想出来的教学问题)与仿真教学反应,它投合了真实教学实践的三个基本特点:考虑具体的教学情境、面对随机生成的教学难题与教师应变性的教学机智。对这些特点的全面考虑就使之与基于非真实教学情境的大学教师技能训练方式区别开来。在非真实技能训练中,教师假定师范生的教学技能是对优秀教师想当然的教学方式、教学行为的模仿与训练,而在仿真课堂中,它假定教师的优秀专业技能是在复杂教学实践情境与策略性应对教学实践难题中自然生成的。这就是"仿真"的核心内容。可见,教师技能训练的预设观与生成观是两种教师技能

---

① 唐纳德·A.舍恩:《培养反映的实践者》,郝彩虹等译,教育科学出版社,2008,第81页。

训练方式间的根本思路差异。

（一）仿真课堂实践的构架

基于上述思考，我们认为，师范生仿真课堂构建的基本机理是以真实中小课堂原型为范本，通过对其教学活动、环境情境与师生角色的三重仿真模拟，以期在大学课堂中再造逼真的中小学课堂实践。有了这一课堂实践新平台的支持，师范生就可能"足不出户"地享受到在真实实践中才能达到的教师技能训练效果。进而言之，仿真课堂的创建是虚拟的教学环境情境、教学过程与师生角色在相互作用中重建一个以中小学真实课堂为蓝本的虚拟课堂生活生态的过程（图5-2）。

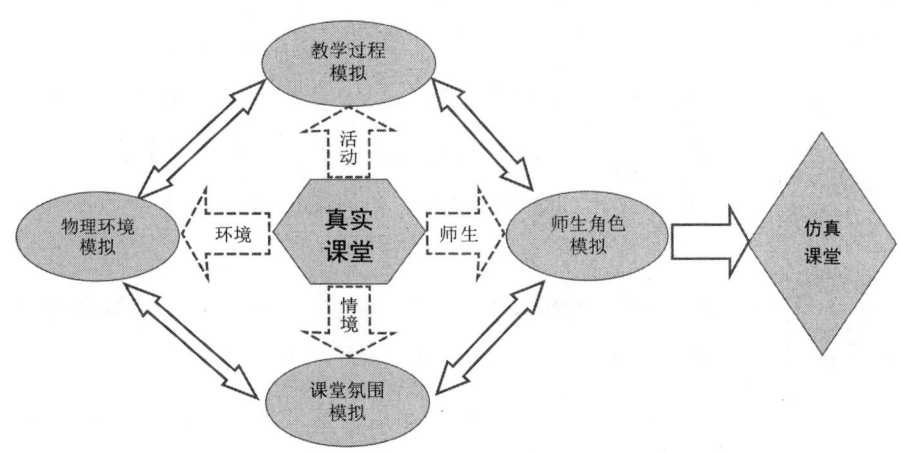

图 5-2　基于仿真课堂实践的教师技能教学模式

（二）仿真课堂实践构建的具体策略

以图5-2为参照，要构建基于仿真课堂的课堂实践平台，中小学教师技能训练模式需要引入四个独特的训练策略：

1. 实践全景再造

真实教师技能训练模式周期漫长、高耗低效、低级原始、成本高昂，加之这种训练模式在师范生身上的使用需要大量实习学校的支持，极易打乱或干扰中小学的正常教学秩序，因而，师范大学只能有限选用。但其优点是能够让师范生"泡"在真实教育实践场景、情境中,这一优势应该在仿真课堂实践中得到发扬与延续利用。仿真课堂中"仿真"的含义之一就是"教师教学实践情境"的仿真再现。因此,仿真课堂实践的主要内容就是要仿照教育实践的全景对之进行逼真的模拟与再制。教育实践具有立体多维性,它不仅仅是一种"目的性实践""制度性实践""技术性实践",还是一种"文化性实践""历史性实践"[①]。因此,要借助情境仿真模拟来再现教育实践的文化性、历史性、情境性,需要大学教师走进实践情境的内部与逻辑,努力再造一种全景性的仿真教育实践,尽可能兼顾教育实践的多方位、多角度、多因素性,而非仅仅关注教学目的、教学活动的表面性教学实践。有学者指出,"在实践论框架下理解教师教育实践,目的在于使教育实践重获其应然原态,归还其本真之义"[②]。而当代大学的教师技能训练模式大都是基于认识论、理性论的视角来认识实践、重构实践的,这就决定了它无论如何都难以再造教育实践的全景,让师范生在其中得到全真的实践训练。或许,教师技能训练者在重构全景教育实践之前应该反思一下,"当实践被理论过滤和提升之后,究竟过滤了什么,隐藏了什么,又失去了什么?"[③]这样,才有助于我们不折不扣地按照真实的实践全景去再构仿真教育实践。

2. 师生角色全模

课堂情境是人、事、物三者共处而形成的一种独特教学境遇,因此,仿真课堂的全景模拟离不开人的角色双重模拟,即授课大学生模拟教师、配课大学生模拟中小学生。众所周知,制约课堂模拟活动的关键原因是配课学生模拟不到位,没有真正模拟出中小学生的心理特

---

① 石中英:《知识转型与教育改革》,教育科学出版社,2001,第2—4页。
② 齐敏、任永泽:《实践论·教育实践·教师教育实践》,《教育导刊》2011年第4期。
③ 李政涛:《论教育实践的研究路径》,《教育科学研究》2008年第4期。

点、表达方式与思维特征，其结果，整个课堂模拟活动容易陷入"四不像"的境地，严重影响了教师技能的实训效果。在仿真课堂实践中，整个训练过程要求做到"师生角色全模"，即授课大学生必须以完全教师的心态、角色、仪表、风范投入到课堂中来，配课学生必须全身心、全方位地参与到课堂中来，尽可能模仿出中小学生的"味""形"与"神"。换个角度来看，师范生扮演中小学生的过程同时也是他们体验学生的角色、思维、感受、学习方式、性格特点等的过程。这对他们而言是一种"反身学习"或"换位学习"，有助于提高他们模拟授课时的表现效果，提高授课的仿真度与训练的真实度。为此，仿真课堂实践之前，所有大学生有必要认真揣摩视频教学中的师生行为、心态、思维，并在达到一定水平与深度后才能开展课堂模拟活动。

3. 课堂情境营造

仿真课堂构建的另一重要策略是课堂情境营造，积极学习氛围与物理情境的营造既是诱发学生学习欲求的酵素，又是砥砺师范生课堂驾驭能力的一道难题。其实，情境正是变通性教师技能的关键构成要素，因为专业技能在实践境遇中被迁移、被运用的实质就是"实践者把这个情景相似地看作那个情景，也可以把那个情景当作这个情景相似地去做……恰如他把新问题看作旧问题的变体……相似地看和相似地做的整个过程都可以在不用清楚表述的情况下进行"[①]。借助教学情境来迁移是教师技能灵活运用的条件。仿真课堂构建的主要目的是仿制出拟真态的教学物质环境与教学心理环境，即教学氛围。相对而言，前者可以采取教室装饰布置、电声设备辅助等途径来实现，而后者则难以模拟复制，它需要参与仿真课堂的每一位大学生自觉调整自己的心态与语言行为方式，共同营造出中小学教学所需的心理环境。当然，

---

① 唐纳德·A.舍恩：《培养反映的实践者》，郝彩虹等译，教育科学出版社，2008，第62页。

课堂氛围营造的主体是授课大学生，他们应该借助自己声情并茂的语言、渴望"学生"成长的情感投入、调节师生人际关系的手段与作为教师的人格形象魅力来营造浓厚的学习氛围、情感氛围与精神氛围，引发学习者积极的学习欲望，促使一种逼真的积极课堂心理氛围在教室中形成。

4. 教学实践全面扮演

在大学教师技能课堂上，师范生主要在大学教师的指导下习得一些"远实践""去情境"式的教师教学活动产生式，即形式性的教师技能；而在仿真课堂实践中，逼真的教学实践，即寓教学目的、教学情境、教育情感、教学认识、教育价值观等为一体的仿真教学实践，成为教师专业技能的培训者与教练员，大学教师则退居幕后，成为师范生授课表现的点评者与参谋者。因此，对教学实践的立体、全程、全面的扮演与再制成为教师技能习得的主要策略，而在教师技能课堂上师范生只能习得肉眼观察到的课堂教学操作。"实践不是简单的认识论的实践，实践不是一种仅仅在认识论支配下的机械操作，而是人以全部信念、情感、认识、智慧和力量投入的、具有丰富创造性的行动，认识只是其中的一部分。"[①] 即是说，教学实践绝非教师机械地利用认识来决定自身教学行为的线性过程，而是受到多种因素的影响与参与。在仿真课堂中，我们看重的主要是受训师范生对各种教学行为、教学决策影响因素的综合平衡与协调能力，看重的是新教师在复杂多变的教学实践全程中的策略调适与应变能力。完整的教学实践不仅是一个多面体，更是一个变动中的有机活体。这是教学实践的本身、本体与真容。如若基于这一认识来理解仿真教学实践，其对教师专业技能的形成将具有更为真实的意义。在此意义上，仿真课堂构建的目的就是要兼容包括认知因素在内的所有可能教学实践构成要素对师范生真实

---

① 宁虹：《实践—意义取向的教师专业发展》，《教育研究》2005年第8期。

教学实践能力的形成过程，以此达到全面扮演教学实践的目的。

（三）仿真课堂实践的内在合理性

仿真课堂实践在培养师范生教师技能上的效能性来自其内在构造的合理性，来自其对教学实践理解的科学性。在非真实教学技能训练中，"教育实践被定义为教育理论话语体系的应用过程"[①]，这种对教育实践的理解其实是一种"伪实践"，与之相对应，师范生教师技能的培养完全按照理论意义上的"教师技能"来进行；在仿真课堂的教师技能训练中，教师技能的培育基于实践本意上的"真实践"来进行，"教育实践的丰富性、完整性、复杂性、情境性、生成性"[②]等得到兼顾与重视，完全按照实践自身机理来培养教师专业技能的构想成为可能。仿真课堂实践之所以是从理论上来说最为有效的教师技能培养途径，是因为它从四个方面迎合了当代教师专业发展的现实要求。

1. 实践育师：高效教师专业训练的根本机理

教师培育一定是教师教育者与普通教师之间发生的"人—人"互动过程吗？或者，它是一个类似普通教育活动——"人—教材—人"的三体互动过程吗？笔者认为，二者之间存在根本差异，这一差异的根源就在于培育目的的差别。针对中小学生的"教育"是以掌握人类现存基本知识技能，教会学生做"道德人"这一目的展开的，教育目标非常清晰，故有待学习的文本资源与人格楷模非常清楚。而教师培育则不一样，它属于一种职业教育或专业教育，目的是为了教会学生做事——教书，这是一种纯粹的实践学习而非文化知识学习，故"向实践学习、在实践中学习、为了实践成功而学习"是这一教育形态的根本特点，这就是"实践育师"理念。正如杜威所言，"实践是第一位的，也是最终的，实践是开始，也是结局：是开始，因为它提出种

[①] 齐敏、任永泽：《实践论·教育实践·教师教育实践》，《教育导刊》2011年第4期。
[②] 齐敏、任永泽：《实践论·教育实践·教师教育实践》，《教育导刊》2011年第4期。

种问题，只有这些问题能使研究具有教育的意义和性质；是结局，因为只有实践能检验、证实、修改和发展这些研究的结论。"① 这一理念尤其适用于教师教育。在教师技能训练中，实践才是统整所有训练活动的枢纽与内核，教师技能首先体现为一种实践能力，教育实践才是师范生专业成长的首要导师。进而言之，教师培育存在两条基本途径，即知识育师与实践育师。相对而言，借助教育知识技能的传授来培育教师的方式，即前者，它只是育师的辅助手段；而后者，即实践中育师，才是培育教师的基本途径，是向"教育实践"这一伟大导师学习是最有效的教师专业学习形态。如前所言，在现代教育语境下完全回归真实实践去育师几乎是不可能的，基于仿真课堂实践的教师专业技能训练方式契合了现代教师专业成长培育的这一特殊需要，是其富有教育效能的原因所在。

2. 全身卷入：教师专业技能深度训练的诉求

在非真实教师技能培训中，新教师的技能学习活动只是头脑主导的学习活动，新教师的身体反应，如手、脚、眼等身体器官的动作单元都是在教师技能知识的间接指导下实现的。显然，这种技能训练的最终结果是师范生仅仅学会了一些活动套路、实践常识、程序规则，而非真正的实践技能、实践技艺、"行动中的知识"。正如舍恩所言，"行动中知识是动态的，而'事实'、程序、规则和理论是静态的"②。其实，真正的实践技能是新教师全身置于教育情境中自然生成的，而非对教育实践的一个个侧面，如知识、行为、思维等进行分开学习的结果。在仿真课堂中，师范生直接面对的学习任务是解决教会学生指定知识或技能这一真实问题，这就迫使他从各个角度调整自己的认识、

---

① 赵祥麟、王承绪编译：《杜威教育名篇》，教育科学出版社，2006，第211页。
② 唐纳德·A.舍恩：《培养反映的实践者》，郝彩虹等译，教育科学出版社，2008，第22页。

思想、行动，为积极应对仿真教育情境中涌现出来的问题而自觉努力、自主行动与原创策略。这显然是一个师范生面对教育情境与问题而全身卷入实践的过程，这一过程的附属品就是成熟教师技能在师范生身上的形成。所以，师范生"全身投入教育情境—应对具体问题挑战—自然生成教学技能—形成教育实践素养"的教师技能训练新思维有利于突破单一的知识授受、技能模仿式的传统教师技能训练模式。

3. 情境体验：专业技能在实践情境中的自主建构

实际上，教师专业技能的形成有两种线路，即传统的自上而下线路与新兴的自下而上线路。前一线路是指，师范生在大学教师的专业技能训练基础上再进入实践、实习境遇，将这些套路式的技能融入实践，催生出成熟、适切的教师技能；后一线路是指，把师范生置于教育实践情境中，促使其产生学习专业技能的需要，在实践情境中生长出工作需要的各项实践技能。这两种教师技能的形成方式都具有一定的合理性，但相对而言，现代教师技能的形成方式更加看重的是在完整实践情境中生成的教师技能，因为这种技能经历了教育实践情境的磨砺，故较为圆润、流畅，在教育实践中自然较为有效、真实。这就是在教育情境体验中形成的教师技能。"教师的教育实践具有'临床'与现场的特质，每一教育实践过程都具有不可重复性与必然性，教育过程中的每一因素都是变化的。"① 这种浸入实践、融入情境、体验"现场感"的教师技能形成方式就是临床式的教师技能培育方式，是现代教师专业发展领域中较为受宠的一种方式。在情境体验中，师范生的专业技能是建构起来的而非外部强加的，教师技能培养的关键就是创建一个有利于技能建构的良好学习环境以支持和帮助他们自主建构自己的教师技能。所以，舍恩指出，"当实习医生和住院医生在临床医师的指导下在病房里治疗真正的病人时，他们学到的远远超出了课堂

---

① 齐敏、任永泽：《实践论·教育实践·教师教育实践》，《教育导刊》2011年第4期。

所教授的医学知识的应用"①。在仿真课堂实践中,情境体验式的教师技能训练理念得到了重视与关注,师范生在该过程中生成的不仅有真实的实践经历,还有深刻的实践体验,它们为大学生提供了多样化地走进逼真教育情境的通道,故有利于学生临床教育实践能力的形成。这正是基于仿真课堂实践的教师专业技能培训方式的合理性所在。

4. 智慧催生:教师技能习得模式的革命性变革

传统教师技能面对的一个实践难题是它难以解决"学以致用、学用一致"的问题,课堂技能训练与真实课堂情境"两张皮"现象突出。其根本原因就在于大学的教师技能训练情境与中小学教学实践情境之间具有异质性,情境差异是导致师范生将大学习得的教师技能向中小学实践情境顺利迁移的障碍所在。进而言之,在大学教师技能训练情境中,师范生形成的是教师技能知识,而非在教育实践中可以直接使用的教育智慧。正如有学者所言,"教师的教育实践是与具体的人、时空、情境等教育元素相联系的,因而不是简单的技术性或程序性的操作活动,而是充满无数不确定性的智慧与道德的活动。"②教育实践具有过程性、创生性、多变性、意向性与情境性,教师要驾驭实践,仅靠静态的教育知识是不行的,还需动态的以变应变的教育智慧。显然,在与一线教育实践情境相隔离的大学环境中,师范生是难以习得教育智慧的,他们必须投入实践情境之中才有可能。仿真课堂的构建正是为了解决这一问题而提出,它就是为师范生的实践智慧形成而搭建起来的一个舞台。在课堂实践情境中,"实践中的这些不明区域——不确定性、独特性以及价值观念的冲突——都不在技术理性的范畴之内"③,故教师的行为反应必然是

---

① 唐纳德·A.舍恩:《培养反映的实践者》,郝彩虹等译,教育科学出版社,2008,第14页。

② 齐敏、任永泽:《实践论·教育实践·教师教育实践》,《教育导刊》2011年第4期。

③ 唐纳德·A.舍恩:《培养反映的实践者》,郝彩虹等译,教育科学出版社,2008,第6页。

自主灵活、即刻随机、创造生成的，甚至还含有一定的探险成分。教育知识、现场技能尽管可以为教师提供一些情境解释图式与实践反应图式，但如何反应才有效最终取决于教师自身的个性化见解与反应。如果反应成功、问题解决，以实践智慧为主的教师技能会在新教师身上顺利形成，否则，教师会进入下一轮教师技能习得的征程中，继续去摸索教学实践的奥秘。可见，为实践智慧生成搭建平台正是仿真课堂实践促成师范生真实教师专业技能形成的意图所在。

三、基于仿真课堂实践的师范生专业技能教学新思路

搭建仿真课堂，营建逼真实践环境，促使学生在参与拟真态实践中生成教学技能与实践智慧，是基于仿真课堂实践的一般教师技能训练思路。那么，在具体实施中如何正确操作呢？这是我们关注的另外一个重要问题。应该说，践行仿真课堂实践理念的操作模式是灵活多变，笔者在现实中使用的具体模式具有鲜明个人风格，且并不一定具有代表性。在此，笔者只想将本人的做法拿出来和大家交流，以求产生抛砖引玉的效果。在实践中，我们使用的基于仿真课堂实践的教师技能训练模式大致包括四个环节，故简称之为"四环模式"，每个环节的操作思路如下所述：

（一）共同体组建

仿真课堂创建一定是一项群体协作的工程，组建"摩课共同体"非常必要。我们一般可按照每组 11 人左右的标准组建摩课共同体，其中 1 名师范生为授课教师，由全组同学轮流担任，其余师范生为配课学生，负责中小学生角色模拟的任务。为了组建出一个齐心协力、目标一致的摩课共同体，我们需要引入四个手段来支持，即愿景描述、视频观摩、现场体验、心灵定位。在开始观摩之前，我们要明确摩课的任务，即创建一个与真实中小学课堂高度相似的授课情境与过程，确保每一个成员融入课堂情境，达到看不出自己身心上的"大学生"

痕迹的程度；在视频观摩中，我们首先让所有参训师范生反复观看相应的中小学教师授课视频，让他们清楚真实的中小学教师与中小学学生的课堂表现方式，重点留意他们的认知方式、思维方式与表达方式，获得清晰的模仿对象与生动表象；在现场体验环节，我们要带领师范生走进中小学课堂，让他们身临其境，现场体验中小学师生的工作情境与学习状态，体验真实课堂的现场感；在心灵定位环节，我们要让师范生提前调整心灵，转换思维立场，定位自身角色，让自己身上的"大学生"形象与心态彻底清零，为重树自己的新课堂角色做好准备，完成大学生向"中小学师生"的心灵转换。借助这些途径，师范生就可能迅速进入摩课共同体，将自己视为共同体中的一份子，为后续摩课做好良好的心态准备。

（二）情境营造

仿真课堂创建的第二个重要环节是情境营造，这是课堂仿真的关键一环，是决定仿真效果的重要一步。本环节课堂模拟的主要思路是整个摩课共同体共同构建"标准课堂情境"（SC），将之作为训练授课师范生教学技能的重要载体与平台。在情境营造中，我们重点进行三大情境的营造，即教室物理情境营造、中小学课堂心理环境营造与中小学课堂教学氛围营造。在物理环境营造中，我们可通过到中小学教室现场去取景拍摄的方法来收集资料，并以此为依据来装饰大学教室，突出中小学教室风格，将之改造成为一个标准的中小学教室；在心理环境模仿环节，我们可按照"积极上进、好学求知、思想单纯、思维活跃"的基调来设计课堂心理情境，尤其是要让配课大学生模仿出中小学生求知若渴、追求上进但又方法不济、经验不足的求学心理氛围；在教学氛围营造环节，我们可以要求授课师范生借助多媒体技术、教学问题呈现、制造认知冲突、引入先行组织者、师生课堂研讨等途径营造教学展开的氛围。通过这三大途径，摩课小组就能建立一个标准化的中小学课堂情境，为授课师范生的教学技能训练提供基本情景支持。

（三）现场参与

在标准的课堂情境搭建完成之后，摩课小组中的授课师范生要以"正式教师"的身份进入课堂现场，展开自己的教学实践旅程。授课师范生可以按照自己的教学设计自主展开教学，要求他们在整个教学过程中必须关注在场"中小学生"的各种反应，并结合自己的理解，以符合中小学教师身份的方式创造性地应对学生的课堂反应，促使教学问题一步步得以解决，教学效果逐步得到实现。在该环节中，我们应该强调，授课师范生完全可以自由灵活地展开课堂教学，尽可能将自己的课堂理解力、应变力与创造力发挥到极致；配课师范生一定要按照自己的身份——"中小学生"——来进行课堂反应，在必要时还要有一定比例的大学生模拟后进生同学、"捣蛋同学"等少数学生群体，有一部分学生模拟优秀生同学，等等，以此引发授课师范生的层次性教学反应或适应性教学策略调整，充分考验、催生师范生的临场教学反应能力。

（四）录像反馈

为了确保仿真课堂对师范生教学技能训练的实效，我们还应该对整个仿真课堂的"实战全程"进行录像，以此作为评课、摩课、改课的依据，提升大学生的课堂反思效能，促使摩课共同体中的每一个成员调整自己的教学行为与配课表现。正如有教师所言，"学生在屏幕上看到自己扮演的教师形象，教学行为中的'瑕疵'表露无遗，产生'镜像效应'，其教学行为的成功与失误，历历在目，声声入耳"[1]。这正是教学录像成像的价值所在。在录像时，我们应该采取多镜头录像的方式来进行，最起码要从三个角度，即对授课教师、配课学生与课

---

[1] 许仕林：《高师教育学模拟课堂教学模式的实践与思考》，《南方职业教育学刊》2013年第1期。

堂全景等进行录像,以为后续研课评课提供充分依据。

在评价摩课小组的课堂表现时,我们必须关注三个重要指标,即摩课的逼真度、授课的创造性与配课的表现。这三个指标的评价依据也是不一样的。在摩课逼真度评价上,我们应该将之与相似的一节中小学真实课进行对照,并据此进行全面量化评估;在授课表现评价上,我们应该重点评价授课者因应"学生"课堂表现而进行教学策略调整的情况,评价他们授课行为的创造性、科学性水平,分析其成因与改进方向等;在配课表现评价上,我们应该重点关注"学生"课堂反应的妥当性与合理性,应按照中小学生心态、思维与认知等对之进行全面评价,帮助大学生深入了解中小学生的心灵世界与生活世界。

第三节　一流大学教师教育教学能力建设

2018年,在新时代全国高等学校本科教育工作会议上,时任教育部部长陈宝生向全国高校发出了"要坚持以本为本、'四个回归',加强一流本科教育"的号召,引发了全国高校的争相热议与行动响应。无疑,一流本科教育、一流本科专业的坚强后盾是一流高校教师的培育与供给,是高校教师一流教育教学能力的提升工程,制定一流高校教师教育教学能力标准是科学有力地领航此项工程的得力之举。但在实践中,一流教育教学能力建设受制于各种隐性观念、文化惯性、惯常操作的阻滞,导致我国面向"一流"目标的教师能力建设尚处在"摸着石头过河"的阶段。一方面,种种弱化、虚化、矮化高校教师教育教学能力重要性的"多余论""替代论"[①]时隐时现,阻碍着高校教师教育教学能力自觉提升的步伐;另一方面,高校教师教育能力研究在方法论上深陷与中小学教学能力趋同论、过度使用因素分析法等旋涡,

---

① 张应强:《大学教师的专业化和教学能力建设》,《现代大学教育》2010年第4期。

导致高校教师教育教学能力特质分析不够，具有中国特色、高校特质的教育教学能力评价体系长期难产。在这种形势下，推进高校教师教育教学能力理论的开创性、针对性研究，加强理论创新对教师教育教学能力标准构建的支撑性，就显得尤为迫切。为此，本研究试图从教师教育教学能力的内涵重构入手，经由高校教师教育教学能力特质构成分析，进而为一流高校教师教育能力评价建构提供全新理念的导航。

一、教师教育教学能力的内涵重释

教师的教育教学能力是高校教师专业素养的硬核构成，是其作为教师、导师、教授的根本资质蕴含，廓清"教育教学能力"的本真内涵是深入剖析"高校教师教育教学能力"的概念之基。在以往教师教育教学能力界定中，学者惯用的关键词是"心理特征""个性品质""知识、技能、态度的综合"等，这些界定方式的共同缺陷是，被心理学"能力"概念所绑架，无视具体教师能力的特殊性分析，静态性、抽象性、移植性特征明显，对现实境遇中"教育教学能力"概念的具体指涉关注不够。所谓"教育教学能力"，就是教师在教育教学活动中体现出来的有助于教育教学目标高效达成的心理能量、效能体验与优越素质。如果说教师 A 比教师 B 更具有教育教学能力，就表明相对教师 B 而言，教师 A 在教育教学工作上更具信心、热情、活力，更有想法、方法、经验、技术等方面的相对优势，由此决定了其在完成特定教育教学工作上更有胜算与把握。其中，"信心、热情、活力"代表着教师主体的强大心理能量，"想法、方法、经验、技术"则代表着该教师的优越教育素质，将二者动态链接起来的正是"效能感""成就感"，伴随着这种积极、能动、正向的过程体验的既是高能力存在的直接信号，又是反馈实践效果效率、反向强化心理能量、构建教师增能循环的链接枢纽。基于这一概念定位，我们认为，教师教育教学能力的独特内涵体现在以下四个方面：

（一）教育教学能力具有"一体双核"的内在架构

显然，"教育教学能力"是中国本土发明的教育概念，是一线教育实践中耳熟能详的一个教育术语，但"教育教学能力"是否就是"教育能力＋教学能力"还是"教育能力×教学能力"，抑或是"教育教学＋能力"？这个问题时常在有形无形地困扰着我国高校教学工作的开展，成为导致"教育教学能力"含义被误解的一个源头。其实，教书育人是"教育"二字的根本内涵，其中"教书"相对于"教学"，"育人"相对于"教育"，"教育教学能力"的同义词正是"教书育人能力"。在该能力中，教书与育人之间并非对等平行关系，而是"手段"与"目的"的从属关系，教书、教学只是育人、教育的手段方式而已，它必须在育人的大规划、大格局、大视野中才可能获得科学的意义定位。教育事业的初心与归宿是"育人""成人""立德树人"，育人和成人是学习者一生与教育联姻的缘由，任何偏离育人目的的教学活动都是畸形、变态、异化了的"教育"，都把"教育"真经念歪了，而非真正意义上的"教育工作"。在当代，随着课程育人、学科育人、专业育人理念的确立，"教育教学能力"的时代内涵日益清晰：它是在育人目的指引下开展教学活动的能力，或者开展"教育性教学"（赫尔巴特语）活动的能力。尤其在信息化时代，知识教学的功能受限，育人活动的功能牵连人的终生，学生发展的核心素养培育成为当代教育释放其强大内能的突破口与工作出发点，教育中"育人"的内涵、比重、位置空前提升。由此，教师"教育教学能力"的关键指涉是学科育人能力，即开展"教育性教学活动"的能力。将专业知识授受与教学技艺、育人艺术相结合成为高校教师"教育教学能力"的完整蕴含。进而言之，如果说教师教育教学能力有两个内核构成，一核是教育艺术，一核是教学能力，那么，高校教师教育教学能力一定具有"一体双核"的架构，即将教育艺术与专业教学无缝对接、深度融合、凝为一体的能力架构。

（二）教育教学能力具有动态表现性、多维融合性与固态积累性

在过去，学者热衷于对教师教育教学能力进行层次化、类型化的分析，却遗忘了对"能力到底是怎样存在的"这个问题的深究，导致许多对能力类型、维度、要素的分析偏离了助推教师教育教学能力提升的初衷，进而把教育教学能力分析推向过度、解体、离心的境况，异化为一种抽象的思维拆解活动。其实，教育教学能力存在的三个显著特征是动态表现性、多维融合性与固态积累性，分别体现着教育教学能力的三个特殊性，即实践依存性、不可拆解性与持续迭代性。

首先是动态表现性。教育教学能力具有"三依附性"，即依附实践、依附主体、依附情景，是能力拥有者在特定情景下、在具体实践活动中生成并表现出来的，诚如学者所言，"教师的教育教学能力需要在亲身实践中才能获得，需要在解决真实的问题中才能形成"①，"在实践中展开、在问题解决中生成、在任务承担中练就"是教师教育教学能力的鲜明特征。这一特征决定了，教育教学能力最好通过表现性评价来评价，最好在课堂现场中紧密结合教师真实教学任务与完成情况来具体评价，不应过分提倡去情景、零任务、虚拟式的教育教学能力评价。离开了具体的实践场景、教学任务、真实问题，教师教育教学能力根本无法存在、存活。换个角度看，教育教学能力是教师亲身参与、亲身体悟并面对具体任务问题自我适应、主动调适、图式建构的结果。有研究指出，"与真正的教育教学能力相比较，'假性教育教学能力'仅仅是技术性的，不具有'行动中反思'的能力。"在教育教学现场中，教师自身的表现欲被激发、教育机智被催生、实践感被唤醒，其教育教学活动不可能完全按照预定的方案、路线、轨道展开，而是一幅岔路丛生、小道密布的场景。在此场景中，教师创造出的一定是别具风格的课例，是一个

---

① 张鲁宁：《对"假性教育教学能力"能通过国家教师资格考试的反思》，《教育学报》2015年第3期。

个艺术性色彩显著的课堂。这就是教师教育教学能力的灵动表现方式，应该成为教育教学能力评价重点关注的指标。

其次是多维融合性。作为一个整体，教师教育教学能力具有多个维度：从内容上看，既涉及学科知识、育人资源，又涉及实操技能、教学机智；从心理过程上看，既涉及教学认知、教育情感、教学态度，又涉及教学监控、教学反思、教学领悟；从层次上看，既涉及智力基础、一般教育教学能力[①]，又涉及特殊教育教学能力、专业知识教学能力；从源头上看，既涉及优秀人格要素，又涉及教育教学技术性的要素，其中"教学能力的技术侧面由专业技能、智谋技能、交际技能组成"，人格侧面由个性、动机等要素组成[②]，等等。在具体存在形态中，上述维度是有机融合、共存一体的。在教师的具体教育教学工作中，它们是围绕任务、目的与问题解决这一主线关联起来的，由此构成了一个以教育教学任务为内核的小系统或功能体。例如，大学教师面对的学科知识可以在与教育情感、教学反思等教学要素结合中形成独特的教育教学样态，进而呈现出教师教育教学活动的独特性与不可替代性。学者指出，教师教育教学能力的发展过程是"在不断学习、借鉴、实践、交流、反思、研究的螺旋式循环往复中，教师将学科知识、教学知识、学生知识、情境知识不断整合，由小到大地生成不断完善的学科教学知识，从而不断提高驾驭教学的能力。"[③]这就是教育教学能力融合性存在的动态体现。如果说能力形成是围绕工作要求来建构知识、组织技能、激发动能、协调资源的过程，那么，教师教育教学能力一定是一个持续建构的过程，每个维度的要素均参与教师能力系统

[①] 申继亮、辛涛：《关于教师教学监控能力的培养研究》，《北京师范大学学报（社会科学版）》1996年第1期。

[②] 钟启泉：《教师的"教学能力"与"自我教育力"》，《上海教育科研》1998年第9期。

[③] 李庆丰：《大学新教师教学能力发展研究：核心概念与基本问题》，《中国高教研究》2014年第3期。

的组织与建构，并非以单个个体的面目在教育场景中露面。系统论告诉我们，1+1>2，即系统的整体功能具有非加和性、涌现性，用分维度量化叠加的评价思路开展教师教育教学能力评价肯定是有缺陷的。

最后是固态积累性。马克思主义认为，任何事物都是绝对运动与相对静止的统一，如若单单强调教师教育教学能力的流变性、动态性而不承认其相对稳定性与可认识性，无疑是认知上的错误。尽管即时的实践、任务、工作是教师教育教学能力实存状况的显示屏，但必须承认，那些稳定的能力表现会以一种特殊痕迹或成果形式在教师的身心上存留下来，使我们可以从这些"痕迹"或"成果"中顺藤摸瓜，推知教师的教育教学实践能力水平。例如，教师荣获的教学奖项、教师在学生心目中的口碑、教师授课后学生的学习进步、教师对教育教学活动的论述，以及教师身上体现出来的稳定教育教学行为习惯、人格特征或活动风格等。一定程度上，这些稳定表现都应该与教师的实际课堂教学能力表现成正比。这就是教师教育教学能力的固态积累性，学者用"经验库""自我认知图式""专业自我"等概念有力地解释了教师教育教学能力固化的机制。例如，舍恩认为，每个教师的头脑中都有一个丰富的"经验库"（repertoire）[1]，里面储存着大量以前的教育教学问题及其解决方案的经验等，教师教育教学能力积累的结果就是该库存的持续扩容，随之教师解决新教育问题的胜算持续增大。还有学者认为，每一位教师都有针对教学的"自我认知图式"[2]，该图式"在很大程度上左右着教师的课堂行为及其自我调节模式"，教师教育教学能力的形成其实是该图式日益成熟的过程。当然，"专业自我"是教师个体对职业理想、职业价值、职业角色的接纳与理解，教师教育教学能力的发

---

[1] 唐纳德·A. 舍恩：《反映回观：教育与咨询实践的案例研究》，夏林清译，教育科学出版社，2010，第137—141页。

[2] 李庆丰：《大学新教师教学能力发展研究：核心概念与基本问题》，《中国高教研究》2014年第3期。

展其实就是"专业自我"日趋稳定、日渐清晰的过程。上述解释表明，教师教育教学能力应该有稳定、固态、惯常的表现，教师教育教学能力评价也可以在适度脱离教育现场的情景中进行。国内学者关于"假性教育教学能力"现象的研究也表明，仅仅关注教师显性的技能表现、身体姿势与可视化形态并非教师教育教学能力评价的完美之策[1]，其道理正是如此。

（三）教育教学能力具有"主体—任务—效能"的三维结构

教师教育教学能力的实质是教师对教育教学工作的胜任力、适应度，是其与教育教学任务、教师工作岗位、教师职业特征间的匹配度与契合度。对"能力"的最通常理解是"主体对于所完成的任务的作用"[2]，与之相适应，教师教育教学能力应由三个核心要素——教师主体品质、教育教学任务、教育工作效能等构成，其实存状态是三者之间的动态交互机制。当前，心理学界"能力素质"的研究较为流行，应该说这比"能力研究"更有意义。学者指出，人的"能力素质"起码包括五个要素，即"动机、特质、自我概念特质、知识和技能"[3]，它表明，教师素质是多维、多元、多层的构成体。其中，教师主体素质主要包括与教育教学工作相关的专业自我、智力水平、经验库存、人格特征、自我认知图式等，在实践中体现为一种参与教师教育教学工作形成的综合性心理品质、心理形式，"主体对任务的认识、主体从事任务活动的方式以及主体认识任务和从事任务活动的态度等是能力的基本内容或基本要素"；教育教学任务是教师教育教学能力的物质内容，决定着上述心理品质的指向性与释放点，其核心是教师的育人意向传达与学科知识传授

---

[1] 张鲁宁：《对"假性教育教学能力"能通过国家教师资格考试的反思》，《教育学报》2015年第3期。

[2] 王治民、薛勇民、南海：《"教师教学能力"概念辨析——对"中职学校专业教师教学能力标准"概念的解读》，《中国职业技术教育》2008年第18期。

[3] 李田伟、李福源：《高校教师能力素质模型》，《中国健康心理学杂志》2013年第3期。

相融合构成的内容有机体；教育工作效能是用社会标准、内在标准与体验标准来评量教师教育教学工作状况的结果，包括教师个体的自我教育效能感与外在的教育工作绩效（图5-3）。

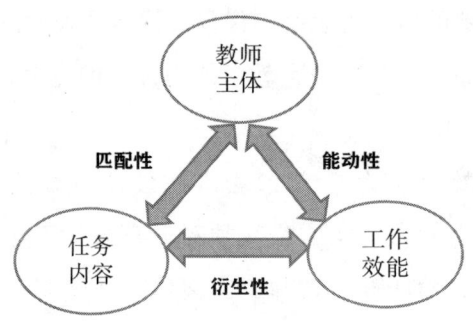

图5-3　教师教育教学能力的"三维结构"

图5-3表明，教师主体素质与教育教学任务间的匹配性是判定教师有无相应教育教学能力的前提，任务内容是测试教师教育教学能力状况的显示器；在承担教育教学任务后自然会衍生出相应的教育教学效果，它是判定教师教育教学能力水平的关键，如果该水平跌出一定的阈限值，就表明教师不具备相应教育教学能力；在教师工作效能形成中，教师主体素质是最具能动性的一个选项与变量，"能力是关于任务活动自身完成条件和方式的反映，是主体对任务活动的认识结果和主体根据认识结果而形成的能动力量"[①]，教师有无教育者人格特征、驾驭教育技术的能力、对教育教学工作的认知、丰富的教育教学经验库、教育教学技能图式的储备等，都是决定教师教育教学能力强弱的决定性要素。所以，机械、抽象、片面地谈论教师教育教学能力是毫无意义的，因为任何教育教学能力的存在与显现都是在上述框架内的"三角互动"中实现的。

---

① 王治民、薛勇民、南海：《"教师教学能力"概念辨析——对"中职学校专业教师教学能力标准"概念的解读》，《中国职业技术教育》2008年第18期。

（四）教育教学能力要素分析的限度是教育教学活动元

教育教学能力依附于教育教学活动而存在，并以教育教学活动的形态来体现，能力"总是以一定的活动为其载体予以体现"，"和人完成一定的活动相联系在一起，是与活动同时存在、同时消失的资源结构。"[①] 因此，教育教学能力要素划分的界限是，必须保证教育教学活动作为"活体"或功能体、小机体的存在，而不能将之解体为一个个教育教学活动的零部件，最终让教育教学能力的言说与评价失去意义。教育教学能力要素分析、教育教学能力评价指标划分的限度是一个个相对独立的"教育教学活动元"，即教育教学活动分析中不可继续进行分解的教育教学活动单元、单位、单体，它构成了教育教学评价的原子单位与最小对象。"教育教学活动元"的提出源自"学习活动元"研究的启示。所谓"学习活动元"，是指"在完成某一学习任务中的几个或几个子任务而进行的相对独立的学习活动"[②]，其显著特征是相对完整性，即具有相对独立的学习问题（或任务）、学习情景、学习活动，体现为一件完整的学习事情。与之相应，教育教学活动元是指教师在教育教学实践中以一个相对独立的教学子任务、子问题开展的教与学的活动单元。如果说一个教育教学活动可以从三个层级上来分析：构成该活动的系列行动图式；围绕特定任务，联合相关图式而成的活动元；若干活动元在教学目标统领下形成的一节课，那么，教育教学活动元一定是第二层级意义上言说的，它构成了教师教育教学活动的质点与单位，是教育教学能力评价的原点与基点。如若继续对教育教学活动元进行分析，那么，课堂教学活动元一定是一个由"活动情景—教学问题—教学任务—师生互动—结果反馈"等构成的完整链条与活

---

① 宋明江、胡守敏、杨正强：《论教师教学能力发展的特征、支点与趋势》，《教育研究与实验》2015 年第 2 期。

② 傅兴春：《在化学新课程教学中应用活动元教学设计的研究》，《课程·教材·教法》2006 年第 8 期。

动序列,一切教育教学能力的评价必须立基于这一完整活动单元之上来进行。譬如,把教师的教学设计放在这一活动元框架中进行评价,全面分析上述五要素的整体运行与效果达成情况,方可保证本评价是针对教师教育教学能力的评价,而非其他类型活动能力或一般行动图式的评价。学者研究指出,"能力的作用乃是通过做事过程而得到确认"①,能力的另一表述方式是"本领""本事",是做事中的能力体现。因此,教师教育教学能力评价也必须基于意见完整的教育教学之"事"来进行,这就是"活动元"。一个完整的教育教学活动元就是一件教育教学事情,以"事"或"活动元"为单位进行教育教学能力评价才是有意义的。

二、高校教师教育教学能力的特质分析

高校教师、高职教师、中小学教师尽管都归属于教师门类,都承担的是教书育人、教育教学工作,但在能力结构、核心素养、关键能力方面表现出来的差异却很大,如若不对高校教师教育教学能力特质予以剖析抓取,将之作为一流高校教师教育教学能力标准构建的根本依据,极有可能随时犯下用"中小学教师能力评价"代替"高校教师能力评价"的低级错误,最终误导高校教师的教育教学发展,致使其陷入同质化、简单化、机械化的评价陷阱。提取高校教师教育教学能力的特质构成事关高校教师能力评价的生命与未来,成为本研究关注的一个焦点问题。高校教师开展教育教学活动的基本形式是面向"准成人学习者"——大学生的学术性教学,与之相应,在本科人才培养中凸显学术教育、创新教育、自我教育的独特内涵是高校教师教育教学能力的标志性特征,具体体现在高校教师教学观念、人才培养、教学改进等各个链环上。

---

① 杨国荣:《"事"与人的存在》,《中国社会科学》2019年第7期。

（一）高校教师教育教学能力的内核是教学学术性

学者研究认为，"大学教师教学能力的发展是建立在教学学术发展的基础及程度之上"①，教学学术性是高校教师教育教学能力的首要构成与关键特征，是其区别于其他教师类型的特质所在。正如有学者所言，高校教师教学能力是"教师认知、理解、掌握和运用教学学术开展教学实践和研究的能力"。所谓教学学术，就是用学术的视角认识教育教学活动，用学术的方式改进教育教学活动，用学术的规则来规范教育教学活动。所有学术活动的共同特征是"公开、能面对评论和评价、采用一种能够让他人进行建构的形式，并且能够对结果进行反思"②，具体体现为可公开性、可改进性、可共享性。其实，大学教学活动中始终要面临的一个问题是，如何将学科知识转变成为可教化的课程形式，以此实现学科知识的育人育才功能或人才培养价值？这是一个必须经由教学学术研究才可能给出最佳答案的教学问题，它决定了高校教育教学活动必须具有学术性。所以，高校教师教学学术性的关键含义是，可以在教学学术共同体中开展公开的课堂研磨与教学创造活动，使之在接受教育专家质疑中持续改进，让教育教学活动始终处在常变常新之中。当然，在这一点上，高职教师、中小学教师也有类似的特点，但高校教师的教学学术活动还具有另外两个独有特征：一是教学的内容也具有学术性、问题性，二是教师本人是一身兼二任——专业研究者与教育工作者合而为一。前者决定了没有课堂教学内容的学术研讨活动，教师就难以达成"教会学生研究"的教学目标；后者决定了教师必须要将自己的研究新成果、研究观念方法融入教育教学活动中去才能创造出真正意义上的"大学教学"。如果说中小学教师教育教学能

---

① 李庆丰：《大学新教师教学能力发展研究：核心概念与基本问题》，《中国高教研究》2014年第3期。

② 王玉衡：《让教学成为共同的财富——舒尔曼大学教学学术思想解读》，《比较教育研究》2006年第5期。

力的重心是知识技能的传授力,高职教师教育教学能力的重心是职业技能的示范力,那么,高校教师教育教学能力的重心则是知识技能的创新力。毕竟在高等教育阶段,基础知识技能学习不再是教育教学活动的主题与轴心,相反,引导学生用学术的眼光、创新的意识、超越的目标来对待教材知识,才是大学教师的独特教育教学素养。这就是高校教师教学学术性的特有蕴含。诚如有学者所言,"大学教学的问题性才是教学学术活动的起点,是大学教学持续改进的动力所在"[①]。

(二)高校教师教育教学能力的聚合点是卓越大学教学

教育教学能力与优质教学之间是相互确证、相互支撑、一体两面的关系,高校教师教育教学能力水平判定的另一权威标准是,是否有利于卓越大学教学的创建与形成。与之相应,卓越大学教学的特征决定了高校教师教育教学能力的独特属性。卓越大学教学是具有示范性、学术性、创造性、变革性、高效性的教学形态,其核心构成要素是:面向学术发展的教学目标,即注重发展大学生学术精神、学术旨趣、学术认知、学术能力与学术情感,将知识创生、发展性素养培育置于比知识习得、技能掌握更上位的位置;先进科学的教学理念,即关注学生、关注学习、关注发展,强调学生主体发展、个性发展、全面发展,落实"学习中心、方法为基、能力为本、师生共创"的理念,把课堂视为师生共同发展的平台;富有创意的教学设计,即教学设计坚持问题取向、学生主体地位,能激起大学生的参与热情与学术兴趣;深入广泛的课堂参与,即用问题、情景、项目激励学生参与课堂,学生参与有广度、有深度、有密度,学生学习的获得感、成就感、幸福感较高,学习中同时收获"知识、方法、思想、兴趣",用丰富、鲜活、有趣的课程资源来辅助知识学习与问题探究,教学过程简明流畅、

---

① 时伟:《大学教师专业发展模式探析——基于大学教学学术性的视角》,《教育研究》2008年第7期。

起伏跌宕，与学生思维心灵同频共振；促使改进的教学评价系统，即强调教学是一个基于评价、持续更新、不断超越的增循环与自组织，善于用各层次的教学评价来激发教学系统的自我发展力，激励师生的自我反思力，让教学系统获得强大的内驱力与变革力，等等。总之，卓越大学教学是一个"学术发展至上、教学理念先进、学生深度参与、评价反馈有力"的教学改进连续体，它与中小学教学之间差异明显：中小学教学面对的是发展中的学习者，知识技能习得是学习主体的首要任务，而大学教学面对的是基本成熟的学习者，学会自我发展、自我创造是课程学习的主要任务。这一根本差异决定了卓越大学教学一定是促进大学生自主发展、专业发展、创造发展的实践活动，它要求教师教育教学能力评价工作必须以教师教学发展、教学品质为核心，密切关注教师教育教学能力对大学卓越教学创建要求适应度、支撑度。

（三）高校教师教育教学能力表现在人才培养的过程与结果中

我国《统筹推进世界一流大学和一流学科建设总体方案》指出：国家"双一流"建设的任务是"坚持立德树人，突出人才培养的核心地位，着力培养具有历史使命感和社会责任心，富有创新精神和实践能力的各类创新型、应用型、复合型优秀人才。"因此，人才培养是一流高校、一流学科、一流本科建设的立交桥与聚焦点，高校教师作为"双一流"建设、一流教学打造的主体，必须把教育教学工作置于"各类创新型、应用型、复合型优秀人才"培养目标之下才有价值、有意义。显然，创新型、应用型、复合型优秀人才的成长必须遵循其独特的成长规律，而不可能像中小学生素养培育那样，按照常规教育教学路径去展开，它向教育教学活动与教师专业成长提出了一些更新的要求：一是必须在课堂教学中将学生置于创新发展、学习探究的主体位置上来开展教学；二是必须将教学活动与最新科技前沿、学科发展前沿探究结合起来才行；三是必须按照人才成长规律，即"全面发展、内外协同、实践成才、差异生长、螺旋上升"的规律来设计教育教学活动才有可能。高校造就的是各行各业的优秀人才，教师教育教学活动必须在"营造积极氛围、培养全面素质、产学合作推进、鼓励差异发展、分段持续培育"的人才培养工作原则指导下开展。从这一角度看，高校教师教育教学能力的特质之一是必须顺应人才成长规律，善于为各类专业人才成长搭建教育环境、提供教学服务、设计课程体系，这是一般中小学教师不会重点考虑的问题。可以想象，人才培养规律要求高校教师在教育教学能力建设中必须具有注重学术创新与实践研发的意识，必须具有按照大学生人才成长历程来规划课程、研发资源、创设情境、改进课堂的能力与智慧。

（四）高校教师教育教学能力在面向优质教学的循环中生长

对高校教师而言，教育教学活动是一个循环再生的连续体，是一个持续更新升级、动态发展演化的生命体，其教育教学能力一定是在持续参与、不断揣摩、轮回磨砺中逐步提升的。因此，优秀高校教师的教育教学能力形成于面向优质多学科教学的循环与链条之中，形成于"教学设计—课堂实施—效果评价"的"教学改进环"（图5-4）之中，缺乏优质教学评价、教学反思、教学变革等环节的教育教学活动是不可能孕育出高水平教育教学能力与优异高校教师的。

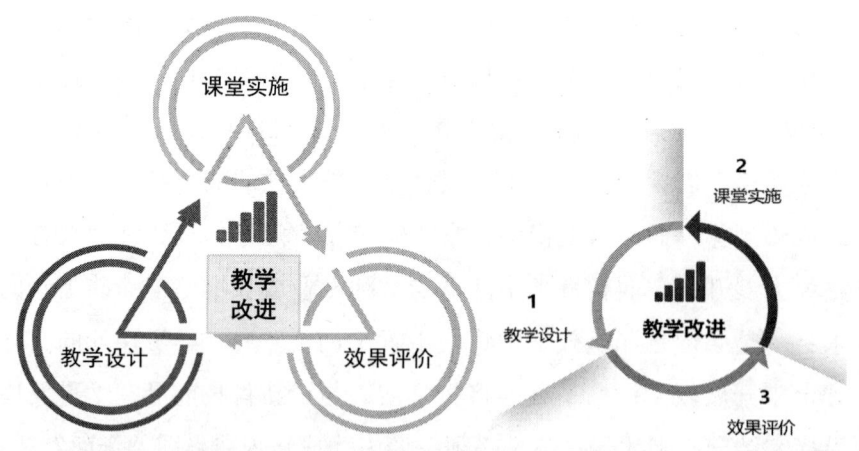

图 5-4　教师教育教学活动的"教学改进环"

相对中小学教师的教育教学活动而言，教育教学评价是助推高校教师教学发展的关键手段，这是由高校教学的多学科、多专业、多样态等特点决定的，是由高校教育教学管理工作的评价核心性特征决定的。在中小学日常教育教学工作中，过程管理、常规管理、课堂管理处于首要地位，而在高校中则是终端管理、绩效管理、考评管理处于首要地位，这是由高校学者的主体性、学科门类差异性决定的。因此，教育教学工作效能评价与教师教育教学能力评价是高校教育教学工作的"命门"与中枢。同时，在高校教育教学事业中，教育教学评价肩负着向各类教学形态中植入先进教学新理念、引导学科教学分类发展、敦促学科知识与课堂教学融合的特殊功能，与之相应，这种评价一定是"教师为本、行家导引、多标（准）共存"式的。这就是高校教育教学评价的特殊性所在。其实，优质学科教学的形成一定是多轮教学改进的结果，每一次课堂教学之后的反思、增补与修订都是逼近优质教学目标的一个台阶或链环，都是教师教育学科教学活动升级提质的枢纽环节与更新节点，而教育教学活动评价正是推进这一转变顺利发生的有力举措。换个角度看，每一次教育教学活动评价的另一面就是对高校教师教育教学能力的评价，"优质教育教学活动"是"优秀教育教学能力"的佐证与呈现，加速教育教学活动评价理念、方法与流程的科学化与专业化进程是加快高校教师学科教育教学能力形成的助推器。所以，教育教学评价活动存在的意义就是为了构建高校教师学科教学改进的封闭循环，就是为了给各类学科教学的个性化发展搭建平台。

三、一流高校教师教育教学能力建设之路：基于标准构建之路

站在全新"教育教学能力"理解之上，一流高校教师教育教学能力的评价必须瞄准高校教师教育教学活动的特质，充分考虑教育教学能力评价的意图，努力研制出最有利于高校教师教育教学能力持续、快速、

专门发展的评价标准,助推一流本科教育建设,真正发挥教育教学能力评价对"双一流"建设的独特功能与使命。我们相信:教育教学能力评价的关键点是科学评价标准的确立,是中国特色教育教学能力评价理念的指引,坚持用科学思路来构建中国特色一流高校教师教育教学能力评价标准是科学导航我国高校教师教育教学能力建设工程的科学之举。

(一)坚持学科育人的评价指导思想

高校教师的教育教学活动是以立德树人、人才培养为统领的学科专业教学活动,其中育人为本、教学为末,二者间互为"目的—手段""方向—路径"的关系,提升大学生的核心发展素养、终身发展力与职场竞争力是高校教育教学活动的根本育人目的所在。从这一意义上看,将学科育人状况作为高校教师教育教学活动评价的首要对象,确保教师在课堂上开展的是真正意义上的"教育教学活动",是促使其教育教学能力评价回归初心、守正务本的选择。在美国,高校教师知识结构大概包括四类——学科性知识、跨学科知识、实践性知识和条件性知识[①],其中具备"跨学科知识"尤为必要,要求高校非教育学科教师必须同时具备教育学知识,具备将所从事学科与教育教学知识深度融合于学科育人的能力非常必要,这是由其岗位的复合性——学科研究与教育教学的复合性决定的。在高校教师教育教学能力评价中,要体现学科育人的首要地位,就必须强化育人为本的价值导向,重视教师学科育人资源的深入发掘,重点评价教师利用学科资源灵活开展育人实践的能力,评价教师的德育渗透能力与育人中心意识,评价大学生学科能力与职业道德的同步培育情况,等等。在教育教学活动中,缺失育人意识的学科教学是缺乏灵魂的教学活动,缺失学科专业知识依附的育人活动则是空头说教。因此,在高校教师学科育人能力评价上必须将重点置于学科要素与育人精

---

① 熊华军、丁艳:《当前美国大学教师的专业知识结构探微》,《中国高教研究》2012年第8期。

神之间的融合关联上，置于学科育人效果效率评价上，否则，其教育教学活动随时可能陷入动力不足、精神颓废、方向迷失的境地，进而难以培养出"又红又专"的社会主义事业的建设者与接班人。

（二）坚持以活动元为单位分解评价指标

高校教师教育教学活动能力评价的直接对象是其教育教学活动，教育教学活动评价的底线是确保这一活动不被随意或过度肢解，以至失去了教育教学的原本活体形态，最终导致评价失真现象出现。为此，高校教师教育教学能力的直接评价对象应该是一个个教育教学活动元，是教师在每个活动元中的实践表现及其整体性解释，不过度拆解评价对象是高校教师教育教学能力评价指标分解的根本原则。从不同角度分析，高校教师的教育教学活动可以分解为不同的教育教学活动元。譬如，从教学流程上看可以分解为三个活动元，即教学准备活动元、教学实施活动元、教学反馈活动元，其中，"教学准备活动元"可能包括多种具体活动，如教案设计活动、课程资源收集活动、学情分析活动、课件制作活动等，这些具体活动不能进行独立评价，而必须将之放在教学准备活动元中进行整体评价，以防逃逸出"教学准备"这一功能单元。再如，从学生学习角度进行分析，高校教师的教育教学活动应由以下活动元组成，即课堂自主学习活动、课堂听课活动、课堂讨论活动，可以按照这一活动元系列开展教师教育教学能力评价活动。在高校教师教育教学能力评价中，以活动元来划分评价板块、设定评价标准、分析评价标准是较为科学的一种评价理念，它能够充分保证评价对象的相对完整性与活体性，最大化地提高评价结果的可靠性与可信度。

（三）坚持"立体性、学术性、循环性"的评价理念

高校教师教育教学能力评价的内核是教育教学活动评价，"能力评价"只是"活动评价"的一种解释、扩延与深层判定。就高校教育教学活动评价而言，它涉及目标、对象与方法三个重要问题：从评价目

标上看，这一评价服务高校人才培养活动，而人才培养活动体现在大学教育教学活动的方方面面，只有按照立体性原则来对之进行全面解剖，才能对教师教育教学能力状况给出一个公正的结论；从评价对象上看，高校教师教育教学活动的内核是教学学术性，其直接内容是学术性教学，即学术研究成果的教学传播，凸显教学方法与内容的学术性是永葆高校教育教学活动本色的要求；从方法上看，高校教师教育教学活动评价必须关注循环性、轮回性，力促完整"教学改进环"的形成，凸显教师教育教学能力评价的循环性。基于这一分析，我们相信，人才培养效果是高校教师教育教学能力评价的主线，教学学术性是高校教师教育教学能力评价的重点，循环改进是高校教师教育教学能力评价的生命线。为此，彰显教师教育教学能力评价的立体性、学术性、循环性，开展有主线、有重点、有生命力的教育教学能力评价，是构建科学先进的高校教师教育教学能力评价体系的重要原则。

（四）坚持"表现性评价＋绩效性评价"的结果形成原则

从呈现方式上看，教师教育教学能力既是通过现场教育教学活动表现出来的，又是通过固化了的教育教学绩效、作品、荣誉、口碑、风格、人格等表现出来的，分别适用于表现性评价与绩效性评价，二者之间是互补互证的关系。因此，高校教师教育教学能力评价结果形成中必须坚持"两条腿走路"的思路，并将二者有机结合起来。就前者而言，教师教育教学能力评价要关注教师的临场表现、实践智慧与"行动中反思"这些关键能力的评价，故必须基于课堂观察来进行，在观察结果处理上可以考虑采用量化技术，并结合相应理论解释框架来对评价分数进行解读，否则客观事实、数据资料始终难以转化成为教学能力等级或能力评价得分；就后者而言，教师的教育教学工作的绩效、奖项、口碑尽管是固化了的数据、表现或评价，但其来源却是教师前期长期的教育教学经验积累、教育实践表现凝练，无疑与教师教育教学能力水平之间呈正相关，其对教师教育教学能力评价同样具有适用性、可靠性与可信度。所以，有机整合两种评价方式的优势，用量化思维实现现场评价与成果评价的兼顾与合成，用质性评价呈现两类评价的综合结论，是提高高校教师教育教学能力评价品质的方向。

第四节 新文科建设：一流大学文科教育的应然之路

20世纪80年代，后现代主义先驱者利奥塔宣布："文科已死！"那种无视人类命运、文化根基、生命意义的旧文科开始步入暮年，成为人文学者反叛的对象；时隔四十年，2018年美国希拉姆学院宣誓"为新文科设计模型"[①]，标志着新文科改革启动，文科正式进入转型变轨时期。在当下中国，出于国家发展战略的需要，举国上下加足马力推进新文科建设，中国文科事业正在发生着一次历史性重生与质变。无疑，这场变革将带动中国文科学术、教学与社会服务的系统性变革，其对中国社会、文化、交际带来的影响必然是深刻的。文科的灵魂是人文精神，文科的实体是文科实践，文科的外观是知识的生产、传播与交流。面向未来，中国新文科建设如何扎根中华大地、心系中国命运、培育民族精神，全面提升中国文化事业的现实影响力、思想感召力与人格塑造力，直接决定着文科事业的生死存亡。在这一意义上，理清"新文科"的时代内涵，设计中国新文科建设方案，精准助力新文科建设实践，就成为当代一流大学文科教育的建设之道。

一、新文科的时代内涵探析

新文科建设不仅仅是世界新文科运动的一部分，更是当代中国国家文化战略的有机构成。在这一意义上，赋予中国新文科以时代性内涵，

---

① 樊丽明：《对"新文科"之"新"的几点理解》，《中国高教研究》2019年第10期。

将之置于中国特色社会主义新文化建设的视野之中，我们才可能精准把脉新文科建设的独特蕴含与精神要旨。2016年5月17日，习近平总书记在哲学社会科学工作座谈会上指出："按照立足中国、借鉴国外，挖掘历史、把握当代，关怀人类、面向未来的思路，着力构建中国特色哲学社会科学，在指导思想、学科体系、学术体系、话语体系等方面充分体现中国特色、中国风格、中国气派。"这一论述的核心指向正是新文科建设，当代中国新文科建设的核心要求就是面向中国化、世界化、时代化，全面提升中国文科学术与教育事业的软实力、创造力与教化力。进而言之，新文科不仅仅是文学、哲学、历史学、经济学、教育学等具体学科指涉，更标志着一种全新文科新时态的诞生，它具有其独特的学科内涵，这就是以文科自身专有学术、学问、知识等资源为立基点，以中国价值、中国精神、中国话语为统领，以学术创造、教育教学、社会服务为实践表现，由此带动文科建设新思维、新范式、新格局的重建，把所有文科门类引上集群化、中国化、现代化的发展轨道。在当代中国背景下，新文科的崭新时代内涵是文科集群化丛生的学科共生体、中国价值内联而成的学科集成体，以及全面释放文科内能的学科功能体。

（一）新文科是文科集群生长的学科共生体

当代是一个全球化、网络化、智能化的时代，新文科建设是回应这一时代的真切行动，特殊的时代状况决定了文科必须打破门户思维、独狼思维、独尊思维，成为一个开放共生的知识共生带。学者研究指出，"要主动适应和引领新技术、新产业、新业态、新模式，优化高校专业布局，实现人才培养结构、培养模式与国家需求相匹配，专业体系、人才培养体系与产业链、创新链等相衔接"[①]。在这种形势下，启动新文科建设，增进新文科对当代社会的适应力与变革力，就成为必

[①] 周毅，李卓卓：《新文科建设的理路与设计》，《中国大学教学》2019年第6期。

然之举。具体而言，当代是一个全球化时代，它要求文科建设要树立全球思维、世界意识与竞争精神，积极参与世界文化对话，强化人类命运共同体意识，打造世界水平、世界范围的新文科同盟；当代是一个网络化的时代，是大数据、物联网、云计算叱咤风云的时代，它要求文科建设要打造更高端的文科知识信息共享、共创、共生平台，建成多终端通联、信息智慧汇通、发明创造涌流的新文科数据区块链；当代是一个智能化时代，是人工智能一统天下、碾压百业的时代，它要求文科建设要善于利用"人—机"耦合优势，整合人工智能与自然智能，建成跨界协同、人机联合、倡导首创的"AI+"文科新形态。为此，新文科建设必须强调文科集群与学科共生的思维：一方面，新文科建设必须实现与他国文科、他类文科联手，秉承"面向世界、跨界联动、打通经脉"的理念，以此打通学科壁垒，倡导"学科间"交流，致力建成具有一定学科广度、跨度的文科联合体或"超学科"，夯实文科事业的多元支撑点；另一方面，新文科建设必须强调学科内外、学科之间的互动共生，催生学科与非学科（即生活）、理工科、异质学科间的"共生空间"，使之在相互营养、相互支持、相互转化中提升文科整体的生长力。有学者指出，"'超学科'不仅指学科与学科之间的交叉融合，还包括学科与'非学科'之间的交叉、跨越和融合，还包括专业内学者与'专业外'的各行各业人士的跨界合作"[①]，正是此意。这是当代社会网络化发展的必然要求，构筑各种文科参与的学科联动共生体，是突破旧文科孤芳自赏、闭门造车、单科独进缺陷的一把利器。"共生是一切生命体的共同本质"，"天地万物都是一个共生、共存、共融、共同发展的有机世界"，基于这一理念建构而成的文科联合体就是文科"学科共生体"。所以，面向"学科共生体"目标重构学

---

① 赵奎英：《"新文科""超学科"与"共同体"——面向解决生活世界复杂问题的研究与教育》，《南京社会科学》2020年第7期。

科群集，加强科际联合、联动与联盟，全面提升文科门类的互生创生能力，凝聚学科自身的发展内能，为当代中国经济社会文化建设作出超能贡献，正是当代新文科建设的科学内涵。

（二）新文科是以中国价值为内核的学科集成体

文科是面向人生历练、价值导正、思想引领而构造的学科，是以人生观、世界观、价值观培育为使命的学科，这是文科的关键属性、本质属性与独特属性，是理工科与文科间的根本分界线所在。文科的根本属性是人文性、价值性与意义性，而非自然性、技术性与物质性，新文科建设的科学方位是坚守其价值导航性、人文归属性与生活意义性，在"固本培元"宗旨指导下充分释放人文社会学科的本原学科潜能。对当代中国新文科建设而言，其生命之根是其对中国价值、中国精神、中国文化的坚守，是其在弘扬中国价值、展示中国魅力、彰显中国特质中发挥的意识形态贡献力。对一个国家、一个社会、一个民族而言，维系其向心力、凝聚力与生命力的根源是核心价值系统，始终保持全体国民对本民族、本国家的文化自信心、价值认同度，是中国社会保持长期繁荣稳定的精神基石。从这一角度讲，中国新文科建设的合法性、科学性就源自其在中国核心价值建构中的贡献力。所以，无论新文科如何建设，都必须服务于中国价值、中国精神、中国文化的凝练与加强，都必须在夯实中国价值这一指针下开展学科群落的重整与提升。进而言之，中国新文科的枢纽链环是中国价值，一切与中国价值相悖的文科形态、文科实践、文科教育都不属于新文科建设之列。正是在这一意义上，我们认为，当代中国新文科是以中国价值为内核的相关人文社科集成体，是面向中国价值培育重构相关学科的合成体，其背负的时代使命是养育中国人的精神气质、涵养中国文化底蕴、提升中国价值在世界范围内的吸引力与竞争力。所谓"中国价值"，就是"具有中国特色的公共性价值信念"，其具体内容是"自强不息、敬业乐群、扶危济困、见义勇为、孝老爱亲等中华传统美德"① 等。这一价值形态的学科化表达是丰富多彩的中国特色人文社科学科，用这一价值信念来重构中国新文科，指引中国新文科建设的航向，是促使当代中国文科事业蓬勃发展的精神旨归。与之相对应，新文科的架构与组织必须遵循"中国价值优先"的原则来实施，必须在"中国核心价值观教育"原则的指导下来优化文科学科网络，增删学科构成要素，努力建成一个围绕"中国价值"内核旋转的文科学科网络、学科集成体，彰显文科学科形态与中国价值灵魂间的表里关系。正是基于此，我们相信，当代中国新文科的另一内涵就是"以'中国价值'为内核的相关学科集成体"，而非相关人文社会学科拼合而成的学科混合体。

（三）新文科是"求知、育人、服务"三位一体的功能集合体

新文科是人文学科、社会学科构成的结构功能体，是以达成特定学科功能而开展的文科结构重构现象，在这一意义上看，新文科建设的实质是构建一个全新功能体，全力实现社会、时代赋予文科学科的新使命。可以说，新文科是构建"大文科"系统的一种积极行动，是文科类型整合与功能整合的积极探索；打破文理科、文科之间、文科与生活间的传统界限，走向功能意义上的实质性整合，是新文科建设初衷所在。无疑，"文科"概念古已有之，其原初含义是文科门类所特有的人文归属性、文化育人性，这些学科的共同特点是：其学科立基点不是数学，而是哲学；其学科属性是人文性、社会性，而非自然性、技术性；其学科边界具有不可跨越性，而非可融通性。一句话，传统文科的根本属性是知识性、人文性与学科边界清晰性，其根源于传统文科所面临的学科境遇与时代处境，换而言之，传统社会不可能对文科提出跨时代性的功能期待。在当代，传统文科的上述属性将会被改写，一种贯通所有文科类目、承载各种文科属性的新文科功能体会出现，以积极响应"大

---

① 袁祖社：《"中国价值"的文化发现及其实践意义》，《中国社会科学》2017 年第 8 期。

文科"建设的需要,响应日益多样化的学科期待。在当前,新时代、新境遇呼吁文科肩负起新职能,发生"以学科为导向转向以需求为导向,从专业分割转向交叉融合,从适应服务转向支撑引领"①的历史性转变。深而究之,在"大文科"视野中,文科功能必须走向整全化,即求知、育人与社会服务功能的兼顾与集成,这就是"求知、育人、服务"三位一体的学科功能集合体。这一新型文科功能体的构建能将各文科科类在"功能中心""问题取向"这一主线上有机连接起来,为文科多元功能的释放与整合提供公共学科平台。进而言之,在新功能体架构中,新文科建设必须统合求知、育人、服务三项学科职能,将文科整体的功能发挥到极致:其一,新文科是文科学术人探究文科知识、参透社会运行学问的公共学术学科平台,借助文科知识的生产、探究与创造来保持新文科建设的强劲势头,是新文科的生长点;其二,新文科一定是以化育人性为根本旨趣的,新文科知识生产的起点与终点都是培育高洁人性,以文化人、固本培元、塑造人格是新文科建设的根本意图所在;其三,新文科一定具有服务生活、造福社会的功能,借助文科知识生产、传播来重构社会、引领社会、塑造社会,敦促和谐社会、民主社会、良善社会的形成,是新文科建设的应有之意。一句话,将知识生产与社会建构、人性化育相关联是新文科建设的全新学科立场。也正是如此,新文科是一项学术事业、育人事业、社会事业,是"从学术知识生产出发,以良善人性塑造为媒介,迈向民主和谐社会建构"的特殊学科功能体。离开了这些学科功能的发挥与彰显,新文科建设将失去生存之基与立命之本,最终与社会发展、文明进化失联、迷失方向、忘却使命,沦为社会发展的装饰品,甚至是累赘品,沦为学生生命发育、精神成长以及社会改进的"旁观者"。

结合上述分析可知,新时代背景下中国新文科的本真内涵是:它

---

① 李凤亮:《新文科:定义·定位·定向》,《探索与争鸣》2020年第1期。

是各文科学科门类协同共创的学科共同体，是由中国价值串联而成的学科集成体，是兼容三大文科主体功能——求知、育人与社会服务功能而成的学科功能体。新文科是相关学科门类、所涉学科精神、多元学科功能等内融化合而成的有机体与立方体，是内联共生而成的学科生命体、学科连续体，只有站在跨界融合、灵魂贯通、功能互联的角度上审视新文科，后续文科改革实践才可能更具变革力、生命力与前瞻力。

二、中国新文科建设的精神要义

文科建设是培根铸魂、哺育民族的标志性时代工程，是一项具有划时代意义的文化强基工程。基于上述"三体"新文科内涵，我们相信，新文科建设的精神要义理应涉及四个重要侧面，即时代性、中国性、世界性与技术性，这是因为新文科是时代的产物、时代的响应，时代性是新文科的时间坐标；新文科是以中国国情、中国立场为基座的，中国价值、中国精神是新文科建设的灵魂皈依；新文科是应对国际世界新变化的策略性措施，是在与世界文科的互动对话中走向成熟的，世界性是新文科的空间坐标；新文科是信息科技冲击的产物，利用"互联网+""AI+"来为新文科建设赋能提速，重塑传统文科的架构与面貌，是科技文明参与新文科建设的要求，技术性是新文科与新理科、新医科、新农科协同发展的必然结果。因此，中国新文科建设的精神要义是塑造时代精神、涵养中国价值、迎接世界挑战与回应科技文明，使之有力服务于中国特色社会主义事业建设者与接班人的培育。

（一）塑造时代精神

文科发生发展的本体依托是一种精神、一种灵魂、一种担当，其生存之基是"学术原创能力、思想引领能力、学术话语体系构建与传播能力、国际学术影响力"[①]，决定文科生存力、发展力、影响力的根

---

① 周毅，李卓卓：《新文科建设的理路与设计》，《中国大学教学》2019年第6期。

源是其秉承的人文精神、民族精神及其对人类命运的关怀精神。每一种精神都是历史性、时代性与未来性的统一，每一种精神的完整存在形态都是其现实态（即时代精神）与其他精神形态，如历史形态与未来形态构成的统一体，而其他精神形态就蕴藏在现实态之中。其中，历史形态是时代精神的前身，未来形态就是时代精神的后世，时代精神是新文科建设的现实场址、主体构成与生命体现。新文科是为新时代的时代精神而生的，为时代精神的培育与升华而建设是新文科的历史责任，用时代精神来重构旧文科是新文科建设的实质，缺失时代精神内核的文科建设必将失去生存的合法性与必要性。诚如学者所言，"时代精神的状况与教育实践的整体水平息息相关，它形塑着教育，内在地规定着教育能够培养什么样的人、如何培养人以及培养人的什么"①，用时代精神来育人化人是新文科建设的首要蕴含。所谓时代精神，是指"每一个时代特有的普遍精神实质，是一种超脱个人的共同的集体意识"，是"一个时代的人们在文明创建活动中体现出来的精神风貌和优良品格，是激励一个民族奋发图强、振兴祖国的强大精神动力，是时代精神文明建设的重要内容"②。用时代精神的硬核来武装新文科，用新文科建设来筑牢时代精神，形成新文科与时代精神的互构互动之势，是中国新文科建设的精神要义之一。新时代是一个开放、理性、关爱、奋进、共享、协作的时代，是一个求真务实、开拓进取、团结进步、变革求存的时代，与之相适应，当代中国时代精神的核心内容是以人为本、和谐发展与改革创新。在新文科建设中，致力于塑造中国经济腾飞、社会繁荣、文明进化所必需的上述三种精神，无疑是新文科建设的要旨所在。为此，哲学要深掘爱智志道精神，文学要

---

① 王兆璟：《新文科建设与教育学的时代变革》，《西北师大学报（社会科学版）》2019年第5期。

② 新华社：《习近平的文艺精神论》，http://m.cnr.cn/news/20150913/t20150913_519856092.html，2015年09月13日。

弘扬文道合一精神，教育学要筑牢立德树人精神，历史学要倡导家国一体情怀，经济学要高扬开放进取精神，等等，这些都是时代精神在新文科建设中的具体体现。有学者指出，"只有真正处于新的历史方位和重大历史时刻的现代人才能洞察到自身时代的精神"[①]。当代时代精神就栖身在那些具有强烈民族忧患意识、社会担当精神、学术开创品格的文科学术精英的头脑与行动中，他们是时代精神的洞察者、代言人与践行者，在他们的带领下创构新文科、缔造新文化、引领新时代是中国新文科建设的基本思路。

（二）涵养中国价值

时代精神具有一定的普遍性、世界性，是人类共同寓居其中的社会环境、文化生态的一种主观反映。其实，人类不仅生存在世界空间中，更生存在身心归属其中的具体国家、民族中，当代社会的根本存在状态是以国家、民族为单元的生存格局，它决定了祖国、民族是一个更具实在意义、生存体验的现代人生存场址。当代新文科建设的直接服务对象是中国社会，最终目标是文化中国、科技中国、社会主义中国的崛起，是为了中华民族的复兴大业。在这一意义上，夯实中国价值，涵养中国精神，提振中国人的精、气、神，真正提升中国文化的感召力、塑造力与影响力，才是新文科建设的硬核内容。所谓中国价值，就是在中国人心灵深处奔腾不息、源远流长、持续更新的价值观念体系，它是一切中国经验、中国话语、中国文化、中国道路、中国表达的思想原点与精神起点，持续滋养、充实、完善、升级这种价值信念是新文科建设的历史使命。中国价值是"中华民族独特的文化所养育、涵化和呵护的结果"[②]，是中国人感知世界、理解自我、融入社会的独特价值立场、价值判断标准，对真正提升中国人的道路自信、

---

① 田冠浩：《"时代精神"概念与马克思的历史哲学》，《哲学动态》2019年第5期。
② 袁祖社：《"中国价值"的文化发现及其实践意义》，《中国社会科学》2017年第8期。

理论自信、制度自信、文化自信具有直接促进作用。从这一角度看，新文科建设的根本意图之一是提升中国学生、中国人对中国价值的认同感，增进其对中国价值的理解力以及对中国价值的坚守意识。在文科建设中，中国价值是统摄所有中国文化、中国文学、中国历史、中国社会、中国艺术的精神原核，用中国价值内核主导新文科建设才是当代中国最需要、最给力的文科建设事业。有学者指出，我们需要的是"不断产生中国思想、发出中国声音、提出中国方案的新文科"[1]，是善于"凝练中国特色、推出中国原创、形成中国体系和提升中国影响"[2]的新文科。要实现这一目标，就必须夯实中国价值在新文科建设中的内核地位，强化中国价值对新文科的引领功能，真正让新文科建设成为中国思想、中国声音、中国方案走强的加速器。

（三）迎接世界挑战

在过去，文科被视为一个民族独有、封闭运行的知识生产系统，与其他民族不可通约、缺乏世界公共语言、无法产生竞争性价值被视为文科的鲜明特征，由此，文科建设被认为是"奢侈投资"，是一种无法提升综合国力的学术与教育活动。其实，文科不同于理工科，其影响世界的主要途径不是改变其他民族的价值系统、话语体系与思想方式，而是着力提升自身文化实力，借此增强本国本民族的文化凝聚力与生产力，增进本国本民族社会生活的和谐度与精神生活的幸福度，在国际竞争中凸显自己的文化软实力优势。常言道，"中国的也是世界的"，其内蕴着双重含义，一方面，每一份中国优秀文化都是世界优秀文化遗产的重要构成；另一方面，每一份能够走向世界，为世界所欣赏、所敬仰的中国文化才可能进入世界文化遗产的行列，成为自身对

---

[1] 樊丽明，杨灿明，马骁等：《新文科建设的内涵与发展路径（笔谈）》，《中国高教研究》2019年第10期。

[2] 李政涛：《走向世界的中国教育学：目标、挑战与展望》，《教育研究》2018年第9期。

世界文化的独特贡献。从这一角度来看，提升中国文化的内涵与魅力，增加我国文化对世界文化的贡献力与影响力，迎接世界文化软实力角逐，是新文科建设的国家战略所在。故此，发掘、培育、生产出能够在世界上立足的中国文化、中国思想、中国观念，是当代中国文科参与世界竞争的必由之路。学者指出，新文科建设的使命之一是"积极参与并促进全球化时代的学术对话，推动世界学术的发展"[①]，增强世界文化中的中国贡献力。每一种文化系统的内核都是价值观念，文化竞争的实质是价值观念先进性的较量，能否创造出令世界瞩目的中国价值，能否提出被世界公民高度认可的中国主张，是新文科建设的历史性重任。目前，中国价值、中国方案的世界影响力正日益扩大，孔子倡导的道德规则——"己所不欲，勿施于人"、周恩来提出的"和平共处五项原则"已经成为世界各国信奉的共同相处之道；习近平总书记提出的"人类命运共同体"理念、"一带一路"倡议、"构筑全球抗疫防火墙"提议等正日渐被世界所接受。能否继续保持中国方案的比较优势与坚挺势头，是当代新文科建设事业面临的现实挑战。由此，新文科建设必须坚持"面向世界、参与世界、影响世界"的理念，始终将提升中国文化的自觉、自主、自信与参与世界文化的交流、对话、碰撞、共生结合起来，真正实现中体西用、中西合璧，力促具有中国风格风范、世界魅力影响的新文科、新文化持续涌现。

（四）回应科技发展

任何科技实践都具有双重性，即本体性与工具性：在本体性意义上，它遵循着自身本然的逻辑、轨迹生长发展，进而形成一套自身专属的学问体系、方法体系与操作体系；在工具意义上，它可以应用到所有相关产业、行业与领域，提升其效能、效率、效益，使这些产业、

[①] 操太圣：《知识、生活与教育的辩证：关于新文科建设之内在逻辑的思考》，《南京社会科学》2020年第2期。

行业、领域烙上该科技实践的印记。例如，计算机既可以沿着自己特有算法逻辑前进，也可以成为经济行业、市场领域的生产工具。正是如此，文科与理科、工科之间不是绝对隔离、平行运行的关系，而是存在工具意义上的辅助、支撑、交叉关系。进而言之，从秉持的独特学科思维角度来看，文科、理科、工科之间是本体意义上的平行、独立关系；从使用的工具、技术、手段角度来看，三者之间存在工具意义上的交联、互依关系。所以，科技支撑文科发展成为新文科建设的又一核心内容。尤其是当代，随着信息科技、人工智能的突飞猛进，文科建设必须充分利用科技实践的工具属性，大力推进文科建设现代化、信息化、产业化进程，积极适应"新一轮产业技术革命交叉融合产生的新变化"[1]。显然，文科建设不仅仅是推进人们价值的一把利器，更是一种知识生产与再生产的方式，基于知识生产的价值塑造实践是理性社会的根本特征，善于回应新科技挑战是新文科的生命力所在。从知识生产、学术创新角度看，新文科必须善于利用大数据、云技术、虚拟仿真技术等来推进文科学问生产方式的升级，改进社会调研、自然实验的操作范式，全力借助生活场景仿真、社会行为模拟、数据处理方式改进等来提升人文社科研究成果的硬度与可信度；从学术交流、知识教化角度看，新文科要善于利用人工智能技术，如深度学习技术、自然语言识别技术等及时收集反馈教学信息、开展人机耦合教育、创建自适应教学形态等，全面提升文科教育教学活动的技术性与效能性。在高科技时代，新文科建设只有与时俱进，充分利用信息科技、智能科技的工具性优势，努力创造与高科技时代相适应的文科研究、文科教育、文科服务新形态，才可能充分利用现代高科技的机遇，为其发展赢取更大的学术发展空间与社会生存优势。

---

[1] 吴岩：《加强新文科建设 培养新时代新闻传播人才》，《中国编辑》2019年第2期。

三、当代新文科建设的路向

如上所言,新文科具有立体的内涵、多元的要义,与之相应,从新文科的时代要义出发,彰显新文科建设的时代使命,力促与新时代、中国化、世界性相契合的新文科形态出现,是当代中国新文科建设的方向。可以说,新文科是代表新时代发展方向的思想体系、学术体系、话语体系与实践体系的总称,与之相应,回植人文灵魂、复兴中国文化、推进学科耦合、提振文科教育成为当代新文科建设的现实走向。从这四个方面入手建设新文科,力促具有中国特色、中国气质、中国底蕴的新文科体系形成,是当代中国新文科建设的行动方略。我们相信,"新文科"之"新"不仅包括崭新的内涵内容与精神内核,更包括崭新的学科建设实践与行动。从上述四个方面施力,全面提升中国文科的精神品质、文化品位、学科品类、教育品牌,对于打造中国文化硬核,彰显中国价值潜能,提升中国方案魅力具有显著的现实意义与时代价值。

(一)回植人文灵魂

文科的精元是其内蕴的精神营养、价值灵魂,去灵魂、去价值、去精神的文科研究与教育是没有生命力的。在20世纪现代化进程中,文科研究学问化、文科教育知识化、文科服务产业化的倾向明显,导致一种灵魂迷失、价值消散、精神空场的"空心"文科形态出现,直接导致了一个意义匮乏、价值迷失时代的出现,利奥特对此曾经做过精辟的描述。在当代中国新文科建设中,必须对之持有高度警惕的意识,着力预防价值观弱化、虚无、掏空的文科异化形态再现。文科是时代精神的承载者与建构者,中国文科是中国精神、中国价值的捍卫者、保养者与拓展者,坚守文科化人、人文育人的文科精神、文科灵魂,是当代中国新文科建设的首要行动。文科的根本特征是民族性、育人性、体验性与价值性。新文科建设必须坚决履行"以文化人、以文育人、以文培元的使命"①，牢记自身的时代担当、民族担当、人类担当，自觉把改革创新的时代精神、与时俱进的中国价值融入其中，使之与文科学术体系、教育体系、服务体系形成表里关系，使新文科成为先进时代精神、新时代中国价值的文化重镇与精神堡垒。进而言之，新文科的品位不只体现在其知识学问的先进性上，更体现在其对人文精神的坚守、升华与弘扬上，新文科一定是有品位的学科实践，一定是将丢失的人文灵魂、以文化人的本心回植于现代文化研究与教育实践之中的文科实践。为此，新文科建设要时刻谨记，人的在场是文科存在的基点，尊人扬人是文化研究的焦点，化育人性是文科教育的归结点。为此，在未来新文科建设中必须积极推进以下三项行动：其一是"立人"的文科本性回归行动，即始终将人的发展置于文科实践的中心地位，将人的主体性、能动性、创造性置于文科学术体系的枢纽链环，将成人、化人、育人视为文科教育的生命线；其二是"为人"的文科价值使命坚守，人文学科研究是解释、历练人的本质力量的学术阵营，社会学科研究致力于建构纯洁人性发展的社会环境，为现代人的自主和谐发展提供社会沃土，二者的共同使命是全心全意服务于人的健康发展；其三是"人本"的文科学术立场，无论是学术探究、教育教学，还是社会实践、社会建构，都要贯彻以人为本的价值立场，将人的精神需求、文化需求、发展需求置于最为显赫的地位，促使新文科建设步入打造时代新人的轨道上来。

（二）复兴中国文化

文科是文化的主体与内核，它就好似文化车轮的轮轴，对整个文化建设事业发挥着引擎发动、轴心驱动与枢纽统领的作用，文科建设就是国家文化事业的神经中枢。与之相应，当代中国新文科建设是推

---

① 周毅、李卓卓：《新文科建设的理路与设计》，《中国大学教学》2019年第6期。

动中国文化新陈代谢的主阵地，某种意义上说，新文科建设的实质就是建设当代中国的新文化，为此，构筑文科建设与文化建设间的反哺、联动与交互通道，是新文科建设的内在含义。进而言之，新文科建设的制高点是人文灵魂的回植与升华，而其直接着手点却是复兴中国文化，是利用中国文化的挖掘、升级与迭代来带动中国精神内核的再构、重构与创构。中国文化是以中国价值为内核的中国哲学、中国文学、中国历史、中国教育、中国社会、中国艺术等构成的有机体与连续体，哲学、文学、历史学、社会学、教育学等文科学科则绵亘于中国价值内核与中国文化表达之间，成为中国价值、中国精神的学科化表达。在这些学科建设中，挖掘中国文化资源，秉持中国文化本位原则，谨防西方文化对自身文化内核、价值精神的侵蚀蚕食，加固中国文化的精神内核与价值基因，是复兴中国文化、光耀中华文明的现实行动。所以，新文科必须借助所有文科实践，如知识发现、学问生产、学术交流、教育活动、政策咨询、社会服务等途径来发掘中国文化、弘扬中国文化、凝练中国文化、创新中国文化，在开展文科实践中推动中国文化的发扬光大。学者指出，中国文化有其一种独有的"塔式结构"，即"发挥基础作用的优秀传统文化、发挥中坚作用的革命文化、发挥固本作用与引领作用的社会主义先进文化"[①]，与之相适应，新文科建设中必须着力挖掘这三种文化：借助历史学、艺术学、中国哲学、古代文学、学科史等学科资源来挖掘中国传统文化，加固中国传统文化的根基地位；借助社会学、经济学、中国革命史等学科资源来阐释中国革命文化，使之成为新时代中国文化变革更新的动力之源；借助法学、哲学、管理学、社会学等再构社会主义先进文化，使之获得系统化的理论框架与实践体系，为社会主义先进文化的持续走强装上学科助推器。

---

① 项久雨：《新发展理念与文化自信》，《中国社会科学》2018 年第 6 期。

(三)推进学科耦合

其实,无论是参与世界软实力博弈,还是应对新科技革命挑战,新文科都绕不开关键问题:如何让文科变得有用、有力、有效?如何回应人们对旧文科空虚无用的责难?这就强烈要求新文科必须具备一个新特征——关注鲜活社会现实,关切人的生存境遇,关心社会发展问题,真正发挥文科建设的天赋职能。无疑,现实生活的存在形态是社会问题单元而非学科知识单元,是一系列社会问题、生活问题的自然链接而非一个个知识点编织而成的人造系统,因此,每一个生活、社会问题的解决都需要诸多学科知识的参与与联合才可能实现。基于这一思考,以具体生活问题、社会问题为主线来推进学科跨界组织、科际耦合,构筑问题中心的学科耦合体,是增进新文科的社会生存力、问题解决力的客观要求。如果说旧文科为学问知识而生,那么,新文科理应为社会、生活面临的现实问题而生,基于问题逻辑来建构文科耦合体、文科共生体,增强文科内部联动力与内生力,是提升文科协同性与效能性的科学路径。其实,文科社会生存力的提升不仅需要打通学科间的区隔,更需要打通学科与生活、社会间的壁垒,打通学科与历史、科技间的藩篱,促使新文科建设实现由知识逻辑向问题逻辑、学科逻辑向实践逻辑的顺势转变,彻底改变传统文科孤芳自赏、抽象空玄的形象。正是如此,当代中国新文科建设的方向是,构建若干以解决国计民生重大问题为轴心的相关文科学科集群,在用文科集群解决现实生活、社会问题中提升文科的价值性;在这一过程中促使文科瞄准现实问题,调整发展方向,提高各门类文科协同解决现实问题的能力;构建文科集群与社会现实间的互动对话机制,发挥多种"学科之眼"的耦合优势,将文科思想、文科思维植入到当代人的日常生活中去,真正改变他们的活法、想法与做法,赋予人类行为以理性与超越的向度。

（四）提振文科教育

如上所言，文科是学术研究与教育形态复合而成的综合体，文科教育是新文科建设的关键内涵之一。文科存在的实质是育化人性，文科领域开展学问创造、社会服务活动的落脚点都是为了达成育人的初心与本意，所以，文科教育是新文科建设的终端所指与现实行动。如果说文科实力是学术原创力、思想引领力、话语建构力与社会传播力的合成，那么，文科教育就是提升其社会传播力的根本手段。当前，中国文科正处于重重遇冷的境遇，学生报考热度下降，就业市场力不佳，学术圈内倍受理工科排挤，等等。诸如前述的种种现象，都将文科置于学术研究、大学教育、人才市场的边缘化地带，重振文科教育大业迫在眉睫！我们相信，文科教育遇冷有多方面的原因，如学科知识面狭窄、课程体系老套、社会参与肤浅、回应社会意识薄弱、文科核心素养教育不足等，都是新文科亟待解决的现实问题。一个丧失社会传播力、吸引力、引领力的文科门类必将失去生存之基，文科教育改革是为文科夺回失地的有力举措，是文科学术学问彰显其社会价值的必经之途。在当前，重振文科、建设新文科，须从三方面着手：其一，是调整文科人才培养目标，着力提升文科毕业生的学术创新力、实践结合力与市场竞争力，在教育中培育学术原创力、关注现实问题、瞄准社会刚需，构建社会问题、国家战略取向的学科协同机制，造就真正意义上的"博文善辩""经世致用"之才。其二，是开展文科课程深度改革，着力构建"人文取向、系统集群、素养本位"的课程体系，在造就"现代中国人"这一核心目标统领下，汲取本领域先进理论、精华思想与原创智慧，将之加以有机整合、精心配置，构建出具有最具中国文化营养、世界学术眼光与专业思想观念的精品文科课程体系，使之成为培育大学生新文科素养的坚实依托。其三，是重视文科人才培养模式创新，着力构建"知—体—用—悟"四位一体新模式，重点关注文科教育的四个环节：知道环节，即理解文科知识、道理与学问，开启文科学习的起点；体道环节，即体认书本知识道理，将之与个人经验体验相化合，形成身体化、个体化的人生道理；用道环节，即将体验到的知识道理付诸实践，发挥其升华灵魂、塑造人格、变革社会的功能；悟道环节，即在使用中领悟新知识、新道理，实现文科知识道理的创新与创生。

第五节　新文科理念指引下的教育学专业建设

2020年11月，《新文科建设宣言》在山东省威海市发布，标志着我国文科新时代的到来。当前，包括教育学在内的文科教育在社会上认同度低，其固守精神世界、远离学科对话、热衷理论生产的陈旧范式阻碍着文科专业原创力、感召力、影响力的释放，窒息着中国文化传播力、生命力、教育力的发育。在知识生产模式日渐流行、文化信息产业走俏、民族铸魂使命日益艰巨的当下，如何借新文科建设东风助推教育学专业走出低谷、提振专业存在感，是当代教育学专业建设之大计。尤其是在当下，我国教育学专业正面临着传统就业市场消失、内卷化现象严重、移植西方痕迹明显、专业发展活力低迷等一系列发展困境，攻克这些困境的得力举措之一正是加入新文科建设航道。为此，本文将汲取新文科的理念与智慧来对我国教育学专业改革现状加以分析，为导正本专业建设方向提供借鉴与参考。

一、新文科建设的理念精髓

什么是新文科？简单地说，就是在反省传统文科思维基础上启动的一系列文科教育理念、思维、模式的重建实践及其建设成果的总称。就新文科建设理念的先行者——美国希拉姆学院——而言，新文科建设意味着一场"为新文科设计模型"[①]的革命运动，意味着世界文科教

---

① 樊丽明：《对"新文科"之"新"的几点理解》，《中国高教研究》2019年第10期。

育的一次历史性转型。就我国文科建设者而言,新文科的时代蕴含是"推动哲学社会科学与新科技革命交叉融合,培养新时代的哲学社会科学家,创造光耀时代、光耀世界的中华文化"①。对教育学专业而言,新文科建设理念具有上位指导意义。廓清新文科与旧文科之间的边界,析出新文科建设的理念精髓,将之有机融入教育学专业的细胞与灵魂中去,开启我国教育学专业建设的新时代,正是助推教育学专业腾飞的便捷之道。纵观学者研究成果可见,当代新文科建设的理念精髓是面向时代、跨界融通、价值重塑与技术赋能。

(一)面向时代

"一个时代有一个时代的文科"②。新文科一定是当今时代的文科,是与时代同呼吸、共命运的文科。应该说,新文科的诞生既是对当今时代形势的自觉响应,更是当今时代对文科教育形态做出的一次重新选择。某种意义上说,传统文科与新文科之间不是彼此对立的关系,而是理念上的承继关系;不是时间上的先后关系,而是意义上的推陈出新关系,二者之间呈现出一种内在迭代之势。新文科一定是与当今时代精神状况、社会要求、变革形势高度契合的文科形态。从历史的角度看,当今时代具有三大特征:一是开放性,整个世界进入网络化、国际化、"地球村"时代;二是民主性,每个地球人都享有充分表达正向观点的权利,都享有追求幸福生活、公正社会制度的权利;三是族群存在性,每个族群都是一个文化共同体,族群式生存是地球人的根本生存形态与世界组成单元,民族精神延绵着一个族群的文化命脉。与之相适应,新文科特指与这个开放、民主、族群主导的时代相适应的文科形态,它一定是倡导学科互联、打碎学科专区的学科群落,一

---

① 胡浩,张建新:《教育部启动实施"六卓越一拔尖"计划2.0》,《光明日报》2019年4月30日,第8版。

② 范周:《迎接新文科时代,你准备好了吗?》,https://www.sohu.com/a/376720262_182272,2020年2月29日。

定是服务于民主社会建构、社会核心价值观培育的学科阵营,一定是扎根民族文化土壤、面向民族聚魂事业的学科联合体。从这个角度来看,新文科建设的实质是拉近文科与现实生活间的距离,打破固若金汤的传统文科思维,全面释放文科特有的社会服务、人才培养、文化建设功能。因此,新文科必须"突破传统学科的自我设限,加强学科的融合与创新,提升高等教育支撑国民经济与社会发展的能力"①。时代的不一定是最先进的,但一定是社会最需要的,新文科建设的宗旨是缔造当今时代最需要的文科新形态。

(二)跨界融通

传统文科之所以面临"寿终正寝"的命运,其致命之处在于其"守城"姿态与封闭思维,企图打造一个学科专属的"领地",将之固化为一个自说自话、自成体系的话语空间与专业领空。这一文科思维正面临着三重历史挑战:一是事物自身的拒斥,后现代视角主义表明,任何现存事象都是立体存在物,仅仅用某一学科的语言或眼光来阐释它,我们终究无法看见事物的全貌与真容,固若金汤的学科牢狱思维终究会被颠覆;二是社会问题的抵制,文科存在的意义是为社会问题的认知、思考与解决提供现实之道,而真实社会问题都具有复杂性,都需要多双"学科之眼"联合发力才能将之透视清楚,故传统文科的单学科思维在现代社会中已无栖身之所;三是学科自身发展的挑战,每一门学科都生存在学科丛林、学科社区、学科生态之中,并在与其他学科互动共生中获得营养,一旦孤立于该丛林、社区与生态,每门学科都将踏上不归之路。由于面临上述三重挑战,单子式、独体式、孤芳自赏式文科思维式微,传统文科必将在向新文科转型中获得新生,所以,跨界生长、跨界融通、跨界创新成为新文科建设的要义之一,是新文科建设赢得广袤生存发展空间的客观要求。学者认为,新文科

---

① 李凤亮:《新文科:定义·定位·定向》,《探索与争鸣》2020年第1期。

建设就是要"突破传统文科的思维模式，注重通过文科内部融通、文理交叉融合来研究、认识和解决学科本身、人和社会中的复杂问题，构建中国特色社会主义的学科知识体系"①。其实，文科既是一种知识体系、教育形态、专业类型，更是一种人文知识生产方式。当前，知识生产正面临英国学者吉本斯（Michael Gibbons）所言的由"模式1"向"模式2"的飞跃阶段，书斋式生产被应用式生产取而代之成为知识生产主流。在这种情况下，文科建设必须走出自我专属空间，在融身生产、生活、实践中实现文科知识的"向地而生"。从这一角度看，跨行业、跨专业、跨学科生产是新文科建设的必由之路。

（三）价值重塑

理科的服务对象是自然世界，文科的服务对象是社会文化；理科改变世界的方式是创新科技，而文科改变世界的方式是重塑价值。而如今，文科价值"空心"化倾向抬头，知识化生产、商业化运作便是其直接表现，导致"不少学者每每在论及人文社会科学赖以存在的基础时总是用到'精神''心灵''修养''情操'之类空洞的口号"②的现象，旧文科陷入"失魂"的危机。在这种形势下，新文科应运而生，其建设意图之一是让文科更像文科，发挥文科所应担负的使命与职能，即通过价值重塑来撬动社会文化的勃兴与新生。文化是一个国家、民族、社会的精神存在形态，文明延绵、文化迭代、文脉进化是一个族群自我更新的核心内容，而文化的内核是价值观念，是以"三观"为核心的思维方式、话语表达、行为模式的文化有机体。借助价值重塑、灵魂历练来推进国家文化、民族文化、社会文化的新陈代谢、与时俱进，持续提升本文化的竞争力、影响力与创造力，正是每一个时代文科事业肩负的特殊使

---

① 马骥：《新文科背景下〈决策理论与方法〉课程教学改革分析》，《知识经济》2019年第30期。

② 段禹、崔延强：《新文科建设的理论内涵与实践路向》，《云南师范大学学报（哲学社会科学版）》2020年第2期。

命。在这一意义上，我国新文科建设的精髓是价值重塑，是用一种先进的时代价值、民族价值、中国价值来升级中国文化的内核，全面唤醒中国人的文化自信心、文化自豪感、文化自强意识、文化自爱情怀、文化复兴使命，大幅度增强中国文化在国际上的影响力、感召力、塑造力。换个角度看，新文科的"新"字具有两类含义：一是文科表达形式、建设内容、价值指向的"新"，如信息化的新形式、跨界发展的新内容、时代精神的新价值等；二是文科功能使命意义上的"新"，如推动经济社会文化的新发展、新变革、新创造，彰显新文科"育新人""开新局""创新业"的全新功能。正如学者所言，新文科建设的"新"具体体现在"要把握新时代哲学社会科学发展的新要求，培育新时代中国特色、中国风格、中国气派的新文化，培养新时代哲学社会科学家，推动哲学社会科学与新一轮科技革命和产业变革交叉融合，形成哲学社会科学的中国学派"①。这是一种外在形式内容之"新"与功能使命之"新"的有机整合，是新文科一体两面的存在样式。

（四）技术赋能

美国学者斯蒂芬·怀特指出，"如果忽视数学和计算机语言，文科教育就不再完整"②，故新文科建设的又一精髓要义是技术赋能。每个时代都有其核心技术或工具主导，并以之来命名，如铁器时代、蒸汽机时代、电气化时代等，但在历史上，这些主导技术形态与文科专业间的交集较少。如今人类进入信息化时代，网络技术、智能技术、虚拟仿真技术纷纷登场，文科建设无法再与之割裂开来，必须搭载信息技术来实现生存。其原因就在于：其一，当代社会生产力的象征是网络技术、仿真技术、智能技术，人类一切生产生活都可能，甚至必须借助网络与人工智能技术来进行，不加载在先进信息技术平台之上的

---

① 吴岩：《新使命·大格局·新文科·大外语》，《外语教育研究前沿》2019 年第 2 期。
② Stephen White. "New ways from the liberal arts?", *Nature*, 1982, p.107.

文科专业注定是要被淘汰出局的；其二，计算机素养、网络素养、数据素养等已经成为现代人的基本素养构成，新文科实践要造就的人的素养也必须将之蕴含其中才可能赢得社会的认可与信赖。正如学者所言，"电子踪迹、社交媒体、数字文本以及空间位置信息等大规模数据已经广泛渗透应用于人文社会科学研究之中"[①]，无视人类信息化生存的事实，不能对之做出积极回应的文科终究是垂死的文科。在当代，技术赋能在新文科建设中的具体体现有三：一是文科知识生产过程的信息化，如文献收集整理加工、文科知识应用传播等都需要信息技术的参与与辅助才可能顺利实现，否则，面对浩如烟海的知识材料，文科学者将无所适从；二是文科育人活动的信息化，如人文教育手段信息化、教育效果评估数字化、教育活动过程智能化等，都是技术赋能文科教育的客观要求；三是文科社会服务的信息化，如文科研究服务社会决策、文科知识辅助文化产业开发等，这都需要借力信息技术手段来进行。一句话，在"互联网+""人工智能+"时代，任何排斥信息技术的学科与行业都无法继续生存，因为它们忽视了信息技术已经融入人类社会细胞与骨子的这一事实，技术赋能新文科建设是当代社会现代化发展的必然产物。

二、教育学专业与新文科建设要求的差距分析

严格意义上看，新文科不是"学科研究"意义上的"文科"，而是"学科教育""文科教育"意义上的"文科"，其与各个人文学科的"专业群落"含义距离更接近一些。新文科一定涉及文科知识生产及其学术实践，但这些知识生产与实践的首先服务对象是文科教育事业，因为新文科建设的终极目标是以文化人、振兴文化。从新文科建设要义角度来

---

① 马费成：《推进大数据、人工智能等信息技术与人文社会科学研究深度融合》，《评价与管理》2018年第2期。

看，教育学专业建设与新文科要求相去甚远，二者间存在一个较大的"目标差"，对照新文科精神来审视教育学专业建设的水平，科学研判教育学专业的新文科建设之路，是创造新时代中国特色教育学专业的必然之路。纵观专业建设全程，高校专业建设实践一般包括四个关键建设要素，即目标定位、专业思维、专业架构与建设主体等，教育学专业建设的滞后性集中体现在这四个方面，对照新文科建设要义来为之把脉诊断，是全方位推进教育学专业新文科建设工程的出发点。

（一）专业目标定位被淘汰

新文科建设的首要要义是时代精神，是与时俱进、响应时代的进取精神，而教育学专业建设面临的时代困境恰恰源自其时代意识、时代精神不足，目标定位陈旧化便是其集中体现。在 20 世纪，教育学专业设立的原初意图是为中等师范学校培育教育学课程师资，其人才培养目标定位较为清晰，"招生—培养—就业"的人才培养环路通畅，专业健康发展。但到 21 世纪初期，教师教育大学化理念出现，国家教师教育体系发生了由"老三级"（中师—专科—本科）向"新三级"（专科—本科—研究生）的升级，中师日渐退出师范教育舞台，小学教师一概由师范院校培养，小学教师教育者升级为教育类专业研究生，由此导致教育学专业目标培养对象的轮空，教育学本科专业的传统人才市场需求侧消失，悄然陷入每况愈下的生存困境，"毕业即失业"的现象出现，考研、转行成为毕业生进入社会的主要出路。正如学者所见，"教育学本科毕业生就业形势不佳、学生专业满意度较差、社会认可度低是不争的事实，据此，学界不断有声音质疑在本科阶段设置教育学专业的合理性"[①]。其实，教育学专业本科人才出口受阻并非本专业特有现象，而是整个中国社会学历层次上移、人才需求升级普遍现象中

---

① 黄明东、陈越：《调整与优化：教育学专业本科人才培养问题研究》，《中国大学教学》2017 年第 7 期。

的一隅,可以说当今社会中几乎每一个本科专业都面临学历层次提升的挑战与危机。在这一形势下,专业建设者唯有主动出击、锐意改革,瞄准多样化人才市场需求进行培养目标调适,方能适应人才市场变化的要求,为专业发展赢取更大生存空间。进而言之,新文科建设的精髓之一是在固本培元基础上自觉变革,善于发现本专业领域人才市场的新生点并开展针对性调适,努力实现人才培养工作与本专业领域人才需求变动的同步升级、同频共振。对教育学专业而言,"时代精神的转变则内在地需要教育学以积极的转向来引领时代精神的发展"[①],主动担负起塑造时代精神的使命。面对这一形势,教育学专业不能坐以待毙,而应该加强教育人才市场调研,精准调适人才培养目标,用以变应变、引领时代的智慧来为教育学专业拓展生存空间,努力建设出最具时代适应性的教育学本科专业样态。

(二)单子式专业建设思维

如果说专业建设的基本思维有两种:一种是单子式思维,一种是开放式思维;前者将"专业建设"视为本专业单体、单元、单独的理念探索、方向调整、内容更新、思维升级、模式改进的行动与实践,自成体系、自我本位、自谋发展是其典型建设内涵;后者将"专业建设"视为本专业与他专业联合、联动、联盟中互通有无、互依共生、共生共强的联动互促过程,开放包容、互鉴互生、优势互补是其典型建设内涵。应该说,后一种建设思维正是新文科建设思维,它强调专业联合、学科联动、跨界生长,确保每一个专业建设都在多向吸收营养中走向壮大。相对而言,前一种建设思维正是当前我国教育学专业建设的主导思维,其思维内核是"在本质主义、理性主义和基础主义

---

① 王兆璟:《新文科建设与教育学的时代变革》,《西北师大学报(社会科学版)》2019年第5期。

的基础之上,建立起逻辑自洽和完整的教育学知识体系"①,其典型表现是自我本位意识超强,专业自成院系、自成一体、自我欣赏,甚至刻意强调本专业与他专业,如哲学、历史、社会学等间的区分度与相对独立性,很少与其他学科专业联合开展学术问题、教育问题、实践问题的联合攻关,整个专业好似一个与外界失联的"单子",专业建设行走在一条自说自话、故步自封、自我迷恋的轨道上。长期以来,这种"单子式"建设思维给我国教育学专业建设带来诸多危害:一是横跨型教育学专业难以出现,目前国外新文科建设中类似于"数字人文"(Digital Humanities)的复合专业形态已经出现,而我国教育专业领域尚未出现类似数字人文教育,政治、科学与教育等交叉型教育学专业,足以说明单子式专业建设思维影响至深;二是贵族式专业建设心态,即不愿意在教师行业之外寻求专业建设的目标点与落脚点,一味驻足于中小学教师培养这一狭隘就业空间。其实,教育学专业是应用最为广泛的文科专业之一,几乎所有人类生存领域都有教育学的栖身场址,其中距离教育行业较近的新兴行业,如家庭教育指导、中小学课程设计开发、民办学校发展咨询、教育机构运营管理等,均是教育学专业的优势服务领域与辐射范围,同时还有大量的跨行业教育,如军事教育、科技教育、工业教育、农业教育、经济教育等,都期待在与教育学专业联手中实现双赢。而在贵族式专业心态驱策下,我国教育学专业迟迟不愿意启动面向基层教育、域外教育服务的改革,最终成为师范院校中深陷生存危机的专业之一。学者指出,"伴随着知识经济时代的来临,一种以情境性、应用性、社会弥散性和异质性为主要特征的知识生产新模式产生了,这就是模式2"②。可以说,基层教育行业从业

---

① 王兆璟:《新文科建设与教育学的时代变革》,《西北师大学报(社会科学版)》2019年第5期。

② 段禹、崔延强:《新文科建设的理论内涵与实践路向》,《云南师范大学学报(哲学社会科学版)》2020年第2期。

者最需要的是在教育知识原理应用中生产出来的实践性教育知识、个体性教育知识，教育学专业也只有在引导学子俯下身子、躬身实践、跨界探索中创造出教育行业与其他行业最需要的教育知识，才可能赢得专业重生与复苏的机会。所以，只有勇于面向教育一线、其他领域开展"向下""向外"式改革，教育学专业才能摆脱21世纪被淘汰出局的命运。

（三）西方化专业架构延续

我国教育学专业建基于西方教育学之上，欧美教育学体系对专业建设影响至深，而中国本土教育学对之影响甚微，由此导致当代我国教育学专业建设中西方化底色较为明显的弊端，某种程度上减弱了教育学专业的本土生存力。其实，西方教育学与中国教育学范式差异明显：在价值追求上，西方教育学追求的是所谓"西方价值"，如自由、民主、平等、人权、自我实现等，而中国教育学追求的是仁爱、孝亲、敬业、秩序、公正、奉献、家国等；在表达形式上，西方教育学更强调理论体系、客观事实、数据实证、逻辑推理，而中国教育学更强调经验叙事、历史文化、信念情怀、本土故事；在思维范式上，西方教育学的思维路线是自下而上、由内而外的"引出"，中国教育学的思维路线是自上而下、由外而内的"灌输"；等等。这些微观的教育学范式差异决定着中西方教育学专业建设线路的差异。在实践中，我国教育学专业诞生于清末"西学东渐"时期，是由一批国外传教士与中国留洋学者联合引入的，是西方教育学专业的翻版。其实质是基于西方教育学理念与专业雏形构建而成的一门专业，其历史特征是放弃了陶行知、梁漱溟、晏阳初等人的社会化专业建设模式，改而采取大学院系建制的专业建设模式，彻底隔断了教育学专业与丰富社会生活实践间的脐带关联；放弃崇尚叙事经验、浓厚人文底蕴、整体育人思维的传统教育专业建设传统，改而采用西方教育学知识传授、教育技能实训、教育素养分模块培养的专业建设模式，彻底放弃了《学记》确立起来的古老中国教育学传统;放弃了中国价值融渗教育实践之中的隐性价值教育模式,改而采取借助专门课程传授中国价值的显性价值教育模式,导致中国价值教育学被弱化、被孤立的僵局,等等。学者研究指出,中国教育学学科正面临双重危机,即"中国性"缺失的危机和"教育学"属性缺失的危机[①]。在这种学科背景下,中国教育学专业建设也正在遭遇这双重危机,其最大危机之一就是,在西方教育学底座上架构了中国教育学专业,其对中国国情的适应力、对中国价值的教育力、对中国文化的塑造力以及对中国国家发展的响应力无疑是最为微弱的。

(四)建设者技术素养匮乏

新文科建设的核心要义之一是技术赋能,是借助信息技术、智能技术、网络技术来打造高度个性化、现代化、信息化的专业建设体系,其决定性要素之一就是文科建设主体的技术素养水准。习近平总书记指出:"新科技革命和产业变革是一次全方位变革,将对人类生产模式、生活方式、价值理念产生深刻影响。"从这一角度看,教育学专业建设的模式、手段、理念都将受到新技术的影响。进而言之,技术赋能文科建设涉及理念现代化、课程现代化、手段现代化与评价现代化等方方面面,将这些方面连为一体的正是文科建设主体的技术素养。在我国教育学专业建设中,建设主体主要指专业教师队伍,其整体技术素养水平令人担忧,具体体现在三个方面:从专业构成来看,本专业教师主要来自教育学科研究生,尤其是在专业院系办学框架中,非教育学专业来源教师比重极低,加之这批教师的培养方式是教育理论研究,很少涉及技术层面的知识内容,其技术类课程研修经历几乎为零;从专业素养来看,尽管教育学专业教师在从教之前进行过教育技术知识技能短训,但这都是一些最低端、最基础的常识性技能培训,

---

① 吴黛舒:《中国教育学学科危机探析》,《教育研究》2006 年第 6 期。

不可能具备将信息技术深度融入专业建设、课程教学全程中的专业资质；从专业视野来看，本专业教师视野较为狭窄，局限于教育学理论知识范畴，由于缺乏学习基础，容易对先进现代技术——智能技术、信息技术、网络技术等采取拒斥态度，由此导致本专业办学口径长期处于萎缩状态，大尺度引入信息技术面临重重困境，等等。因此，专业建设主体的技术素养薄弱是导致教育学专业长期处于与技术时代相隔离发展状态的主因，不利于本专业的升级与重建。

三、教育学专业的新文科建设之路

对教育学专业而言，新文科建设无疑是一次历史性重要机遇，是教育学专业知难而进、更新换代的一股东风。如何借力新文科建设，加速本专业新陈代谢、升级再造，是当代教育学专业建设者必须认真研判的一个课题。机不可失，时不再来。面向未来，教育学专业必须循着新文科建设的四条轨道——响应时代、跨界联合、强化国魂、科技增能，深入推进建设目标、路径、内核、手段的系统升级，才可能走出一条最具中国特色的教育学专业新文科建设之路。

（一）目标定位下移：放下"上游专业"身架

在专业建设中，人才培养目标的合法性源自其与时代需求间的对应度，新文科建设的基本精神之一就是"面向时代、服务时代、引领时代"。由于长期忽视当下时代需求，教育学专业固守学科翻版、因循守旧的建设思维，不愿正视教育行业剧变的事实，形成了一种自娱自赏的封闭式专业建设思维，行走在一条面向"无用专业"的蜕变之路上。身处求真务实的时代，教育学专业建设不仅要关注时代诉求，提升专业建设的时代感、现实感，更要自觉放下"贵族专业"的身段，拉下"上游专业"的身架，迎合当今中国改革开放、参与世界竞争、面向教育行业一线的新时代。其实，大多数专业都生存在一种类似于"食物链"，即"生产者—消费者—分解者"的专业链条上，教育专业依存在教育理论的生产消费链条上,这就是教育理论生产者(大学研究者)—教育理论中转者(中师教育学教师)—教育理论消费者(中小学教师消费者),原初教育学专业存身的链环是"教育理论中转者"一环。在"新三级"师范教育体系中,教育学专业目标定位必须实现由"上游""中位"位置向"下游"位置的下移,即致力培育基层教育工作者,包括中小学教师与非教师类教育行业从业者,如家庭教育咨询师、教育机构管理者、学校发展咨询师等,以及跨行业教育工作者,如工程教育师资、职业教育师资、智能教育师资等,真正在广袤的教育大地中找到自己的用武之地。因此,在新文科建设理念指引下,教育学专业建设目标定位必须走"下沉"路线,即"跳出专业自身的逻辑体系以及学习时限要求,转而根据与市场主体共商共建的人才规格(专业规格或岗位规格)所需的核心素养结构来灵活设计模块化的课程内容与教学方式"①。这一人才培养目标新定位一定能够让故步自封的教育学专业找到自己的新发地与新领地,获得日益坚挺的专业生存力与生命力。与之相对应,当代教育学专业应该放弃学科逻辑,走向市场逻辑,"重点培养新时代具备多维素养的复合型教师以及新兴教育行业的高端人才,例如教育经营管理者、学校教育咨询师、教育经纪人等"②,这才是与当今时代最契合的教育学人才培养目标定位。

(二)开展联创联建:强化"+教育"思维

在教育学人才培养上其实存在两种思维:一是专业思维,强调严格依托教育学知识领域来设置培养课程体系,建立知识中心的专业院系,据此开展学术取向的专业人才培养工作;二是行业思维,强调围绕特定教育工作类型、实践领域开设培养课程体系,瞄准该实践领

---

① 段禹、高怡楠:《教育学本科人才培养的目标定位与模式创新———基于新文科建设的视角》,《教师教育学报》2020年第5期。

② 段禹、高怡楠:《教育学本科人才培养的目标定位与模式创新———基于新文科建设的视角》,《教师教育学报》2020年第5期。

域开展多学科知识组织或综合运用知识解决某一类教育实践问题的格局，据此开展面向实践取向的人才培养工作。应该说，前一思维类似于传统教育学专业建设思维，后一思维相当于新文科建设倡导的教育学专业建设思维，即瞄准特定教育实践领域开展跨学科性的联创联建工作，全面提升教育学专业的行业生存力与胜任力。其实，在我国"专业"一词原本就有两种基本含义：一是知识领域意义上的专业，即"major"，与传统教育学专业较为接近；一是行业领域意义上的专业，即"profession"，与新文科意义上的教育学专业较为接近。强化后一意义上的专业建设，摈弃单体式建设思维，正是新文科给教育学专业建设的最大启示。为了达成这一目标，教育学专业建设必须强化"+教育"思维而非"教育+"思维，因为前者强调以学科实践领域为中心，关注的是如何将教育知识思维嵌入其中，努力提高教育实践工作的效率效能，譬如在语文、数学、物理等学科教学中嵌入先进教育知识、教育理念，提升中小学学科教学的教育效率；后者强调以教育知识为中心，关注的是如何将教育知识理念应用到特定学科领域中去，如用先进教育知识理念来改变某一中小学学科教学的效能等，其缺陷是过度强调教育理论知识的本位性，弱化了具体学科的特殊性。所以，与其他文理学科开展跨学科联创联建需要"+教育"思维，它有助于彰显学科联合、跨界融通的优势。当然，在教育学专业的建设中，跨界联创联建还包括教育学专业与信息技术学科、医学、农学、航空航天、材料工程等学科的联合，其具体联合的领域是人工智能教育、医学教育、农业教育、航空航天教育、工程教育等，这些跨界教育行业正呈现出勃勃生机，对于推动实践领域升级再造而言意义重大。无疑，上述学科联创联建工作将大力提升教育学专业的应用领域与发展空间，使其在"+教育"思维下开辟出全新的专业发展空间。正是如此，在当前形势下，"教育学的人才培养定位势必要突破传统学科教师的狭隘范畴，尤其是广大地方性师范院校更应立足于新兴教育市场与行业，找到新的学科与专业的结合点"①，这正是新文科跨界思维对本专业建设的最大启示之一。

（三）彰显中国特质：走"中国化"道路

《新文科建设宣言》指出：教育学专业建设宗旨是"育才培元"，加强"元"教育才是教育学专业建设的复苏之路。教育学专业的"元"是指本专业建设赖以支撑的学术基元与灵魂基元，前者特指本专业的学术原创力、原生力，它积淀着本学科的学术元气，需要借助一流教育学科建设来实现；后者特指本专业的中国魂魄、民族精神，其纯度高度决定着专业建设的感召力与教化力，需要借助一流文科教育建设来实现。学者指出，"'中国'是一种'态度''立场''视角''方法'和'典范'"，与之相应，中国教育学专业建设必须成为"凝练中国特色、推出中国原创、形成中国体系和提升中国影响"②的重要环节。相对而言，教育学专业建设中对中国精神的忠实度、表达力与清纯性是其新文科建设的聚魂点与枢纽点，是引领本专业建设走出一条中国特色建设之路的精神领航。为此，我国教育学专业新文科建设必须强化中国特质、彰显中国价值、承载中国精神、培育中国气派，全方位彰显专业建设的中国魂、中国味、中国范，真正走出一条"服务中国特色社会主义建设"的中国化建设道路。为此，我国教育学专业建设必须在三方面做文章、辟新路，持续强化专业建设的中国文化底蕴、中国特色蕴含：一是要服务于中国教育学专业体系建设，坚持"以中国价值、中国精神、中国话语为统领"③，将中国教育历史、中国教育话语、中国教育主张、中国教育精神、中国教育哲学、中国本土

---

① 段禹、高怡楠：《教育学本科人才培养的目标定位与模式创新——基于新文科建设的视角》，《教师教育学报》2020年第5期。

② 李政涛：《走向世界的中国教育学：目标、挑战与展望》，《教育研究》2018年第9期。

③ 龙宝新：《中国新文科的时代内涵与建设路向》，《南京社会科学》2021年第1期。

教育经验等植入人才培养全过程，包括培养目标定位、培养课程设置、培养方式模式等之中，全面建设"中国教育学专业"，打破西方教育思维、教育立场、教育理论框架、教育思维模式等对本专业建设的框定与屏蔽；二是要面向新时代中国特色社会主义建设需要，尤其是用中国教育发展战略来改造教育学专业，将中国教育国情调研、中国教育学人才需求、中国教育学人才素养结构研判等作为本专业建设的立足点与出发点，尽可能从根源上预防教育学人才"毕业即失业""优秀毕业生无法本土扎根"等现象出现，切实提升教育学人才培养对中国特色社会主义建设事业的贡献力；三是要强化超前引领意识，坚持在"中国梦"指引下面向未来中国培育新型教育学人才，超前谋划教育学人才培养工程，充分发挥教育学人才对教育行业的能动作用，着力于按照"中国教育理想"来先行培育领航型教育人才，利用新型教育学人才培养来干预未来中国教育行业变革走向，提升本专业建设对关键教育领域的把控能力。

（四）面向技术重建，构筑信息化专业架构

在信息化时代，"互联网+""人工智能+""云技术+""融媒体+"等已经成为不容改变的事实，在信息技术无处不在的时代，任何去技术、反技术、远技术的教育学专业建设实践都终将被社会淘汰，面向信息技术重生是教育学专业必须发生的一次蜕变。当前，我国由于建设主体信息素养缺乏，导致教育学专业难以应时而变，无法适应这个信息化时代，从建设主体素养提升入手带动教育学专业基本架构的重建，是当代中国教育学专业建设的必经之路。在教育学专业建设中存在两种基本架构：一是基于传统信息媒体，如黑板、粉笔、口授的专业架构，其特点是专业人才培养受限于实体物理空间的局限，教学表现力单一，课程资源较为稀少；二是基于现代信息媒体，如网络技术、虚拟技术、智能技术、云技术等的现代专业架构，其特点是专业人才培养几乎不受物理时空限制，教学表现力丰富多彩，课程资源在共建

共享中趋于海量。新文科建设视野下,教育学专业建设必须基于后一架构来展开。目前来看,由于5G技术中国领衔世界,造就掌握现代信息技术的建设主体或教师队伍就变得尤为紧迫。为此,面向未来,我国教育学专业必须大量引入信息技术人才辅助开展教育设施建设,必须大幅度提升教师队伍信息技术素养,合力推进基于信息化、智能化理念的专业架构建设工作,重点做好两方面专业改进:一是对所有传统课程、教学活动开展面向线上与虚拟社区的升级活动,促使优质课程资源、教学服务在线上线下、实虚融合中生产,全力推进人才培养过程"信息化革命",力促基于网络智能平台的专业人才培养系统早日形成;二是重视人工智能与自然智能间的分工与联合,在教育学人才的价值、道德、人格、精神、心灵、态度培养领域加强自然智能的参与,而在教育学人才的知识、技能、技术、能力培养领域强化人工智能的参与,同时强化二者间的协作分工、混合融合机制,确保教育学人才培养走出"人性化"与"技术性"并驾齐驱的独创之路。国外学者指出,"技术不应该通过试图指导学习者来支持学习,而应该作为学生学习的知识构建工具(learn with),而不是从中学习(learn from)"[①]。进而言之,信息技术是教育学人才成长的学伴伙伴,处理好了这种助学伙伴关系,教育学人才就可能实现与信息技术同步成长的目标。因此,基于信息化架构的教育学专业建设的目的是要构建一条人工智能与自然智能互促共生的教育学专业发展新格局。

---

① David H. Jonassen, Chad Carr, Hsiu-Ping Yueh. *Computers as Mindtools for Engaging Learners in Critical Thinking*, Tech-Trends, 1998, pp.24-32.

第六章　文科研究生教育论

研究生教育是高等教育的象牙塔，是当代本科生教育质量的检验所之一，做优做强研究生教育对于大学改革发展全局具有重要意义。在文科研究生教育中，日常指导与课堂教学是其两大重要构成，从这两个环节入手，全面提升研究生教育质量，是一流大学建设的应有之义。长期的研究生教育改革实践证明，构建研究生日常指导模型，搭建师生协同共生体，实施微型学术训练，搭建科学的研究生教育模型等，是持续有效提升文科研究生教育质量的科学路径。

第一节　一流文科研究生日常指导的科学范型探索

多年来，文科研究生日常指导近似"空壳"的问题在研究生教育领域普遍存在，成为研究生教育质量提升的关键瓶颈之一：相对理工科研究生而言，日常指导工作紧密结合实验研究开展，"实验室文化"有力保障了日常学术指导的密度；相对于课堂教学与毕业论文指导环节而言，对文科研究的学术指导深度毋庸担忧。相比之下，日常学术指导恰好成为文科研究生学位教育的最薄弱链环。在整个专业基础学习阶段，如若继续无视对日常指导环节的质量管控，文科研究生的培养质量保障系统无疑将存在根本性缺陷。笔者认为，研究生日常指导的主体责任归属于导师，师生日常教学组织的建立与维护至关重要，构建理想的日常学术指导组织是提高我国文科研究生培养质量的有力抓手。在我国研究生培养体系中,导师与其研究生团队之间不是一般意义上的人际关系体或专业性的协同创新体。一般人际关系体强调的是人与人间的和谐人际关系的建立,而导师与研究生间的人际关系更承载着发展研究生学术能力,支撑其日常学术研究活动的特殊功能;协同创新体是"以知识增值为核心,企业、政府、知识生产机构(大学、研究机构)、中介机构和用户等为了实现重大科技创新而开展的大跨度整合的创新组织模式"[1],解决的是学术知识与经验知识间的转生问题[2],而导师与研究生之间的协同创造活动显然还没有达到这一层级。故此,以教学相长、知识共生为核心特征的协同共生体就成为研究生日常学术指导组织的理想范型,对以思想、文化、精神创造为主要任务的文科研究生而言具有较强的特适性。

一、文科研究生日常学术指导方式的四大缺陷

文科学术发展的显著特点是思想性、体验性与积累性,不经过缓慢的日常磨砺、潜心钻研与学术修炼,文科研究生要想取得预期的学术成就几乎不可能。在这一意义上,日常学习训练是文科研究生学术成长的主道,科学的指导方式是研究生培养的关键链环。就传统日常指导方式而言,导师一般通过四种方式来指导研究生,即会议式指导、答疑式指导、做论文指导、论著阅读指导等,这些指导方式存在四个明显缺陷,进而导致导师日常学术指导低效,与高品质研究生教育的期待相差甚远,成为研究生学术训练不够、毕业论文低劣、创新型人才培养力度不大等问题出现的主因。进而言之,传统研究生日常指导方式的主要缺陷有以下几点:

---

[1] 陈劲、阳银娟:《协同创新的理论基础与内涵》,《科学学研究》2012年第2期。
[2] 詹姆斯·马奇:《马奇论管理》,丁丹译,东方出版社,2010年,第102—105页。

（一）无抓手

在毕业论文写作之前，课堂教学与日常指导是文科研究生专业学习的两大基本环节，如果在对感兴趣课题的研究中能将这两个环节综合利用，使之相互促进，形成"理论知识学习与日常研究实践互促共进"的良性循环，研究生学习质量势必会大大提高。但在传统指导模式中，上课、阅读几乎成为文科研究生的主要学习活动，论文写作、专题研究反倒成了学生随性而为的事情，其结果是课堂教学与日常指导陷入相互脱节、双双走弱的局面。研究生课堂教学极易退化到本科生教学的水平上，课堂教学作为"播种学术研究种子"的功能被漠视，甚至被扼杀，研究能力、学术素养的培育被边缘化、碎片化。研究生日常学术指导随之陷入随波逐流、失范无规的境地，研究生学术发展呈现出任性而为的状况。究其主因，就在于日常学术指导环节中没有抓手，即没有研究主题、研究任务、研究计划的同步跟进，导致日常学术指导缺乏轴心，极易流于形式、名存实亡，出现大量"学术指导盲区"。在这种情况下，如若大力倡导跨学科的主题研究，用基于好课题的研究将研究生的课程学习串联起来，研究生日常学术指导就可能突破上述瓶颈，形成课堂学习与课外指导并驾齐驱、互助共进的研究生教育新局面。

（二）低密度

指导的密度与广度是判断研究生日常学术指导质量的两个重要指标，前者主要指师生在线见面、线下见面等指导活动的频率，后者主要是指指导内容的全面性，包括学术态度、研究选题、研究过程、论文写作、学术修养等各方面的指导。相对而言，指导密度对研究生学术发展而言更为重要。在研究生教育中，传统日常指导方式几乎都是"1对N"式或辐射式，导师主持的定期学习工作会议是主要形式，其最大缺陷是教师在场，才有指导；教师缺席，就无从指导。日常指导密度高度依赖于导师的工作责任心与工作紧张度。在这种指导模式中，研究生学术发展受制于导师的学术水平与工作热情，导师成为学生学术发展的主要营养源，学生间相互指导、切磋研究的机会较少，优秀研究生承载的优质学术资源在学术指导中没有被充分开发利用。不仅如此，即便导师可以在工作会议上开展学术指导，但大都局限于常规问题、个别问题与典型问题，每个研究生得到的个性化指导、特需型指导的机会少之又少。可以说，加大日常指导的密度是保障研究生培养质量中的重要话题，而如何充分利用研究生间的相互指导资源则更显得尤为迫切。

（三）浅层性

在传统研究生指导方式中还潜藏着另一重要危机，这就是日常指导的浅层性。研究生指导毕竟不同于高中生的课业辅导、大学生的专业指导，而是以培育研究生学术综合素养，包括学术敏感性、学术创造力、学术精神等为主旨的研究性指导。所以，突出日常指导的"研究味"，让指导深入到研究生的心智、心灵的层面，为他们学术心向的激发、学术潜能的爆发、学术思维的建立、学术信念的确立等营造学术氛围，创造外化条件，正是研究生日常指导的核心任务。然而，在传统日常指导方式中，学术指导会议化、行政化，指导内容问题化、碎片化，指导过程师本化、线性化等现象尤为常见，有研究、有创造、有思维的深度指导活动较为罕见，日常指导沦为行政会议或学术杂谈的翻版，指导活动的研究性品质难以体现。有学者指出，真正有效的教学指导应该突出以下几个要素："关注师生课堂创生知识""关注对非认识技能如社会情绪、团队合作、可迁移技能等的挖掘、掌握""让学生经历真实的探究、创造、协作与问题解决"[①]。在研究生日常指导中要践行这些新型指导理念，就必须推进研究生日常学习方式发生由"教师导学"向"学生自本学习"、由"碎片式问题指导"向"系统专

[①] 王红顺：《2017课堂改革的六大趋势》，《中国教师报》2017年1月5日，第7版。

题式指导"的深刻转变。因此，构建基于学生"自本学习""自本研究""协作研究"的深度研究生日常指导体系任重而道远。

（四）单向性

从垂直性指导走向矩阵式指导，从信息交换型指导走向优势共享型指导，从同质叠加式指导走向异质互补式指导，是当代学习组织变革的走向。显然，传统研究生日常指导方式与这一改革要求相距甚远，非常值得研究生培养机构重视。一方面，日常指导单向化、一言堂现象较为普遍，无论在论文指导、问题指导还是会议指导中，导师始终处在主动、输出的一方，研究生大多处在被动、接受，即"被指导"的一方，师生间学术信息、态度、思想的交流始终具有单向性，师生定位具有固定性；另一方面，日常指导中研究生之间的平行互动较少，研究生团队自身的学习力、研究力难以得到培育，学习型组织搭建较为困难，整个团队自我学习、自我教育、自我创造的功能脆弱，接受导师指导成为研究生团队发展的主动力。应该说，对一个健全的研究生学习团队而言，其学术研究力主要来自三个方面——导师的领导力、研究生之间的互动力与团队的组织力。其中，研究生学习团队的组织力来自整个团队的科学组织架构，来自这一架构对学术资源的整合力、学术信息的吸纳力、学术能量的集成力与学术创意的聚合力。显然，"从以教为中心、以学为中心进入教中有学、学中有教、不分彼此的'第三种教学关系'"[①]，打破师生间的学术层级体制，把研究生学习团队改造为研究生学术组织，为师生间、生生间的学术信息流通与互生搭建网络状立交桥，正是突破研究生日常指导瓶颈的现实要求。

二、走向协同共生体：构筑研究生日常指导的科学组织框架

针对上述问题，笔者认为，构建协同共生体组织，以之作为研究

---

① 王红顺：《2017课堂改革的六大趋势》，《中国教师报》2017年1月5日，第7版。

生日常指导的基本组织框架，是当前研究生培养质量提升的有效策略。所谓协同，就是在研究主题的统领下催生师生共事、共谋、共创的研究活动，推动研究生日常指导活动的研究化、民主化、网络化，让师生在日常指导活动中建立起一种亦师亦生的研究合作伙伴关系；所谓共生，就是将师生间的共享、共促、共赢作为日常研究活动的基本方式与价值主调，利用真实的专题学术研究活动来统领日常指导活动，全面抛弃琐碎服务型、就事论事式研究生日常指导方式。基于"协同"与"共生"的理念，重构科学的研究生日常指导范型，是提高研究生培养质量的得力举措。当然，这一日常指导组织的提出有其深刻的现实基础与历史原因。

（一）研究生日常指导组织的三种历史形态

在文科研究生指导中，有两种日常指导模式较为常见，即"1对N"式指导与任务式指导，由此催生出了两种基本日常指导组织构架，即辐射式关系体与任务型共同体，对其缺陷的主动扬弃召唤着"协同共生体"这一新型日常指导组织形态的产生。

1. 辐射式关系体

我国研究生培养中最常见的日常指导模式是"1对N"式，即授受式指导，师生间构成了一种辐射式关系体，导师成为研究生学习中的核心信息源、知识源、教育源，由此导致导师的学养学术水平决定着所带研究生团队的学术水平，导师难以对每个研究生进行针对性指导与高密度指导。尤其值得关注的是，在这种师生关系体中，一旦导师出外交流、基层调研，研究生团队的日常学习活动随时可能中断，导致研究生日常学习活动无法持续运转，大量日常指导"空白区"随时可能出现。同时，由于研究生日常学术发展高度依赖于导师，其学术思维、学术思路难以超越导师学术水平的上限，其学术视野、学术眼光很容易僵化，难以孕育出宽领域、高创意的学术成果。从这个角度看，辐射式师生关系体很容易滋生出研究生闭合式学术视野，不利于学生观点间的融合与共生现象发生。

2. 任务型共同体

当前，随着国家对人文社科领域课题研究力度的加大，加入导师课题团队，接受真实研究过程的磨砺，正成为当代研究生学术发展的新路径，基于真实项目的研究生日常指导活动日益盛行。在这一日常指导方式中，师生间结成的是任务共同体关系，围绕导师研究项目开展实战性研究工作成为这一指导方式的根本特点。这一指导方式中师生之间是基于研究任务或项目要求的合作关系，整个师生关系体具有明确的目的性与功利性，其缺陷亦异常明显：研究生日常指导活动很容易走向异化，研究生学术发展的核心地位被功利性研究活动所取代，多样化的研究生日常学习任务被窄化为"学习做研究"，制约了学生学术素养的全面发展。显然，研究生参与导师课题的主要目的是亲历真实研究过程，而非为项目研究"打工"，任务型共同体的实质是把研究生编制到项目团队中去而非要将其卷入师生学习共同体中。所以，任务型共同体同样不能成为理想的研究生日常指导形态。

3. 协同共生体

当代教学组织发展的态势之一是，由行政型组织走向学习型组织，由他组织走向自组织，即"让小组成为自组织，让学生人人成为创客，让课堂成为学习生长的共同体。"[①] 在这一意义上，研究生日常指导组织必须发生真正的蜕变，即由辐射式关系体、任务型共同体走向以学术问题探究为主题，以发现、探究、解决问题为主线，以教中学、做中学、创中学为主形式的协同共生体。一方面，"协同"是在共同关注的学术问题探究中打破导师与研究生之间垂直性、行政性师生关系架构，走向师生情感上的共通、认识上的共享、思想上的共创、价值上的共鸣、行动上的协调，进而模糊师生间的彼此关系、指

---

① 王红顺：《2017课堂改革的六大趋势》，《中国教师报》2017年1月5日，第7版。

导与被指导关系；另一方面，"共生"强调研究生日常指导中过程的研究性与新知识的生产性，它是突破功利性师生合作关系的一剂良药，因为新知识在师生团队中的共生既不受制于教师的学术上限，也不受制于项目研究任务的束缚，而是沿着学术逻辑、知识主线、探究方向自由生长，真正让研究生在日常学术问题研讨活动中成长为研究者。正如叶澜教授所言，"教师在教学中与学生组成的是学习共同体，教师在其中的角色是服务者、帮助者与促进者，或称平等中的首席，最多是教学的主导者，而绝不是教学的主体，因而在教学中师生的关系是'学生主体、教师主导'。"[①] 在这一意义上，支撑研究生日常指导活动的协同共生体是，导师与研究生在共同关注的学术问题研讨中结成的一种以新知催生、灵感孕育、教学相长、共研互学为手段，以知识共生、思维共生、方法共生、思想共生为目的的教学组织形态，其实质是"一种多主体互动、互补的关系模式，其核心是如何有效构建一种全方位、全参与、深度一体化的多主体融合机制，并相互协作，产生优势互补、互联共赢的效果。"[②] 所以，作为一种日常学术指导组织，协同共生体更为关注两个焦点：其一，师生如何在关系上实现高度一致、深度协作；其二，协作活动如何产出创造性成果，实现"做研究"与"学研究"间的有机统一。有学者指出，合作学习有四种，即"帮助—接受型、协同—接受型、帮助—发现型、协同—发现型学习"[③]，协同共生体构建的目的是将研究生日常指导活动转变成为师生深度参与的"协同—发现型学习"，彻底改变肤浅、低效、零碎的日常指导旧模式。

---

① 叶澜：《课堂教学过程再认识：功夫重在论外》，《课程·教材·教法》2013 年第 5 期。

② 周华：《基于多主体协同视角的职业教育创新战略建设研究》，《教育与职业》2017 年第 9 期。

③ 王红顺：《2017 课堂改革的六大趋势》，《中国教师报》2017 年 1 月 5 日，第 7 版。

（二）构建师生协同共生体的四个支点

所谓"协同共生"，就是"主体参与的联结互动创新"活动，其显著特征是"创新主体的多元化，创新方式的互动性，以及创新成果的高效性。"① 对研究生日常学习而言，学术创新的"手段意义"大于"目的意义"，而当前流行的"以重大科技创新为目的，以知识增值为核心，以企业、政府、知识生产机构三位一体的合作为形式"② 的"协同创新体"则是以真实的科技创新为首要目的。相比而言，将研究生协同创新型学习组织称之为"师生协同共生体"最为恰切。作为一个共生体，其三个关键构成要素是共生单元、共生模式与共生环境。在师生构建的学术共生体中，三者间的关系理应也是："共生模式是关键，共生单元是基础，共生环境是重要外部条件"③。基于此，我们认为，构成师生协同共生体的四个重要支点是：

1. 确认以研究生个体为基础的知识共生单元

所谓"共生"，就是生物体之间"按照某种方式互相依存、相互作用，形成共同生存、协同进化的共生关系"④，寄生、互惠共生和同住是生物体间共生的基本形式。其实，共生的生物体之间不仅有相互利用、相互借力、相互依附的关系，更有相互交换、相互催生、共同创造的关系，师生协同共生体正是在这一意义上被使用的。任何共生现象都立足于对共生单元、共生主体地位的确认与强化，承认师生作为学术共生体的平等主体地位是构建协同共生体的前提。"共生"的根本含义是"达己必先达人"，即在学术互动共生的环境中，个人学术发展水平取决于身边有无学术高手的涌现与参与，研究生团队中的学术新

---

① 包根胜：《协同创新视角下高校教师教育共同体的构建》，《高教探索》2017年第4期。
② 陈劲、阳银娟：《协同创新的理论基础与内涵》，《科学学研究》2012年第2期。
③ 张沁：《共生原理下民间金融生态秩序调整》，《中国证券期货》2012年第11期。
④ 张沁：《共生原理下民间金融生态秩序调整》，《中国证券期货》2012年第11期。

秀同样可能拉高整个团队的学术水平，师生协同共生体强调的每个参与者"作为学术共生元"的意义就在这里。进而言之，在日常的学术指导活动中，师生之间不是学术依附关系、学术寄生的关系，而是相对独立、相互促进、相互催生的关系，师生就是相对独立的两类学术创新主体。一旦师生学术主体身份得以确立，日常指导活动就可能发生质的飞跃：学生不再会以导师的学术立场"马首是瞻"，不再将自己的学术水平归结于导师的学术造诣，不再将自己置于学术发展中的被动地位，而是主动参与学术问题研讨，吸收他人学术观点，在自主创新中构筑自己相对独立的学术发展目标与道路，知识分子的人格特征与学术素养才会在他们身上成长起来。

2. 营造开放、竞争、尚创、民主、商谈的知识共生环境

在对研究生的日常学术指导中，知识共生环境的构建更为重要，因为环境既是激发师生学术探究热情，构建学术争鸣平台的必需条件，又是实现不同学术观点、立场、思维、方法之间整合新生的重要支撑。无疑，师生共同体的启动需要"双驱"，即学术热情、学术思维、学术创造的"硬驱"与学术氛围、学术环境、学术生态、学术文化的"软驱"，后者就是知识共生环境。在学术活动中大致存在三种性质的学术环境，即学霸主宰的单极化环境、派系纷争的多极化环境与民主开放共生的生态环境。在第一种学术环境中，学霸主宰着学术活动的话语权、主方向，其他学术观点从属于学霸学术立场；在第二种学术环境中，学术活动无序竞争、相互诋毁、自由生长，难以形成理性、公认、聚焦、优质的学术成果；在第三种学术环境中，各种观点既有序争鸣又能相互借鉴，弘扬求同存异、智慧碰撞、兼容并蓄的学术精神，和谐共生的学术生态、研究文化更容易形成。在师生协同共生体构建中，大力倡导多元共生、异质相生、共创超越的学术精神，积极营造开放、竞争、尚创、民主、商谈的知识共生环境与学术生态，不仅有利于共生体内知识、信息、思想的深度交融与持续更新，有利于学术"温室"

的顺利搭建，更有利于师生学术潜能的孕育与开发。

3. 引入多元化的知识共生机制

在师生协同共生体运转中，知识共生的机制就是其中央处理器，是知识共生现象发生的心脏部位。只有构建起导师、研究生与学术问题之间的动态关联机制，让三者在知识、信息、方法、思想的流通、互动、互生中融为一体，真正意义上的协同共生体才可能出现。从共生模式上看，至少有四种，即点共生、间歇共生、连续共生、一体化共生[①]。其中，点共生模式中共生活动具有一次性、单面参与性，间歇共生模式中共生活动具有多次性、多面参与性，连续共生模式中共生活动具有连续性与交互性，而在一体化共生模式中共生活动具有多面交互性与稳定性。在研究生日常指导中，导师应该以一体化共生模式为蓝本，在整体协调与研究主题驱动下，积极推动师生间多元共生、多次共生、多面共生发生，为新知识、新思想、新方法的形成提供舞台。师生协同共生体中应该引入各种更具体的知识共生机制，如基于研究生个体学术原创的互助创新机制、共享创新机制、连锁创新机制等，为新知识、新思想的生产与研究生学术素养的成长搭建平台、创造机遇。

4. 确保学术共生界面与共生链的高效运转

在师生协同共生体中，知识共生是其存续的扭结所在，是研究生日常指导的"研究性"体现，而维系学术知识共生的关节点正是新知识、新思想能否在学术共生界面上生产，以及这一知识思想生产活动能否在学术共生链上持续推进。因此，学术共生界面与共生链就是师生协同共生体的死穴，能否确保其持续运转具有关键意义。所谓学术共生界面，就是师生主体间形成的知识思想发生关联、对接与碰撞的"中间地带"或"边缘地带"，就是新知识、新思想生发的专属空间或前沿区域。在研究生团队活动中，导师能否引导研究生跨越自己的知

[①] 袁纯清：《共生理论及其对小型经济的应用研究》，《改革》1998 年第 2 期。

识圈层,让个体知识自觉向这一空间生长,进而催生出独具创意的新知识、新思想,决定着日常指导工作的品质。为此,导师应该鼓励、引导研究生在知识前沿位置展开研讨与探究,确保指导活动始终在学术共生界面发生。所谓学术共生链,就是学术知识推陈出新、新旧置换、交互催生、拓展创新的链条。在研究生日常指导中,导师若能引导学生用"剥洋葱"或"追问"式思维对待学术专题研讨活动,努力构建起"1带N"式的学术研讨格局,那么,知识的共生链就会形成,学术思维的深度、知识视野的广度渐次提高,协同共生活动的生命力必然得以强化。因此,学术共生面与学术共生链是协同共生体存续的关节点。

在此,我们把研究生日常学术指导活动的协同共生体构架图示如下(图6-1):

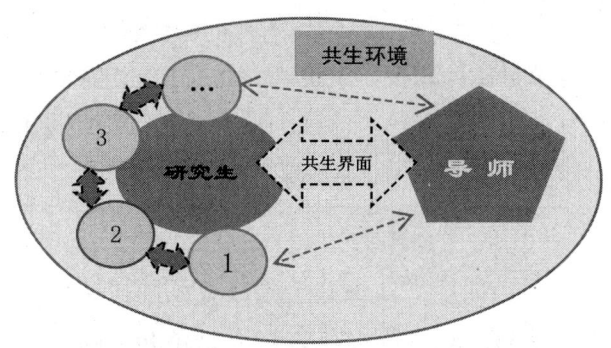

图6-1 研究生日常指导中的师生协同共生体组织架构

三、基于协同共生体的研究生日常指导流程

在协同共生体框架的指引下,"集成、合作、融合与共享"将成为研究生日常指导活动的价值准则,"走向多方参与的、集体的、开放的、相互联系的创新"[①]将成为师生日常学术活动的基本宗旨。显然,

---

① 别敦荣、胡颖:《论大学协同创新理念》,《中国高教研究》2012年第10期。

要将这些准则、理念落实到实践中去，就应该重构研究生日常指导流程，为文科研究生学术素养培育提供坚实的组织支撑。在实践中，笔者采取了"六环"式日常学术指导流程，即沿着"问题启动—观点检索—主体联网—创意集成—新知生成—成果共享"的主线设计日常指导工作周期，着力架构一种基于问题、开放互动、知识涌流的新型日常学术指导流程。

（一）问题启动

要真正克服行政式、琐碎式指导方式的缺陷，研究生日常指导必须走"问题驱动、问题探究"的新路子，善于用一个热度较强、容量适度、难度适中、专业性明显的学术问题来统摄整个日常指导活动。问题即课题，即研究的源头与内驱力，好问题是启动师生协同共生体运转的钥匙与机关。在日常学术指导中，遴选出对整个团队最适宜的研究问题尤为重要：一方面，好问题一定是师生共同关注且具有学术价值的问题，它能够有效调动师生的学术能量与研究热情，对整个研究生团队学术发展形成一股强劲的驱动力；另一方面，好问题一定是具有智慧凝聚力、思维启迪力的问题，它能够发挥出整合团队成员的学科视野、认识视角与个体创意的特殊作用，让师生从问题研究中多方面受益。因此，在日常学术指导中，师生要善于抓住学科领域中的典型问题，如热点问题、冰点问题、痛点问题与焦点问题等，将之置于整个团队的视野焦点上，以唤起全体研究生的注意力、探究欲，形成明确而又精细的研究任务分工，真正启动研究生的协同探究行动。

（二）观点检索

在团队中抛出好问题后，研究生的学术探究热情被激发，学术思维被发动，学术能量被聚焦，此刻，如何将探讨引向深入，促使优质学术观点在交流中涌现，就显得尤为重要。显然，如若不经过前沿观点涉猎、学术思想孕育阶段，直接让研究生发表观点、交流意见，日常指导无疑会走向平面化、平庸化的泥潭。基于这一考虑，师生共生体搭建中必须增加一个重要阶段，即观点检索阶段。在学术问题确定后，导师应该指导学生利用中国知网、超星图书馆、百度学术等网络工具去检索相关文献，梳理前沿观点，并在此基础上开展独立思考、深入揣摩，努力形成高浓度、有创意的好观点，以备在下一次学习研讨会上发表、分享。可见，对研究生学习而言，观点检索是培育学术创意、积淀学术涵养、精化学术观点的重要阶段，是确保协同共生活动品质的奠基工程。

（三）主体联网

在经过一段时间的学术积累后，研究生团队即可进入协同共生体的枢纽环节——创新主体心智联网阶段，一般可采取学术论坛或圆桌会议的形式进行。本指导环节的设计意图是搭建研究生学术观点、学术思想交汇碰撞的平台，构筑学术创新的主体网络，为学生创意观点、学术思想在团队内部的无障碍流通与共享共生搭建舞台。该阶段要解决的核心问题是如何实现学术主体——师生间心智的深度联通与有效协同。为此，导师可以从以下四个方面努力：其一，把握好学术探讨的开放度与闭合度，确保问题探究的主线清晰、方向明确，促使学术探讨沿着一条主线深入下去；其二，善于发挥导师点拨的功能，点拨中注意捕捉创意观点、深刻观点与典型观点，将之凸显出来、拓展开来，使之成为新观点衍生的基点与节点，形成学术观点延伸主链；其三，善于利用学术观点互生互补机制，让好观点和观点中好的方面联合起来，使之在叠加与补偿中催生出更好的观点；其四，培育学术交流规则，营造激励、有序、民主的研讨氛围，培养研究生的学术勇气与学术自信，让共同体中的每一个成员敞开学术视野，保持饱满精神状态，自由、充分、定向释放学术创造能量。

（四）创意集成

借助研讨活动，师生共享共生的学术主体网络形成，一系列学术观点随之会涌流显现，发现创意、集成创意、生成新创意随之成为协同共生活动的新使命。换言之,学术主体联网只是为了实现师生"协同",而创意集成才是凸显学术"共生"的标志性环节;主体"协同"只是学术"共生"的手段,而学术"共生"才是主体"协同"的终端目的。在创意集成阶段,导师必须善于识别、捕捉、抓取有创意的学术观点,并将之在探究主题或学术链条上汇聚起来,形成各种观点交相辉映的态势,构建学术知识集群,促使"创新知识内溢"现象的发生。为了实现这一目标,教师必须尽可能为各种观点的展现提供机会,引导有创意的观点在相互竞争中脱颖而出,进入学术探讨的焦点区域与共生中心。

(五)新知生成

没有物化学术成果的产出,协同共生活动的优势与价值就难以显现,整个学术知识生产活动就难以获得激励。在学术探讨中,学术创意的汇聚与集合为新知识、新思想的形成做好了铺垫,进一步将之知识化、成果化、文本化,形成实体性研究成果,是彰显协同共生体组织优势的现实要求。在学术探讨后,导师应该鼓励每个研究生将讨论中形成的创意观点用规范学术论文或研究报告的形式写出来,把一条条学术创意转变成为一个个知识单元,并按照逻辑链条将之整合成为论文成果,进而实现对学术观点的进一步升华与完善。每一个优质学术观点的运思大都要经历三个阶段,即酝酿、表达与反思。在协同共生体运转中,反思环节的直接任务就是借助书面表达进一步完善自己的观点,升华自己的创意,使之达到圆合完满、严谨精妙的境地。

(六)成果共享

合作共赢是协同共生体存续的生命线,共同分享学术成果是协同共生体顺利运转的最后一个关节点。在研究生日常指导中,要让师生协同共生体永续发展、健康成长,还必须完善共生学术成果的利益共享机制,让每一个参与者都从中受益,领略到一种别样的学术成就感与获得感。在指导实践中,导师应该鼓励优秀学生把各自收获的知识成果通过共同创作的形式表达出来，将之凝练成一篇或一系列高质量的学术论文，并争取在学术期刊上发表。文章共同署名方式是体现成果共享机制、显示共同体成员在成果中的各自贡献率的重要方式。比较理想的做法是，严格按照不同成员对本论文成果的心智贡献率与研究工作量依次进行准确排序。这一做法的好处在于既能体现出对不同成员知识产权的尊重，还可以凸显"多劳多得"的分配原则，激发所有成员在下一轮研究活动中的参与积极性。

在此，笔者将基于协同共生体的文科研究生日常指导流程图示如下（图6-2）：

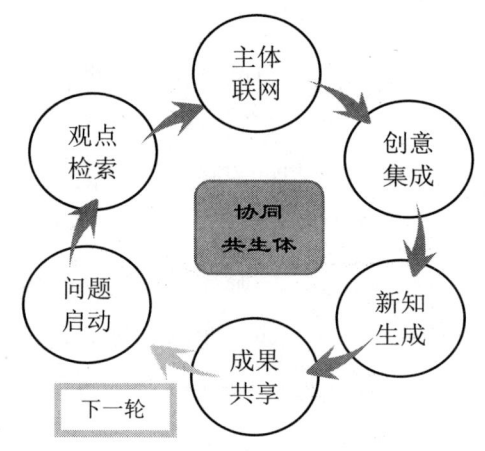

图6-2　基于协同共生体的研究生日常指导流程图

第二节　一流文科研究生理想课堂范型探索

所谓范型，就是从事某类实践的典型范例或理想模型，是经得住理论推敲与实践检验的实践活动程式或架构，范型的失效必然导致实践活动的根本错误与根源性缺陷，由此引发"失之毫厘谬以千里"的泛化效应。有学者指出："学术素养和科研能力是研究生教育的灵魂，研究生课程改革应回归其学术性和研究性的本质属性。"① 对文科研究生而言，课堂教学与学位论文共同构成了其学术素养培育的根本依托，课堂教学范型的选择与建构是整个教学活动的枢纽，缺乏科学、独特、契合的课堂范型支撑的教学实践无疑是研究生学术素养培育目标达成的最大障碍，必然导致将研究生课堂教学混同于一般课堂教学的根源性错误。学术实践是学术心智的体操，是涵养学术心灵的温床，是研究生学术素养培育的根本途径。因此，浓缩真实学术研究实践，构建缩微学术训练装置，创建最有利于研究生学术素养生发的课堂学术环境与学术训练模型，是打造一流研究生教育的得力举措，是近年来本人深入推进文科学术教育转型的切入点。

一、学术创新力：文科研究生学术素养的标志性构成

学术素养是学术人必备的内在品质与综合素养，能否在文科研究生身上培育出这种素养是判定研究生课堂教学成败的根本标准。《中华人民共和国高等教育法》第十六条规定指出："硕士研究生教育应当使学生掌握本学科坚实的基础理论、系统的专业知识，掌握相应的技能、方法和相关知识，具有从事本专业实际工作和科学研究工作的能力。博士研究生教育应当使学生掌握本学科坚实宽广的基础理论、系统深入的专业知识、相应的技能和方法，具有独立从事本学科创造性科学研究工作和实际工作的能力。"可见，在研究生身上，"学术素养"的关键构成是学科知识方法、专业实践能力与创造性研究能力，其中"创造性研究能力"无疑是研究生学术素养的硬核构成，是其开展学术创造、知识生产、理论建构中最为关键的素养依托。正如学者所言，"创新是学术研究的本质要求"，为本学科领域创造"新资料、新观点、

---

① 李贵、邹光明、王兴东：《学术素养导向的研究生专业课程改革探析》，《高教论坛》2019年第4期。

新方法"是学术创新的直接目标①。进而言之，文科研究生的学术素养构成是丰富多彩的，如"学术意识、学术知识、学术能力以及学术伦理道德"②，"智识上的好奇心、为之探求的热情以及独立探索研究的能力"③，"无畏的精神、独立的意识、批判的思维和热爱的情感"④，以及"批判性思维和伦理意识"等，都是文科研究生的素养构成。就笔者经验而言，这些素养可以区分为一般素养与关键素养或硬核素养，瞄准硬核学术素养开展针对性培育是文科研究生学术教育成功的秘籍。如果说一个完整学术研究的典型过程是问题发现—问题求解—结论呈现，那么，决定这三个环节顺利运行的核心素养是学术敏感性、学术领悟力与学术表达力，它们成为文科学者学术创新力的三个硬核要素与学术训练的三个关键点。

（一）学术敏感性

如果说文科研究生学术素养由学术感性、学术智性与学术理性构成，分别对应于学术问题发现意识、学术问题处理能力与学术成果呈现逻辑，那么，学术感性作为首要环节，其主要体现的是学术敏感性、学术洞察力或学术问题的"嗅觉"。从信息加工论角度来看，学术研究活动的三个主要构成环节是问题抓取、思维处理与结论输出（图6-3），那么，问题抓取是决定学术研究活动能否启动的关键动因，是决定学术实践进程的首始链环，是决定学术成果最终品质的关键变量。正如爱因斯坦所言，"提出一个问题往往比解决一个问题更重要，因为解决一个问题也许只是一个数学上或实验上的技巧问题，而提出新的

---

① 朱文通：《关于学术训练及其他》，《社会科学论坛》2013年第5期。

② 王立珍、袁金英、马秀峰：《研究生学术素养的内涵及培育探析》，《软件导刊·教育技术》2012年第5期。

③ 余继、石晓菲：《一流大学研究生学术素养的养成——以剑桥大学教育系博士研究生培养为例》，《重庆高教研究》2016年第1期。

④ 王琳博：《文科研究生学术素养的内涵、要素及培养》，《长春大学学报》2013年第6期。

问题、新的可能性，从新的角度看旧问题，却需要创造性的想象力，而且标志着科学的真正进步"。显然，在学术研究流程中，学术敏感性是决定问题析取品质的主体性条件。

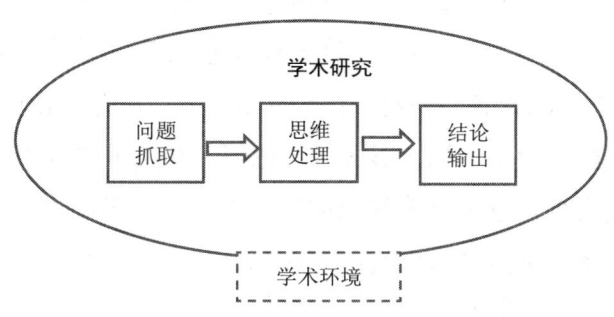

图 6-3　学术研究活动的流程分析

所谓学术敏感性，就是学者对学术研究问题识别的意识阈限。那些具有一定学术积累、学术经验、学术观察力、学术洞察力的学者能够迅速从学术文献、生活现象、社会活动中发现一个有价值、有意义的学术研究问题，进而迅速启动科学研究的进程；相反，一个学术敏感性较弱的学者则对学术问题的意识阈限较高，无法从微渺、新异社会生活现象中察觉到高品质学术问题。问题的前身是社会生产生活现象，一旦其中的某一现象触动了人的理论思维的弦线与神经，学术问题便会从周围情景中赫然显现，成为启动学者学术头脑引擎的一颗火星。对文科研究生而言，学术敏感性水平取决于三个要素：一是研究经验积累程度，学术研究经历丰富、思维图式多样的研究生更容易觉察到学术问题；二是理论视野广度，较宽广的理论视野有助于研究生获得多角度框定现象、形成问题的能力；三是心理准备状态，对学术事业有成就感、事业心和梦想追求的研究生更容易发现学术问题。因此，研究生学术训练的首要任务是降低其学术问题识别阈限值，提高其学术敏感度，提升其学术察觉力、洞察力与判断力，确保其学术头脑始终处于兴奋、激活状态，促使有价值的学术问题持续生成。

（二）学术领悟力

学术创新力的最硬核构成是学术领悟力，因为"真正能体现主体创造力和主体性的是从个别跃迁到一般的直觉，而非从一般到个别的逻辑推绎。"[①] 如果说人类学术能力的两种基本类型是计算推演能力与心灵顿悟能力，那么，前者是自然科学学术思维的核心要素，后者则是人文社会科学学术思维的核心要素。在学术创造中，领悟的根本职能是处理学术信息、生成学术创见、形成学术思想，其关键构成要素是直觉思维，其直接表现是学术灵感顿悟的涌现。因此，康德称之为悟性、智性，研究生学术创意的生成表明其在学术训练中"开窍"了，这一点在文科学术训练中表现得尤为明显。所谓"直觉思维"，就是"根据对整个问题的内隐的感知的那种活动，它总是以熟悉牵涉到的知识领域及其结构为根据，实行跃进、越级和采取捷径"[②] 的思维路径，其实质是"以灵感和顿悟等形式在整体上获得关于事物本质的思维方式"，其显著特征是"整体性、直接性、非逻辑性、非时间性和自发性"。从来源上分析，学术领悟有两种：一是"内悟"，即从内心内省中获得"直观的公理"，这是古代道家、理学、心学等学派认知世界的重要方式；二是"外悟"，即借助"经验之类推"来体悟世界的方式，客观事物、生活道理往往会成为学者认识、创见生发的原型；从认知特征上看，其典型表现是"不需要特殊的认知技能"、"往往会遇到一个明显的障碍"、障碍一旦被打破后会伴随"啊哈"的体验；[③] 从运转机制上分析，学术顿悟的形成其实是"意义格式塔"[④]、认识完形的瞬间生成，是学者借助"直悟（直觉）、顿悟（灵感）和体悟（意会）"等途径获

---

① 黄盛华：《悟性：主体性研究的视角转换》，《哲学动态》1992年第8期。
② 冯凭：《理性与悟性——中西认知模式的比较》，《社会科学研究》1986年第2期。
③ 罗劲：《顿悟的大脑机制》，《心理学报》2004年第2期。
④ 周宪：《系统阐释中的意义格式塔》，《中国社会科学》2018年第7期。

得的一种"主体悟性整合机制"①。学术研究的实质是问道穷理、寻根溯源，是"开显道体，证悟道体"。在这一意义上，文科研究生的学术探究实质就是借助沉思、探索、追究等方式来领悟至理、探寻至道、汲取真知的过程，能否让自己的知识积累、生活经验突破常识、产生质变，关键取决于其学术悟性或学术领悟力。所以，围绕学术顿悟生成来创设条件、搭建平台、提供服务，就成为研究生课堂上开展学术训练的功能使命。在研究生学术教育中，笔者认为任何人在阅读文献资料、经历问题情境之后都会产生创造性认识，尽管不同人的创造性有强弱之分，但在每个人身上这种认识的涌现具有必然性，因为人类大脑的本能之一就是新认识的涌现，每位研究生都具备学术悟性的秉性与天赋。为此，研究生学术训练的根本任务是用前沿问题、先进知识来刺激研究生的大脑与心灵，促使其发挥悟性、生成卓见、及时捕捉、理性表达，从而持续提升以学术领悟力为内核的综合学术素养。

（三）学术表达力

如果说学术顿悟的发生是随机涌现、不可预见的过程，那么，学术表达则是一个在学术规范、学术伦理、学术语言、学术逻辑制导下的有序线性呈现过程，具有鲜明的理性色彩。任何学术思想的形成与表现都具有个体性、情境性、独特性，如何将之从人的睿智大脑与灵动心灵中"下载"下来，转变成为可交流、可共享、可认识的语言载体，无疑是学术研究成果输出中关注的重要问题，诚如学者所言，"从某种意义上来说，一个人读了书，总会有点想法，这并没有什么可稀奇的。问题在于你能不能把那些想法写成文章"②。进而言之，所谓学术，就是指系统专门的学问；所谓学术活动，就是为获得学科化、系统化的学问而开展学术探究、学术交流的社会活动。原创性研究与学术圈交流构成

---

① 黄盛华：《悟性：主体性研究的视角转换》，《哲学动态》1992年第8期。
② 杨冬：《关于文科研究生的学术训练规范》，《高教研究与实践》2012年第1期。

了学术活动的两大关键节点：没有个体或团队的原创性研究，学术实践是无源之水；没有学术圈内部交流活动，学术实践无法实现关联性增长与指数级增殖。所以，学术活动一定具有交流性，学术成果一定具有传播性，学术表达是学术活动的关键链环，学术表达力是研究生学术素养的重要构成部分。研究生学术表达的实质是用学术语言来呈现学术研究的成果，而学术语言的两大基本形态是口语表达与书面表达。前者的存在场域是各种学术场合，包括研究生课堂中的学术对话；后者的存在场域是论文著作，它是研究生学术表达力训练的主场，是最具综合性、深刻性、学术性的训练环节。所以，"以写促研"已成为当代文科研究生学术训练的主途径。再进一步看，学术表达的关键环节是学术概念的选用、学术思维的体现、学术思想的表述、学术道德的自觉等。与之相适应，其学术表达力的构成要素是学术概念储存力、学术思维驾驭力、学术思想表达力、学术道德意志力等。无疑，研究生的学术表达力是在课堂上培育、实践中训练出来的，学术训练是催生学术表达力提升的必经之途，如何借助科学的思路、活动、方式来针对性地开展学术表达力训练，事关研究生学术素养结构的顺利形成。

二、缩微学术训练的独特优势与构建原理

相比理工科而言，文科研究生学术素养构成中以柔性素养，如价值信念、精神态度、感性悟性、文化情感等为主导，而理科研究生学术素养构成中则是方法驾驭、设备使用、数据处理、实验设计、理性推导等占据主导地位，这就决定了文科研究生学术素养培育必须走特殊行动路线，这就是以领悟理解为中心的学术训练范式。所谓"学术训练"，就是"以追求知识本身为目的的方式来培育学生的理智德性"[1]，即利用具

---

[1] 张桂：《教师教育学术训练模式的内涵与构成——从丽水学院"卓越教师"培养模式改革谈起》，《丽水学院学报》2015年第1期。

体、完整、鲜活的学术实践来培育学生通用、普适、综合性的学术态度、学术能力、学术思维、学术思想，即学术素养的过程。从培育路线上看，学术训练既可以走长效训练的路线，也可以走短线训练的路线，可以走真实、复杂、全方位的训练路线，也可以走虚拟、简化、分项式的训练线路。就笔者课堂经验而言，缩微学术训练具有常规、长线、专题式学术训练线路不可比拟的优势，其优势尤其值得关注。

（一）长线学术训练的弊端

一般学者认为，学术训练是"对研究性人才进行全面、系统的学术培养——为准备进入专业学术研究的学生提供硕士学位以上的系统的专业训练"[1]，这就是学术素养的长线训练路线，它常常是高校设计研究生学术教育体系的常规理念支持。这一学术素养培育范式具有三个明显的优点：系统性，即全面考虑研究生学术训练的内容与项目，助推其学术素养全面协调发展；持续性，即便于根据研究生学术素养的形成规律，分环节、分步骤地规划其学术训练活动；专业性，即由研究生学术教育与管理专业人员设计学术训练方案，内在科学性、合理性较强。但换个角度来思考，这些优点也可能转变成为缺点，具体体现在：一是聚焦性不够，即无法瞄准核心学术素养，如学术敏感力、领悟力、表达力等开展突破性训练，导致学术训练效果不突出；二是训练节点环节关注不够，如不能聚焦课堂环节、论文撰写环节，容易产生训练无重点、无指向的缺陷；三是学术训练实施者——授课教师的训练责任难以夯实，学术训练极易悬浮在空中，沦为一种空想或口号。鉴于这些可能面临的缺陷，研究生学术素养培育很有必要兼顾短线训练的优势，突出针对关键环节的整合性学术训练，否则，长线培育思路很可能沦为一种完美的方案，而难以确保研究生学术素养教育取得实质性的效果。其实，研究生学术训练的节点环节有两个，一是

---

[1] 朱文通：《关于学术训练及其他》，《社会科学论坛》2013年第5期。

课堂学术训练,二是论文撰写实践。后者在研究生教育实践中已经得到高度重视,但对前者却长期关注不够,由此导致了"只要结果,不问来源"的学术训练误区。因此,在日常课堂上引入缩微学术训练模型,构筑仿真、立体、常态、短线、缩微式学术训练子系统,强化研究生关键学术素养教育,就成为我国文科研究生学术训练的突破点。

(二)缩微学术训练构建的基本原理

所谓"缩微学术训练",就是在研究生课堂教学中以真实学术研究活动为原型,严格按照典型文科学术研究的三个环节——阅读文献、研讨争鸣、成果表达,来构建基于课堂构架的缩微学术训练流程,促使研究生在相对完整的仿真学术实践中受到学术训练,生成综合性学术素养的一种研究生学术训练形态。其中,"缩微"的含义主要是,创设缩微的学术研究环境,搭建缩微的学术研究组织,创建缩微的学术研究流程,致力于将一节研究生课转变成为一次缩微的学术研究旅程。在缩微学术研究活动的课堂构建中,我们遵照四条基本学术研究原理,使之成为缩微学术训练模型持续优化的技术性依托。

1. 吞吐原理

学术研究其实是一个知识学问的吞吐过程,研究生的学术头脑是知识学问吞吐的装置与中枢。其"吞"的是别人知识学问的物化载体——文献资料,阅读经典、查阅文献、消化知识的活动正是研究生头脑中输入他人知识学问的过程;其"吐"的是自己新生的知识学问,即学术研究中悟出的新知识、新学问,其最终物化成果是学术发言、学术论文、学术著作,这是研究生学术头脑输出自己学术成果的过程。有学者指出,"文科研究生学术训练的根本方法就是读书与写作"[①],亦即学问吞吐过程。作为学术实践活动的主体,研究生的每一次课堂研讨参与都是知识学问的吞吐活动;每一轮知识学问的吞吐活动都是一

———

① 杨冬:《关于文科研究生的学术训练规范》,《高教研究与实践》2012年第1期。

个周期的真实学术训练；每一次"有吞无吐"或"有吐无吞"的学术参与活动都只是一次学术观赏或学术散议活动，研究生身上没有发生实质性学术素养的提升；一次真正吐故纳新的学术参与活动，即伴随有新学问涌现与学术知识生产的学术活动都是一次研究生学术素养的进阶实践，都伴随着新知识学问的生产活动。这就是研究生学术训练中的吞吐原理。真正学术素养培育活动一定是研究生课前阅读文献、课中创生思想、课后表达成果等构成的完整循环或学术训练单元。

2. 涌现原理

缩微学术训练植根于学术实践，取形于学术实践，而学术实践的生命是创新，是新知识学问的生成与涌现，是研究生在学术对话、问题研讨中发生的顿悟与领悟。这就是知识涌现现象。在缩微学术训练中，研究生的学术头脑是一个自组织系统，其运作机制是"远离平衡的开放系统在外界输入物质、能量或信息的条件下，内部各组分之间发生非线性交互作用，自发地从平衡、均匀的完全随机状态走向有序的系统内在机制"[①]，如何借助信息、评价、情景、问题等的刺激，促使其大脑逼近临界点，引发平衡态失衡，进而产生认识的顿悟与涌现活动，是整个学术训练过程都在关注的一个焦点。学者指出：学术活动其实是新旧知识间发生的"持续迭代的过程"，"自组织演化到临界状态的系统会持续产出创新"[②]，这就是学术创新的发生机理。每一次新知识的涌现都是研究生学术头脑部位发生的一次"内爆"，都是一次"微创新"的行程。所谓微创新（micro-innovation）"表现为对原有系统小的改进"，其与"大创新"之间的关系是"微创新间是相互关联的，一定量的微创新会导致相对大的创新出现，系统的创新涌现是一个连续过

---

① 何大韧、刘宗华、汪秉宏：《复杂系统与复杂网络》，高等教育出版社，2009，第112页。

② 韩蓉、林润辉：《基于自组织临界性理论的知识创新涌现分析》，《科学学与科学技术管理》2014年第4期。

程"①。从这一角度看，研究生在学术训练中涌现出的微创新交相辉映、叠加交错、共生互促，极有可能酝酿出学术界的"大创新"，其潜在意义正系于此。在研究生课堂学术实践中，学问涌现现象具有三个明显特点——瞬间性、突发性、新颖性，它一般是研究生个体与群体在经历绞尽脑汁思考与困顿焦灼学术体验后发生的一种灵感、灵光、灵验现象。其发生机制是，研究生在学术对话与探究情景中突然在相关信息、要素、事物之间建立了一种完形知觉，触发了大脑中海马部位的生理反应。所以，研究生对学问的顿悟是"在一瞬间实现的、问题解决视角的'新旧交替'过程"，是一个"自发地对某种情境中各刺激间的关系的豁然领会"的过程②。进一步看，顿悟发生需要的三个关键条件是问题情景、信息刺激、脑力高消耗。因此，要让研究生大脑开窍、迸发新知，教师就必须从这三方面入手，努力为新知涌现或直觉顿悟的发生搭建平台、创造情景，并提供足够的信息刺激。

3. 延异原理

在缩微学术训练中，学术成果表达环节至关重要，它是文科生顿悟发生后学术创新的继续，而非领悟到的新学问的机械呈现，遵循德里达的"延异原理"无疑是提升文科研究生缩微学术训练效果的内在诀窍。在论述文本与写作之间的关系时，德里达提出了著名的"延异"概念，成为颠覆传统文本与写作关系的一把利器。所谓"延异"，就是"延缓的踪迹"，其中，"'延'指延缓，'异'指差异"③，意为在写作中语言的意义不断被延缓，从而发挥着对作者原意加以补充的功能。基于此原理，德里达认为，作者在写作时并非始终遵照其初衷与原意展

---

① 韩蓉、林润辉：《基于自组织临界性理论的知识创新涌现分析》，《科学学与科学技术管理》2014 年第 4 期。
② 罗劲：《顿悟的大脑机制》，《心理学报》2004 年第 2 期。
③ 孟宪清：《论德里达对胡塞尔"语音中心主义"的解构》，《江海学刊》2015 年第 6 期。

开，而是"字符的流动"，是意义的"不断交迭和贯串"。这个过程好似"抽丝袜"，一系列思想被持续引出，甚至会游弋出作者表达意愿的控制，最终颠覆了作者对写作过程的主宰地位。所以，德里达指出，"写作本身就是一个不以作者的意愿为转移的消解一切对立和区别的意义流动的过程"①。在课堂学术训练中，研究生在参与学术对话争鸣之后必须让其把心得、领悟及时"趁热"用精辟的学术语言、规范的学术文体表达出来，借此实现再一次延续学术创新训练，提升学术训练的效果。在学术语言的使用与表达中，研究生会惊异地发现，他写出来的认识、知识远远比头脑中原有的知识要丰富、深刻、精湛得多，因为语言表达同时也是研究生学术头脑再一次运思、琢磨、凝练的过程，这就是学术写作的精妙之处。无疑，德里达的延异原理在此生效，学术思想在表达中延异、延绵、创生是文科学术研究的诀窍所在。基于此，我们可以判定，没有文字小结或同步写作训练的研究生课堂学术训练，其最终效果必然会大打折扣。

4. 支架原理

在研究生教育中，学术训练活动的主体是研究生，其目标是优异学术素养的形成，其核心操作是学术头脑的思维、领悟与创造，在这一意义上，教师引导、课堂组织、氛围营造等都只是外围因素、辅助角色，都只能在研究生学术素养形成中产生助推或支架作用。某种意义上说，文科研究生学术灵感的发生是外围环境氛围与深度学术思维涌现共振互生联合的结果，它必须遵循内因与外因间的辩证作用规律。内因是变化的根本，外因是变化的条件，缩微学术训练只能为研究生学术发展提供支架或助推器，这就是支架原理。系统论研究表明："系统与环境之间是互塑共生的关系；环境对系统有正反两方面的塑

---

① 孟宪清：《论德里达对胡塞尔"语音中心主义"的解构》，《江海学刊》2015年第6期。

造,即提供资源和施加压力;系统对环境也有正反两方面的塑造,即提供功能服务和破坏环境";"整体涌现性是系统与环境互塑共生的结果"①。与之相对应,在研究生学术训练中,研究生学术头脑是一个置身于课堂学术环境中的小系统,课堂学术训练必须通过五种方式来引发其学术头脑的运转与转变:一是为学术头脑提供足够的信息刺激与知识营养,确保其必需的资源营养需求;二是为学术头脑运转施加适度的评价压力,让不同学术观点在相互比对中激励优异者、鞭策落伍者;三是为学术头脑升华提供自我发展的内驱力,即通过理想学术发展图景描绘、学术信念激励、研究热情激发等手段来诱发研究生学术发展内能或内动力;四是向学术头脑发出任务指令或问题刺激,引发研究生高强度学术思维活动,催发学术灵感与顿悟的生成;五是为学术头脑的潜意识活动提供闲暇时空,保证它们在高强度学术思维、学术研讨活动之后有片刻的深度思考、尽情想象、享受闲暇的时机,让"思维流"②尽情驰骋,以此诱发创造性顿悟的来临。有研究表明,顿悟发生的时机是"一段时间的高强度思维之后的空闲时间",很可能"在空闲的时候,问题从意识层面转向了无意识层面"③。因此,高强度思维后的大脑放松、想象放纵有助于学术顿悟的涌现,为研究生提供张弛互嵌的学术探究节奏是最重要的学术研究支架服务。所以,学术环境氛围创设对研究生学术头脑领悟发生而言并非是可有可无的,而是至关重要的,学术"涌现的方向、方式、性质、力度等在相当程度上是由环境规定的"④,优质课堂学术氛围营造是培养高创造力学者的

---

① 苗东升:《论涌现》,《河池学院学报》2008 年第 1 期。

② 胡桂莲:《创设"问题场"引发"思维流"——浅谈新课程背景下初中数学课堂学生积极性调动策略的构建》,《考试周刊》2017 年第 60 期。

③ 文森特·赖安·拉吉罗:《思考的艺术》,马昕译,世界图书出版社,2010,第 163 页。

④ 苗东升:《论涌现》,《河池学院学报》2008 年第 1 期。

必需条件，缩微学术训练的设计意图就是要把研究生课堂改造成为一个仿真学术研究环境。

三、文科研究生缩微学术训练的"五环模型"

基于上述基本原理，结合个人学术训练经验，笔者在长期探索的基础上形成了"五环缩微学术训练（TPTIE）"模型，旨在瞄准研究生学术实践的三个关节点、三种硬核素养，自觉顺应学术素养的发展要求，构筑出科学有效的学术素养训练流程，发挥研究生课堂学术训练的特殊功能。本模型包括五个关键链环，分别是任务驱动（Task-driving）、平台搭建（Platform-building）、主题探究（Theme-inquiring）、灵感诱导（Inspiration-inducing）、表达展示（Expression&presentation）。在研究生课堂中，其运转方式图示如下（图6-4）。

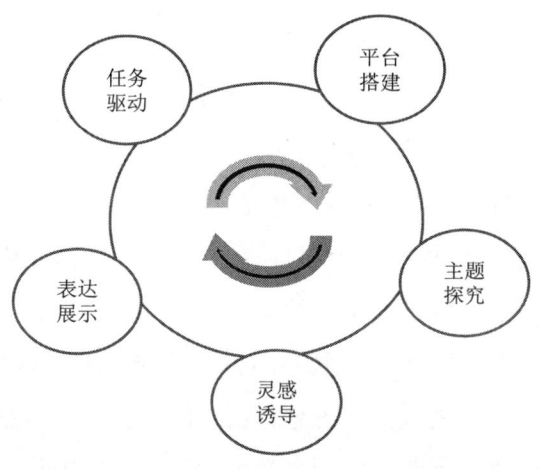

图6-4　五环缩微学术训练的模型

（一）任务驱动（T）

探究任务是驱动研究生学术头脑运转的首环与动因，是打破研究生现有学术头脑平衡态的利器。因此，设计专题学习研究任务，启动研究生完整学术研究与文献阅读活动，是促使其学术头脑进入进阶循环的入手点。在缩微学术训练中,良好的任务驱动应该具有四个明显特征:一是微型专题研究的形式,即选择本课程领域中的一个关键学术问题或实践应用问题作为研究专题,确保研究生在有限的时间内能够阅读完核心文献资料;二是有一定的研究热度,即所选专题是当前学术研究的热点话题,能够引发研究生现实思考与切身经验,激发研究生学术探究的热情,培育研究生的学术敏感性;三是系列性,即所选专题要和本课程领域中的其他专题问题形成一个完整系列,确保所有专题系列叠加后能够囊括本课程领域的核心主题;四是学术性,即确保本专题有足够的学术探究空间,能够引申出最重要的学科原理。选定的专题问题经由授课教师课前布置而转变成为预研任务或前置性阅读任务,并提醒研究生特别关注本专题的前沿研究成果与核心研究成果,确保经典文献、高相关文献阅读的品质,为后续课堂学术研讨提供较高起点。

(二)平台搭建(P)

学术活动必须在特定学术平台上展开,缩微学术训练依托的学术平台是研究型的研究生课堂构架,它是催生研究生学术顿悟的特殊装置。缩微学生训练课堂的搭建必须以"学术会议"作原型,而不能参照行会组织、官僚组织、全景敞视监狱、联合国会议等架构来搭建,目的是为了构建一个相对自治化且有利于学术创见涌现的微型"学术场域"。课堂学术场域是一个"社会小世界",其"自身特有的逻辑和必然性也不可化约成支配其他场域运作的那些逻辑和必然性"[①],这就是学术逻辑,即"学者自主、思想自由、内部自治"的逻辑。按照"学术场域"来构筑微型课堂学术圈是学术训练平台搭建的实质。该学术平台的四个关键要素是民主争鸣的学术氛围、鼓励创新的学术机制、公平公正的学术评价与学者成长的学术阶梯,其实质是一个具有学术探究功

---

① 皮埃尔·布迪厄、华康德:《实践与反思:反思社会学导引》,李猛、李康译,中央编译出版社,2004年,第17页。

能的仿真学术组织。研究指出,"创新是个人、组织之间交互作用的迭代过程结果"①,课堂学术创新组织也应该有主持人、发言席、听众席等角色设置,应该有独特的空间布局、发言流程、论辩规则等,这是促使课堂学术组织内部有序互动、新知涌现的物质架构。同时,缩微学术训练式课堂还必须科学设计师生间的角色关系、时空位次、活动规则、能级结构,搭建"核心+外围"型的学术圈结构,将课堂建设成为学术思想、知识学问的催生平台、展示平台与鉴定平台,成为"学术人"逐步成长的小舞台。该平台如若运转顺利,它将成为学术创见与精英学者的共同孵化器,成为学术问题探究的灵性空间。

(三)主题探究(T)

有了主题、平台,研究生学术探究活动就具备了基本条件,主题探究随之成为缩微学术训练的后续环节。主题探究是文科研究生课堂学术训练的核心环节,是围绕研讨主题开展学术争鸣、观点碰撞、思想交汇、洞见涌现的活动。为此,该环节必须按照"苏格拉底对话"的形式来实施,以此为研究生学术发表、观点展示、批判质疑、理性思考提供全面支持,力促创新性学术观点脱颖而出,并使之成为引领学术探究高位运行的航标。要达成这一学术探究目标状态,至关重要的一步是师生角色转变:教师要转变角色,真正成为学术氛围的营造者、学术参与的激励者、学术争鸣的推动者、学术创见的捕捉者、学术思想的启蒙者、学术表现的评价者与学术生态的经营者;研究生必须以"学者"的身份参与课堂研讨,不仅要在课堂上充分表达自己的学术观点、专业认知,还要对自己的学术观点、学术行为、学术发展承担责任,进而真正成为学术圈内的一个积极分子与学术活动主体。在课堂学术探究中,作为学术训练导

---

① 韩蓉、林润辉:《基于自组织临界性理论的知识创新涌现分析》,《科学学与科学技术管理》2014年第4期。

师，教师必须处理好"收"与"放"的关系，即收紧学术探究主题，及时抑制边缘性学术对话，确保学术对话"形散神聚"；放开学术讨论思路，鼓励研究生开阔视野、放开手脚，进行自由、开放的研讨，不断向学术新发地进发。

(四)灵感诱导(I)

在课堂缩微学术训练中，主题探究是学术训练的主场与内核，而灵感诱导则是学术训练的焦点与枢纽，如何在主题探究中诱导出文科研究生的学术思想洞见，激发出学术灵感与顿悟，迈向研究生学术训练的巅峰状态，无疑是拉升研究生学术素养整体水平的力臂。经验表明，没有卓越学术观点创生的学术探究是平庸的，根本不可能衍生出高品质的学术训练活动。因此，按照学术顿悟发生的条件来开展学术诱导活动，促成研究生学术灵感生成与巅峰体验来临，是课堂上缩微学术训练的至高目标。任何学术灵感的产生都具有非加和性、突发性与涌现性，是研究生高度紧张的学术思维、学问知识的交融互生、学术观点的激烈冲突等现象并发共在的一种学术思维激活状态，凸显这一状态是开展学术引导、高效学术训练的标志性特征。其实，学术灵感的发生需要具备三个关键条件，即问题情境的整体呈现、已有经验的高度激活状态与高度紧张的大脑思维状态，灵感的发生常常是"情境认知后的顿悟"，是"自发地对某种情境中各刺激间的关系的豁然领会"[①]。为此，在缩微学术探究中，教师诱发研究生学术灵感的举措应该是：一是丰富研究生相关知识经验，使其处于激活状态；二是借助原型启发、视野转换、思维拼接等策略，促使学生冲破惯性思维，逐步逼近高创意观点；三是激励学生深度思考、高度投入、绷紧神经，将脑力聚合在问题焦点环节上，进而迅速锁定思维堵点，产生"激光效应"，形成思想完形，在思维堵点上发生"爆破"效应。

[①] 车文博：《心理咨询大百科全书》，浙江科学技术出版社，2001，第231页。

（五）表达展示（E）

如前所言，学术观点在表达展示中释放光彩、接受审视、反馈改进，在传播交流中发生自我蜕变、自我升级，反之，离开了表达、展示、评价环节，一切学术研究活动顿然失去光彩，学术成果由此失去了固化成形、凝练提升、外向扩散、交互生长的机会。因此，表达展示是缩微学术训练的最后一环，是学术训练效能显现的关键一环。在本阶段，研究生学术训练要完成三个任务：一是课堂上参与现场学术对话，捕捉自己的学术灵光与创意，完成对自己学术领悟的口语化呈现；二是完成精华版的学术小结，用最精辟的语言、最完美的逻辑、最独到的见解来整理、凝练、升华自己的学术探究成果；三是接受教师与同学的评判，在被欣赏、被鞭策、被审视中找到学术研究的新进路。在当前，西方高校中尤为流行"以写促研"的学术训练理念，如美国普林斯顿大学给"论文写作"赋予的定义是"批判性思考的过程"，"通过打磨，而使思维与表达更为丰富且清晰"[①]。这一定义从另一角度印证了德里达解构主义写作理论的合理性——如若只是述而不作，学术探究中形成的新观点、新思想将停留在低端水平上，唯有在课堂小结中将之系统化、精辟化、完美化才可能克服这一难关。对文科研究生而言，学术表达是学术思想形成的关键，是创造学术奇迹的环节，是浓缩学问卓见、凝练学术思想、升华学术素养的熔炉与魔箱。因此，在缩微学术训练中，本人引入了别具特色的一些训练方式，如规范学术发言的流程与方式，强化表达中学术概念、学术命题、学术逻辑的运用；课中引入表现性评价，捕捉高创意思想，赞赏"明星观点"，鼓励学术创新的热情；课后要求研究生撰写"百字精华小结"，开展优秀小结评选与展示活动，营造学术竞争的氛围等等。这些举措让研究生学术成果的展示、表达与评价更有

---

① 陈乐：《写作研讨：普林斯顿本科生的"前学术训练"》，《教育发展研究》2018年第1期。

意义、更具魅力，促使"文献阅读—学术探究—成果评价"这一研究生学术训练闭环的顺利形成与持续升级。

第三节　研究性课堂：人文学科研究生课堂教学改革的方向

众所周知，课程学习与论文写作是研究生教学的核心环节，是研究生培养工作的两大着力点。从某种意义上说，课程学习显得更为重要，它是人文学科研究生学会做研究的起步阶段，承担着对学生研究意识、研究能力、研究功底进行全面培养、植根奠基的重任，故成为研究生人才培养与质量控制的关节点之一。目前，我国研究生课程学习的主导形式仍旧是课堂教学，研究生教学的特定目标、特殊使命决定了它理应具有与之相适应的独特结构。结构功能主义告诉我们，结构决定功能，结构的奇效在于"即使非常不同的人，当他们置于相同系统之中，也倾向于出现类似的结果"。课堂教学结构是决定研究生课堂教学质量与效能的关键，围绕课堂教学结构改革来创新研究生的培养方式，提升研究生培养质量是当代我国研究生教育改革的重中之重。正是基于这一认识，近年来笔者一直在教学中探索研究生课堂教学结构的改革问题，并积累了一些已初步为学生所认可的认识和做法。在这些认识与做法中贯穿着一条主线，那就是"研究性课堂"的合理构架与创建。笔者认为，走向研究性课堂应该成为人文学科研究生课堂教学改革的基本方向。

一、对两种现行主流研究生课堂教学结构的审视

在研究生教育中有两种课堂教学结构颇为流行，甚至占据了绝大部分研究生课堂阵营，这就是讲授主导式结构与读书讨论式结构。笔者认为，这两种课堂教学结构对研究生课堂教学的适切性是存疑的。

目标决定手段，手段服务于目标，人类实践活动的目标相对于工作手段、工作方式而言始终具有至上性。作为实现研究生培养目标的基本手段，课堂教学结构必须因应教学目标作出调适与变革。这两种主流课堂教学结构的合理性必须接受研究生培养目标的检审。

（一）讲授主导式结构

讲授主导式结构是为长期教育工作实践所证明，具有一定科学性和普适性的课堂教学模式，其一般教学程式是"复习导入—新授—巩固—小结"。遵循认识规律，四个环节环环紧扣、依次推进是其主要特点，它是我国大学生专业课教学采用的基本结构。显然，讲授主导式结构是围绕新知授受这一核心目的而展开的，是引导学生获得新知的有效途径。

在许多研究生课堂教学中，这种教学结构被广泛用于前沿专业知识的教授上。静心思之，我们不难发现，这种课堂教学结构对研究生教学的适切性是有限的。研究生课堂教学的核心目的不是新知的传授，而是要教会学生用研究、批判、创造的眼光与态度对待知识，最终实现人类知识总体在学科前沿处的延伸与新生。然而，讲授主导式课堂教学关注的焦点是学生对人类既定知识的吸收与消化，强调的是知识的积累与运用，它与研究生教学旨趣相差悬殊、貌合神离。如若用讲授主导式结构来组织研究生课堂教学，无形中会滋长研究生对人类既有研究成果的膜拜心态，钝化他们对新事物的敏感性，弱化他们的知识探求意识，进而使课堂教学蜕变为研究生专业成长的精神囹圄。我国研究生教育制度是一种以原创知识生产、高新技术研发、拔尖创新人才培养为追求的高端教育制度，它关注的是"研究生主体的学术水平、能力及其后续的发展潜力"的根本提升问题[①]，讲授主导式结构显然是与之不相称的，它不利于彰显其制度特色，实现其制度使命。

[①] 英爽、甄良：《从主体能动性角度解析研究生教育质量》，《学位与研究生教育》2010 年第 5 期。

（二）读书讨论式结构

在研究生教学中还存在着另一种较为通用的课堂教学结构，这就是读书讨论式结构。如果说讲授主导式课堂结构是一种严谨、封闭、师本型的研究生课堂教学结构，那么，读书讨论式则是与之相对的，一种以开放、自由、生本为主要特点的研究生课堂教学结构。与讲授主导式结构不同，这种课堂教学的基本特点是，学生在课前完成指定阅读任务，在课堂中师生交流读书体会，展开专题讨论，其论题范围相对宽泛，只要不逃逸出本学科领域即可，授课进度几乎无计划。据说，这是一种较为"前卫"、研究色彩"最浓"、研究性"最强"的研究生课堂。这种教学结构的确对于激发研究生的研究热情，唤醒研究生的研究意识，拓宽研究生的研究视野，锻炼研究生的研究思维，帮助研究生捕捉研究课题等大有裨益。但问题是，在这种教学结构中对问题的探讨是零敲碎打型的，不利于研究生全面步入学科研究领域；二是缺乏计划性，不利于研究生系统掌握本学科的基础理论，夯实专业研究基础，形成研究潜质；三是无法凸显学科研究主脉，帮助研究生统观学科全域，准确把握学科前沿问题。

可见，当前研究生教育实践中存在的这两种主流课堂教学结构值得学者警惕，它们只能是研究课堂教学的备选组织结构之一，难以成为对研究生学习有特效的"法定"课堂教学结构。研究生课堂教学的主要目标是培养学生的研究意识，教给他们创新知识的基本功，为他们顺利进入学术研究的核心圈层，成长为一名有学术潜力的研究者铺路搭桥。显然，讲授主导式结构在这一目标实现上是低效的，它无法引导研究生超越既成知识的羁绊，挑战新的研究领域；读书讨论式教学在这一目标实现上是短效的，它无法兼容本学科基本研究内容，形成研究生坚实的专业研究功底。当代研究生课堂教学必须超越对传统课堂结构的留恋与依赖，努力创建一种最适合自己使命、彰显研究本色的课堂教学结构。

二、研究生课堂教学的三大使命

任何事物的存在都是为了实现自身的存在使命，使命意识是一切事物发展变化的内线，是变化中的不变内核。研究生教育为造就创新型人才而生，研究生课堂教学是培育创新型人才的摇篮。时刻惦记着自己的使命，为实现自己的存在使命而优化结构、变革图存，是研究生课堂教学不辱使命的现实选择。厘清研究生课堂教学的使命，找准研究生课堂教学结构变革的精神参照系，是促使其与时俱进、日趋合理的前提。研究生课堂教学下承本科生教学，上承独立研究实践，是引导研究生步入学术殿堂的一道阶梯。通过学习，帮助研究生实现"三大入门"——知识入门、研究入门、精神入门，这也是研究生课堂教学的三大使命。

（一）知识入门：学科基本知识的"过镜"与统摄

任何真正有意义、有效能的研究一定是有宽度与深度的研究。所谓"宽度"，是指研究者的视野是开阔的，是将同行研究、同类研究、同题研究尽收眼底基础上的研究，它确保研究活动是独辟蹊径、富有创意、原创原生的研究；所谓"深度"，是指研究者的基础是深厚的，是基于前人对该课题的全部认识、实践成果的研究，是一种在学科前沿发生的研究，它是对知识连续体的实质性推进而非变相重复。

具有宽度与厚度的研究是学术事业的坚实支撑点，学会做研究并产出原创、前沿的研究成果是研究生教育的终端目标。基于这种认识，我们认为，研究生教育的坚实起点是学生对学科基本知识的全面掌握，是对学科知识总体的统摄与吃透。学科由领域构成，领域由专题构成，专题是学科知识总体的原子式构成单位。以专题为研究生教学的课程知识组织单元，从对各专题的统筹、统观、统揽入手，实现对本学科发展中形成的基本认识成果的"过镜"式再现与统摄式掌握，是研究生课堂教学的首要使命。"毛竹成长，五年生根"。离开了对学科基本知识的掌握，研究者的研究眼光是短浅的，研究思维是不堪一击的，自然其研究结论也是脆弱的。对研究生而言，专业学习是如彼得·圣吉所言的一项"修炼",是"通过精通整套理论、技巧,进而付诸行动"①的特殊学习。立足前人认识成果总体基础上的研究,其科学性、可行性、可信性是以前人全部研究活动及其成果为论据和脚注的,故更容易得出具有公信力、公允性的研究结论。当然,作为本科生教育与独立研究之间的过渡环节,研究生教育中所言的"专业入门"绝不是专业知识基础的重复性学习,而是专业知识总体的入门,专业知识连续体的入门。研究生课堂教学要通过学科基本知识的"过镜"与统摄这一环节让研究生进入学科知识的总体与历史长河之中,在对学科发展中获得的全部认识与实践成果融会贯通、兼容互摄的基础上,形成对整个学科与专业的把持力与发言权。因此,知识总体入门是研究生一切研究学习活动的总支点,是研究生课堂教学必要性的首要论据,是研究生课堂教学的存在使命之一。

(二)研究入门:研究兴奋点的形成与聚焦

对研究生课堂教学而言,如果说知识入门是"全面撒网",那么研究入门所承担的使命则是"重点培养"。杜威指出,已习得的知识只是一种资料,它通过"暗示"来实现新知识的创生与研究活动的启动,所谓"资料能激发暗示……暗示的意义却超越当时经验中实际已知的东西。暗示预示着将来可能的结果,要去做的事而不是事实本身"②。通过对学科基本知识、材料的"过镜"与统摄,研究生对学科研究的全貌有了概览式的把握,对"已研究过的问题"与"研究还不够的问题"有了清晰的认识并从中获得"暗示",随之研究的误区、盲区、新区赫然而现,研究的主题与论题会水落石出。所以,研究生课堂教学要注意在每堂课中精心培养学生对"自己拟研究问题"的搜索意识与

---

① 彼得·圣吉:《第五项修炼——学习型组织的艺术与实务》,郭进隆译,上海三联书店,1998。
② 赵祥麟、王承绪:《杜威教育名篇》,教育科学出版社,2006,第89页。

敏感意识，降低其敏感阈限，及时从广阔的研究领域中找到研究的"真空"，发现自己感兴趣的主题，形成自己的研究兴奋点和专属研究领地。专业研究始于研究生对研究领地的定位与研究课题的选定，研究入门就是研究生对自己研究领域、研究课题的搜索与锁定过程。在浩如烟海的文献海洋中，研究课题多如牛毛，哪个课题能被研究生看重、选定，这是一个个人感觉、经验与情感介入的过程。在研究生课堂教学中，对每一新问题、新理论、新方法的介绍与探讨都可能引起一批学生感觉、经验、情感的共鸣，从而导致一个个研究兴奋点的出现。如果导师不注意帮助他们捕捉住这些兴奋点，任由这些兴奋点恣意耗散或流逝掉，那么，研究生心仪的研究课题将难以形成。研究生课堂教学的任务不只要引起、激励、强化学生的研究兴奋点，更要善于帮助每个学生对研究兴奋点加以捕捉、导引、聚合，最终形成稳定、热衷的研究焦点。显然，如果对之精心呵护，这个研究焦点极有可能发展成为研究生毕生研究的主题与课题，最终可能成就学生一生的学术事业。因此，辅助学生孕育研究兴奋点、对之进行聚焦，使之上升为他们一段时期甚至一生学术事业的主题，最终完成研究入门，是研究生课堂教学的又一重要使命。

（三）精神入门：知识创新的启蒙

学术研究是一门关涉精神的事业，全身心地投入、精神力量的全部投放是学术研究出精品的必需成本。学术研究需要研究生具备多重学术精神，如坚韧意志、求真精神、探索精神等，其中首要的应该是创新精神。创新是学术事业的灵魂，是学术研究活动的标志，是学术生命力的源头，是学术实践的本质属性，是学术研究者的核心精神。研究生课堂教学是对研究生知识原创精神、学术创造意志的启迪、呵护与滋养，是对研究生进行创新精神启蒙的入门课。

创新精神是贯穿学术主体、学术活动、学术成果中的一条主线，是学术研究信念的结晶。创新精神的启蒙事关研究生学术事业的成功起步、持续发展、业绩成就，创新精神培养是研究生课堂教学的价值基点，是帮助研究生实现自我超越的一项特殊"修炼"。创新是人的一种禀赋与天性，研究是人对生活难题的一种本能反应，创新与研究具有同源性与同体性。但学术创新毕竟不同于生活创新，学术研究不同于生活反应，它是一种创造未来、引领实践的事业，它需要的是深刻、严谨、负责、专业的创新精神，这就是学术创新精神。创造并不神奇，它只不过是"用别人没有想到的方法，利用日常习见的事物，新奇的是操作，不是所用的材料"①。在课堂教学中，研究生的日常创新活动俯拾即是，新认识、新思想、新对策、新方法时刻在涌现，授课导师应该对这些创意、创新、创举及时进行导引、拓展、修正、提升，使学生慢慢培养求真务实的学术创新精神，让追求合乎学术规范的原创精神与创造热情主宰他们的未来研究实践，从而积淀他们一生参与学术实践的基本操守。

三、人文学科研究生"研究性课堂"的基本构架

要摈弃现行主流研究生课堂教学的弊端，践履研究生课堂教学的三大使命，我们需要一种能够彰显人文专业研究生教育目的与特色的课堂教学结构，需要一种以全面、全程呵护学生研究能力成长为统合点的结构优化的课堂教学，一种专门适用于研究生教育的课堂教学结构。笔者认为，这就是"研究性课堂"。所谓"研究性课堂"，是一种关注研究生特殊发展需要，以研究素养培养为核心，以专题研究与问题研讨为主载体，将研究活动与专业学习、研究意识培养与研究精神塑造合二为一的课堂教学结构。研究性课堂既非研究过程在课堂中的简单重演或变形，也非利用研究方式来学习的"研究性学习"，而是一种服务于研究生顺利进入研究活动、培育研究潜质、形成研究素养的

---

① 赵祥麟、王承绪编译：《杜威教育名篇》，教育科学出版社，2006，第61页。

特殊课堂教学结构,有其独特的元素构成与实体构架。

(一)"研究性课堂"的基本元素

元素即事物的基本构成细胞,元素之间的联结、互动方式构成了事物存在的有机体。尽管元素存在于其组成的关联网络与信息流之中,无法从它与其他元素的整体互动关系中割裂出来加以剖析,但毕竟事物之间性能与形体的差异首先源自其构成元素的迥异。因此,我们有必要从分析"研究性课堂"与其他课堂教学形态间的组成元素差异入手来展开探讨。我们认为,研究性课堂的基本元素是研究生、导师、制度和氛围,其中每个元素都具有独特的规定性和角色职能。

1. 研究生:课程学习的主角与学问探究的主体

在现代教学论中,学生是课堂教学的认识主体和价值主体,在研究性课堂中更是如此。不同于一般学生主体,研究生在研究性课堂中扮演着双重主体角色:面对教师,他们是学习活动的主体,是成长中的、专业上还不成熟的主体;面对学术活动,他们是研究活动的主体,是具有独立学术权利、承担完全学术责任的主体。学习主体与研究主体的一体性决定了研究生教育的目的不能止步于新知的获得,而应把学习活动推向批判性、反思性、创造性的水平,加速知识学习与学术研究之间的自然转换,实现从课业学习向新知探究的飞跃。正如杜威所言,"'知识'作为一种资料,意思就是进一步探究的资本,必不可少的资源"[1]。正是如此,研究生课堂教学的主要任务是让学生在旧知吸纳与新知生产中亲历新知生成的过程,在知识的吞与吐中实现学习者向研究者的角色转变。每个研究生都具有"心灵的能力",即具有"情绪和智力的整体的人与环境之间进行反思性和社会性相互作用的能力"[2]。他们既是课程学习的主角又是学问探究的主体,既是知识的消费者又是知识的生产者。

---

[1] 赵祥麟、王承绪编译:《杜威教育名篇》,教育科学出版社,2006,第32页。
[2] 小威廉姆斯·E. 多尔:《后现代课程观》,王红宇译,教育科学出版社,2000。

这是研究生与本科生之间的差异性与分界线所在。确立研究生在课堂教学中的双主体角色是探索研究性课堂构架的认识论前提。

2. 导师：专业探究的合作者与导航者

课堂教学是在师生之间展开的一项特殊认识、探索活动，是"包括知识的传播、运用和创新"①在内的系统工程，导师的参与是确保研究生课堂教学品质的根本保证。导师是研究生专业成长的促进者与责任人，是研究生开展专业探究的合作者与同盟者，是研究性课堂的缔造者与维系者。如果说本科生教学中导师的主要责任是传道、授业、解惑，那么，研究生教学中导师的主要责任则是定向、支持、激励。"定向"就是为研究生专业发展提供方向性建议，"支持"就是为研究生的专业学习与研究提供专业咨询服务，"激励"就是为研究生的科学探究提供源源不断的精神动力。在研究性课堂中，知识的生产与传播间的界线变得模糊，课堂探究获得的新知构成了研究生课堂教学的直接内容，知识的生产与传播之间是无中介的，可谓"研学一体化"。此时，导师以具有丰富研究经验的成熟研究者身份参与研究生对专业问题的课堂讨论，与其共同分享研究经验、开展专业对话、共享研究成果、走向"视界融合"，完成对某一课题的学习与研究工作。在其间，导师与研究生之间构成了一种荣辱与共、同舟共济的学习与研究共同体关系，导师不享有什么法定性权威，他只拥有一种构成性权威，一种在共同参与论辩中获致的认可性权威。在这个共同体中，导师是真正的"平等中的首席"（多尔），是专业社区的普通一员。在研究与知识面前人人平等，尤其是在课堂研讨中新生的认识成果面前，导师更是毫无特权可言。在研究性课堂中，随着知识权威的消解，导师被赋予了更为民主、平等、人性化的内涵，他们日渐成为学生开展专业探究的盟友与合伙人。

---

① 刘献君：《对高等教育若干问题的哲学思考》，《高等教育研究》2010年第8期。

3. 制度：研学合一制度

师生角色的新定位只是为研究性课堂预设了一种新型人际关系，完整的研究性课堂建构还需要合理事际关系的配合。人生活在事中，事是师生共同生活、学习与研究的具体状态与公共空间，对事情的具体安排方式就构成了形形色色的学习、生活与研究制度。研究性课堂的形成与展开需要一系列教学制度的安排与设计，利用制度创新来推动课堂教学朝着更有利于学生研究素养形成的方向发展是创建研究性课堂的现实着手点。同一般课堂教学相比，研究性课堂需要的是研究与学习合一型的教学制度，而非仅仅关注教学秩序、效率的一般教学制度。研究生课堂教学同样服务于学生学习，但其服务的对象是增殖型、创新型学习而非维持型、接受型学习方式，这种学习的目的是超越学习内容，找到人类认识总量的增长点。正如圣吉所言，"透过学习，我们能够做到从未能做到的事情，重新认识这个世界及我们跟它的关系，以及扩展创造未来的能量。"[①] 研究生学习是一种学习与研究相融合的学习，研究即学习、学习即研究，研究的结果构成了学习内容，学习的过程催生出了研究课题，二者之间形成了一个不断增强的互动回环（即增循环）。正是在此意义上，研究性课堂所采取的核心教学制度是：以前沿问题为教学内容，搭建学习与研究间的桥梁；以专题研究为线索，让每个学习者在课堂中成长为某一领域的专业研究者；以课题研究为平台，让研究生体验研究的亲身感与实践感；以最新研究文献阅读为基础，诱使其深入课题研究背景，全面涉猎课题的相关知识丛林。

4. 氛围：真实学术探究气氛的营造

制度是研究性课堂赖以实施的有形组织规则，而氛围则是研究性课堂必需的无形规则与精神环境。以鼓励争鸣为主调的课堂氛围是一

[①] 彼得·圣吉：《第五项修炼——学习型组织的艺术与实务》，郭进隆译，上海三联书店，1998，第14页。

种"召唤性结构"(伽达默尔),它具有激励性和召唤性,能够激活人的大脑潜能与思维能量,让人放下精神的羁绊,"悬置"种种"前见",心扉敞开、精神开放、自由自主地参与专业对话。对研究性课堂而言,它需要的是一种民主、自由、开放、进取的课堂氛围,是一种精神自由驰骋、创意次第涌现、心灵自由绽放的课堂氛围。人的身体的边界是各种生活的常规与规范,人的思维的边界是各种无形的认识惯性,如常识权威、人生哲学等。研究生课堂教学的目的不是让学生在常识、权威的阈限内看问题,而是要让学生站在一种学术立场、知识系统中用专业的眼光来审视身边的事物与现象。这就需要创造一种宽松、包容、民主的学术氛围来支撑。全脑打开、思维激活、灵性绽放是学术创造的前提。学术创意的孕育、学术创举的凸显离不开富有召唤性、感召力的学术氛围的营造。有效制度的建构可以创造一种结构优化的师生关联方式,而民主氛围的营造则可以催生出一股激励学生学术产出的强大内驱力。缺失了这种力量,研究性课堂就难以实现认识新生、知识增殖、精神"膨胀"的预期目标。

(二)"研究性课堂"的基本结构

研究性课堂是帮助研究生实现从学习者向研究者这一角色转变的有效途径,是一种将研究生、导师、教学制度与研究氛围四者融为一体的合理框架,是一种对于研究生教学具有独特适应性的较为理想的课堂教学结构。所谓结构,它指的"不是论证上的逻辑结构,也不是那些组织平面所显示的结构",而是指"随着时间的推移,影响行为的一些关键性的相互关系"[①]。由此可以说,研究性课堂的基本结构是指上述构成元素间的动态关联方式。在反复探索与实践中,我们形成了以"五步式"为核心内容的具体研究性课堂构架。

---

① 彼得·圣吉:《第五项修炼——学习型组织的艺术与实务》,郭进隆译,上海三联书店,1998,第47页。

1. 探究主题的统筹与排序

研究生课堂教学一般按专题形式来进行。一个专题实际上就是一个研究问题域，一个学科范畴。这些研究专题还可以进行细分，这就是一个个研究主题，它们构成了一门学科的脊梁。每个研究主题都具有相对完整性，所有主题间的有序连接就构成了一个研究专题。为了给学生提供完整、宽厚的知识基础，研究生课堂教学应尽可能做到对所有关键主题"一网打尽"、统筹规划。否则，随意抓取一些导师专长或学生喜好的主题或热点问题来组织课堂教学，专题教学就可能出现"挂一漏万"，无法培养学生全景式专业视野，影响学生宽厚专业基础的形成。同时，分主题教学还有一个好处，它能够实现研究生教育以导为主的技术性要求。主题教学是对学科领域"抓大放小"式的学习，是对学科知识总体概览式的学习，让许多细节性问题、主题之间形成的"间隙"性问题存而不论，留待学生去思索、去探究，以此为研究生创造大量的研究空白地带或自由思想空间，有助于激发学生进一步展开探索的热望。为了确保主题教学的全面性与代表性，在课堂教学之前导师应该在博览专业研究文献的基础上对本学科所涉及的主题进行归类、排序、统筹、规划，形成逻辑有序、衔接自然、数量梯度适度的探究主题链，并据此提出专题教学的计划和蓝图，确保主题教学的效果、效率与效益。

2. "三角形"课堂骨架的构建

主题的确定为每次课堂教学框定了大致的教学与研究范围，紧接着研究性课堂所要面临的是课堂教学这一具体环节的设计问题。研究性课堂教学的关键一环就是课堂骨架的构建，其主要内容是搭建师生互动的方式与线路和学术氛围的营造与创设。

我们发现，研究性课堂需要的是一种"三角形"构架。所谓"三角形"构架，是指课堂教学的两大参与者——研究生、导师，在民主、宽容、自主的教学氛围中，在研学合一教学制度的牵引下，围绕研究主题开展专业对话的"三角形"式实践框架。在此，导师、研究生、教学制度构成了研究性课堂的三根支柱，直接规定着教学活动内部的信息流动线路与外部的物质构架；三角式课堂教学构架的内核是学习与探究的主题，其外部是研究氛围的支持，二者一内一外共同确保着课堂教学的有效推进。其中，"主题"具有凝聚功能，是对课堂教学整体的明示性维护，它宣示着课堂教学的话题边界，规定着师生学习热情、研究精力的释放方向；"氛围"具有渲染功能，是对课堂教学的暗示性维护，它为学习研究活动提供了精神基调和思想空间，是确保研究活动健康发展的保护带。作为研究性课堂的基本骨架——"三角形"构架注重的是孕育课堂教学结构的三种力量——"催生力""爆发力""整合力"。民主、积极、进取的探究氛围是唤醒研究生的学术创意，激发研究生的创造热情，引发研究生的智慧灵感的重要诱因，是研究活动不可缺少的软环境，它铸就着研究性课堂的催生力；师生间的专业对话、研学合一型的教学制度，决定了研究生课堂是学习与研究相衔接的桥梁性教学活动，是"始于学习，终于研究"的创造性学习，是一种具有增殖性与爆发力的教学；作为研究性课堂的核心的教学主题，有力统领着所有构成要素，确保课堂教学在民主对话、自由探究中始终聚焦于主题，进而使整个课堂教学活动具有了整合力和向心力。

3. 外围学习向核心论题的逼近

课堂骨架构建的完成将师生摆在了研究性课堂中的恰当位置上，学习及探究活动由此展开。研究性课堂并不满足于合理课堂构架的设计，它更为关注的是过程管理，即引导研究生从对一般性外围知识、基础研究成果的学习逐步逼近研究的核心论题、焦点问题，为学术成果的临产创造条件。在每次课堂教学中，学生不可能一步跨入研究的核心区。对学科相关知识的"过镜"式学习只是为他们进入核心研究领域做好铺垫，这些知识铺垫只有在进入专业汇谈、思想碰撞、实践探究中才可能被活化，进而成为诱生新知的"诱饵"。在研究性课堂中，导师要让学生在广泛交流文献研究体会的基础上通过导引性对话促使他们触及问题实质，进入学术圈层，逼近研究主题的内核，使新课题、新问题水落石出，让研究活动直击主题。外围学习越广泛，核心论题就能把握得越准确。一旦外围学习达到蓄势待发的地步，学习向研究转变的临界点就会出现。研究性课堂的艺术就在于及时引导学生从外围学习向核心论题逼近，进而从中析出探究主题，顺利实现从学习向研究的质变。

4.汇谈聚焦：学习向研究的飞跃

外围学习向核心论题析出的枢纽环节是导师的专业导引，而主题学习向主题研究转换的枢纽环节则是师生之间的聚焦汇谈。"教学附属于学习，学习因个体的自组织能力而占主导"[①]，学生的自组织能力是实现学习向研究飞跃的根本依托。在教师与学术氛围的诱导下，研究生自我的感悟体悟渐次涌现，思想灵光不断闪现，但这种"闪现"是散射式的，只有通过汇谈来将这些灵光聚合起来，转化成为思维的"激光"，才可能达到对事物现象的深层穿透，得出有深度的研究结论。彼得·圣吉指出，"汇谈"是指"自由和有创造性地探究复杂而重要的议题，先暂停个人的主观思维，彼此用心聆听"[②]。汇谈不同于辩论。汇谈的目的是为了超越任何人的见解，得到一种更具解释力和合理性的第三种观点与方案，而辩论只是为了对某个观点的正确性进行辩护，是为坚持这一观点而服务的。在研究性课堂中，师生之间不仅需要汇谈，更需要一种聚焦式的汇谈。在这种汇谈中，师生对学习中凸显出来的学术问题展开多维度的探究与剖析，在智慧拼接、优势互补、灵光聚合中生成一种更具包容性和适切性的研究结论，进而"悟"出事

---

① 小威廉姆斯·E.多尔：《后现代课程观》，王红宇译，教育科学出版社，2000，第87页。

② 彼得·圣吉：《第五项修炼——学习型组织的艺术与实务》，郭进隆译，上海三联书店，1998，第270页。

物现象背后的道理与物理，为研究生后继独立研究提供一个较高的起点和平台。这正是聚焦汇谈的独特性能所在。聚焦汇谈是学术创造的内在机制，是研究性课堂的核心链环。

5. "晒"出原创知识清单

聚焦汇谈的完成是一系列原创性研究成果的诞生，它们分布在不同的学习主体、学习时空与学习情境中，导师必须像在海边捡贝壳一样，及时把课堂探究中师生"悟"出的道理与认识的闪光点加以捕捉与收集。在这个环节中，导师就是研究性课堂的速记员，就是研究生的总秘书。他应该对课堂中生成的新认识、新成果进行鉴别、加工、提存，最终形成一份"本课原创知识"清单，提供给所有学习者。原创知识清单梳理是整个课堂教学的点睛阶段，它发挥着两个重要功能——升华功能和激励功能。一方面，知识清单是一节课核心知识的总汇，是升华探究成果的重要方式；另一方面，知识清单是师生创造性合力的见证，回顾探究成果自然会对学生的研究热情产生激励和强化作用。所以，"晒"出原创知识清单是研究性课堂的点睛之笔和结课方式，是确保教学与研究活动在更高的起点上持续推进、迅速攀升的有效举措。

四、"研究性课堂"质量提升的三个关键

创建研究性课堂是一项需要长期摸索的实践，对课堂教学结构的不断优化与改进是确保其教学效果与质量最优化的必由之路。我们认为，在该项工作中教师工作重点的科学定位、教学改革方向的准确定向、教学环节间转换点的机智把握，是研究性课堂结构优化的三个关键和改革着力点。

（一）教师的工作重点：充电、充氧

在研究性课堂中，导师不仅是课堂氛围的滋养者、教学制度的维系者、探究活动的合作者、课堂讨论的记录者，更是学习与研究热情的激励者和新信息新视角的嵌入者。我们认为，后两者是研究性课堂

中导师要扮演的特殊角色，我们形象地称之为"充电"与"充氧"。研究性课堂的两大重心是教学动力供给与知识信息流转。其中，教学动力来自研究生参与学习与探究活动的热情，它需要教师的课堂激励来诱发。对研究生课堂教学表现的细微关注，对其智慧灵光的及时捕捉、肯定与欣赏，向他们提出"最近发展区"内的挑战性研究课题，用研究任务给其学习与研究活动"加压"等，都是导师为研究性课堂"充电"的有效途径。相对而言，知识信息流转是研究性课堂的命脉，研究生对知识的吸纳与产出是课堂教学的主题。自然，要帮助研究生实现从知识的吸收、接受向消化、创造的飞跃离不开教师的点拨与桥梁性知识的供给。教师向课堂"充氧"的主要目的是给学生提供一种看似"另类"而又合情合理的认识新视角、新方法、新观点，让研究生产生"惊异"，进而在困境中豁然开朗，在无助中发现转机，在穷途末路上看到曙光。在教学工作中导师之"导"的意义正系于此。

（二）教学改革的着力点："研究味"的强化

研究性课堂不仅需要研究主题、研究制度、研究氛围的支持，更需要浓厚"研究味"的支撑。所谓"味"，是指一项工作、活动，一个人或事物的内在本性力量的展露与延续。例如，"学生味"是学生独有的生活风格、人格气质、做事习气的综合体现；"生活味"是生活独有的闲适、自在、自主等品性的代名词。研究性课堂的独特性在其"研究味"而非"学习味"，这种"味"弥散在研究性课堂的各个角落与层面，构成研究性课堂的本质属性。尽管学习与研究是研究性课堂的两个基本构成环节，"研究味"与"学习味"却是两种截然不同的旨趣与品味。"研究味"是教学主体在课堂教学中表现出来的研究心态、研究热情、研究思维、研究风气等的总汇，是这些构成要素在研究生课堂教学中沉淀、淤积，进而被气质化、个性化，最终转变成为师生开展课堂教学的一种独有气质与习惯。研究味是研究性课堂与一般性课堂之间的根本分界线，研究味的浓厚是高品质研究性课堂的标志与象征。

强化课堂教学的研究味是研究性课堂不断得到滋养、润泽、呵护的得力手段，它理应成为研究性课堂一以贯之的改革方向。要凸显研究性课堂的研究味，防止其变味和异化，课堂的每一构成要素都必须忠于自己的角色，恪守自己的职责，铭记自己的使命。

（三）教学环节转换的关节点：兴奋点的捕捉与放大

研究性课堂是按照"五步"分阶段依次展开的连续体，各环节之间相互衔接、环环紧扣、自然过渡是课堂教学富有效能的条件。如若过渡失调，就会产生教学跨度过大或过小的问题，由此引发教学步调与学生思维步调脱节现象的发生，使课堂教学失去了节奏性和挑战性。在"五步式"研究性课堂教学中，最关键的一个关节点是第三步向第四步的过渡，该环节之间的顺利转换关涉着学生能否实现从一般学习向研究创造、从简单吸收向综合创新的跨越。我们认为，要实现这两个环节间的顺利切换，导师必须做好铺垫性工作——兴奋点的捕捉与放大。在课堂探究中，学生的学术兴奋点会在观点碰撞、思维交锋中不断闪现，教师必须凭借其学术经验与专业敏感捕捉住那些最具创意和价值的观点，并引导学生对之进行延伸、拓展、放大、提升，使之脱颖而现、崭露头角，成为引控课堂探究进路的标的。兴奋点的"放大"有两种途径：一是功能上的放大，二是内涵上的放大。前者是通过教师对学生学术进步的发展性评价实现的。在评价学生学术兴奋点时，导师设身处地地站在学生学术成长角度来评价其进步，有意放大其对个体专业成长的效能，是激励学生学术成长的有效手段。后者是通过教师对学生的点拨实现的。教师适时地对学生的学术兴奋点进行补充、扩展，使其更加完善、成熟，让学生感受到自己研究成果的潜在价值，从中获得一种成就感。通过这两种放大，整个课堂教学就会向纵深发展、全速前进，研究性课堂的魅力随之充分绽放。改革既是大学生存之道，更是大学发展之道，借力改革实现大学建设与国家现代化事业的同频共振正是当代我国大学跨越式发展的康庄之道。

后　记

　　大学是什么？一种理念，一种实践，一种文化，一种组织，抑或一种制度？这是大学研究者需要不断深究的话题之一。自从中世纪大学产生以来，大学始终建基于种种科学理念之上，在社会与人类中找寻着自己的应然位置。秉持引领社会、引领文化、引领文明的使命意识，时刻试图将学术理想付诸实践，用学术研究赋能社会，是一切大学存在的实践形态。当前，我国大学改革与治理实践此起彼伏，教授治校、学科治理、教育改革、评价改进、"六卓越一拔尖"计划实施、新文科新工科新农科新医科建设推进等等，都给当代中国大学教育注入一股股活力与能量，赋予当代大学创新的灵魂与动能。当代中国大学正在一系列改革、创造与革新中蹒跚前行，在一次次自我革命与反思升级中夯实自己的生存力，自觉融进中国特色社会主义建设事业的洪流与大潮，这种大学精神令人敬仰。

　　如果说大学是一个复杂的功能集合体，是人才培养、科学研究、社会服务、文化传承与国际交流等构筑而成的五位一体复合体、功能体，那么，维系这一复杂功能体的内核正是学术研究、学术精神、学术生命。大学的一切其他特有功能都必须着生在这一内核或主线之上才有可能：大学造就的是研究性人才，研究性教学是其基本形态，教学与科研相统一是大学教学存在的特质蕴含；大学依靠社会服务实现社会认可与办学资源的回馈与注入，一切高端社会服务都须以学术创新成果为依托、为前提，脱离学术研究的社会服务是没有生命力与市场力的；大学是文化的组织与机构，学术文化驱动社会文化更新是大学的独特文化机能，大学正是在学术文化的滋养中茁壮成长；大学是国际交流的纽带，而大学国际交流的基本内容是学术交流，一个学术实力平平的大学终将会被排斥在学术交流圈外。正是基于这一思考，学术交流、学术教育、学术研究、学术治理、学术文化是大学的本质蕴含，是大学理念更新、实践创新的主题。

要彰显大学的五重基本功能，就必须从学术发展、学科建设、学校治理、大学教育等方面来全方位思考当代中国大学的路向与发展问题。在学术发展上，强调安全、持续、健康、科学的发展；在学科建设上，强调"中国特色"与"世界一流"的建设目标；在本科教育上，强调内涵建设与能力为本的核心理念；在学校治理上，强调教授治学、多元评价的治理思维等。在当代中国大学的改革发展中，抓住大学发展的关键点、关节点、杠杆点，瞄准大学治理的枢纽链环、命脉环节来开展创新与实践，有助于强化大学学术事业的特质，体现大学学术研究的潜能，也有助于一所大学找到一条最符合国家战略需求、社会发展需要、学校改革要求的可行之道。在大学改革中，每一个参与者都应该是理念创新者与实践探索者，每一个环节与要素都应该成为大学改革创新的对象与内容。面向未来，我国大学只有坚守文化自信、学术自强的信念，坚持中国化、开放化、自主化的大学发展道路，才能够找到一条最符合自身特点的自强之路。

本书的完成得益于江西教育出版社编辑老师的大力支持和辛苦付出，得益于每一位参与者的创造性工作，在此奉上最真诚的谢意！

2021 年 12 月 10 日